세계를 움직인
열 가지 프레임

세계를 움직인
열 가지 프레임

수바드라 다스 지음 | 장한라 옮김

현대 문명의 본질과 허상을
단숨에 꿰뚫는 세계사

북하우스

"세계가 당신네 '문명' 때문에 고통받습니다."

_ 라빈드라나트 타고르, 뉴욕, 1930년.

차례

문명과 권력이 만났을 때

유명한 농담으로 이 책을 시작해 보자. 어느 저널리스트가 마하트마 간디에게 '서양 문명'에 관한 생각을 묻자, 이 현인은 잠시 뜸을 들이다가 이렇게 대답했다. "괜찮은 '아이디어'라고 봅니다." 간디를 주인공으로 한 이 농담은 1967년쯤 유행하기 시작했다. 간디가 사망한 지 20년쯤 지난 뒤인데, 1920년대부터 『라이프』 같은 잡지들의 오락거리 코너에 돌아다니던 오래된 농담을 손봐서 만들어낸 것으로 보인다. 간디가 정말로 이 말을 했는지 여부는 중요하지 않다. 이 농담의 주인공이 간디라는 점이 주목해야 할 포인트다. 1920년대에 돌던 농담은 다음과 같다.

"'서양 문명'에 관해 어떻게 생각하십니까?"

"괜찮은 '아이디어'라고 봅니다. 누군가 실행에 옮겨봐야겠죠."

사실 썩 재밌는 내용은 아니다. 그렇지만 똑같은 말을 20세기 가장 영향력 있는 시민권 운동 지도자의 입에 담아보니, 갑자기 훨씬 강력한 힘이 생긴다. 간디라는 지도자를 주인공으로 삼으니 수 세기에 걸친 역사, 권력, 위선을 비판하는 내용을 단 한 문장으로 아우르게 된다.

짚고 넘어가자면, 모한다스 카람찬드 간디는 영국인들만큼이나 서구화되었고, 더 나아가서는 '문명화'되었다. 젊은 시절 그는 각 잡힌 양복을 입고, 바이올린을 배웠으며, 런던에서 법학을 공부했다. 그는 식민지를 문명화한다는 임무에 딱 맞는 전형적인 인물이었다. 간디는 서양식 교육과 통치 시스템의 산물이었고, 이 시스템 덕택에 그는 영국 국민으로서 승승장구할 수 있었다. 그렇지만 이런 이상은 오래 이어지지 못했다. 간디가 교육을 마치고 남아프리카공화국에서 살면서 법조계 일을 하게 되자, 빛은 사그라들고 현실이 드러나기 시작했다. 런던에서 받은 번듯한 교육도, 고상한 양복도, 그가 남아프리카에 발을 들였던 그 순간부터 마주했던 인종차별을 전혀 막아주지 못했다.

그가 위대한 영혼의 지도자 마하트마 간디로 거듭난 극적인 이야기를 살펴보면, 어느 백인 남성이 인도 사람과 함께 여행할 수 없다며 불평을 했다는 이유로 기차 일등칸에서 거칠게 쫓겨난 순간을 설명하고 있다. 아무리 그 인도 사람이 값을 치렀다고 하더라도 말이다. 바로 이 순간 간디는 식민지의 통치자들이 '문명적인 이상'에 걸맞게 살아가도록 만드는 것을 일생의 사명으로 삼았다고 한다.

간디는 영국의 식민 통치를 받던 인도로 돌아왔을 때 정의, 평등, 자유, 민주주의, 자치를 신념으로 삼지만 어디까지나 백인 시민에게만 이런 기준을 적용하는 제국의 위선을 드러냈다. 간디는 이러한 잔혹함을 강조하면서 자신의 추종자들과 비폭력 저항 운동에 참여했다. 그리고 많은 추종자가 그 대가로 머리가 깨졌다. 간디는 여성과 달리트(일반적으로 '불가촉천민'이라는 경멸적인 표현으로 부른다. 힌두교 카스트 제도의 밑바닥에서 억압받는 사람들이다)에게도 평등한 권리가 있다고 주장했다. 한 마디로, 그는 문명적인 사회에서는 가능하다고 배웠던 모든 신념에 관한 진실을 밝히는 데에 생을 바쳤으며, 진정한 평등과 자유를 위해 목소리를 냈다. 간디의 삶은 서양 문명이 우리의 생각만큼 좋지 않다는 사실을 날카롭게 드러낸다.

우리는 문명화된다는 것이 어떤 의미인지 저마다 생각을 품고 있다. 내게 문명이란 새로운 곳에 갔을 때 접근이 용이한 무료 공중 화장실을 찾을 수 있는 것이다. 세상을 여행하다 보면 따스한 환영을 완전하게 보장받을 수가 없다. 그래서 바로 지금 이 순간까지 나를 한 번도 본 적이 없던 사람들, 내가 존재하는 지조차 몰랐던 사람들이 내 욕구와 또 다른 낯선 사람들의 욕구를 미리 생각하고 배려해줄 때면 나는 인류애를 확인하고는 안심한다.

물론 문명에 관해 훨씬 더 잘 정립된 개념들도 있다. 문명화되었다는 말은 진보와 발전이라는 개념을 포괄한다. 우리는 온갖 복잡한 기반 시설과 세련됨을 갖춘 도시는 시골이나 야생보다 더 발전되고 문명화된 곳이라는 말을 듣고는 한다. '야만인'이나 '미개인'과 달리, 문명화된 사람은 합리적이고, 교육을 받고, 예의 바르게 행동하고, 법을 준수한다. 제일 중요한 점은 역사에서 문명화는 유사체類似體적인 개념이었다는 사실이다. 다시 말해, 문명화된 그 모든 것들의 반대편에는 동전의 양면처럼 비문명적인 사물과 사람이 있다는 의미다. 고대 그리스인들이 이를 구분하는 방법은 단순했다. 그리스어를 구사하지 않는 사람들은 모두 '미개인'이었다. 고대 로마인 입장에서는 'civis'라 일컬을 수 있는 사람들은 모두 도시 거주자였다. 시골에서 거주하며 일하는 사람들과는 구분되었다. 이런 사례를 언급한 까닭은, 고대 그리스인과 고대 로마인 모두 다 지금 우리가 '문명'이라 여기는 것의 문화적 조상으로 여겨지기 때문이다. 앞으로 살펴보게 되겠지만, 계몽주의 시대부터 20세기를 거쳐 현재에 이르기까지, 문명이라는 말은 새롭고 보다 구체적인 의미를 띠게 되었다. 이 책은 바로 이 의미를 탐구한다. 그리고 '문명'이라는 말이 어떻게 해서 결국은 '서양'이라는 말과 사이좋게 더불어 안착했는지 역사적 기원을 추적한다.

거짓말이 지탱하는 세계사

우리가 쓰는 서양 문명이라는 말은 정확히 어떤 의미일까? 쉽게 대답할 수 있는 질문이 아니다. 몇 가지 눈에 띄는 것들이 있기는 하지만, 서양 문명에 관해 명시적으로 적어둔 선언문 같은 것은 없기 때문이다.

그렇지만 이 모든 것들 속에서 반복적으로 등장하는 주제들을 발견할 수가 있다. 서양 문명의 정의에는 높은 가치를 부여하는 대상들이 포함된다. 이를테면 과학, 예술, 교육, 시간, 여기에 더불어 개인의 의지대로 행동할 권리와 억압받지 않을 자유도 있고, 특정한 통치 원칙들도 포함된다. 이와 함께 자주 듣고 믿어 의심치 않은 말들이 있다. '누구의 말도 그대로 믿지 말라'라는 런던 왕립학회의 문장은 과학적 접근법이야말로 실로 세상을 이해하는 최고의 방법이라고 믿도록 이끌었다. '민중에게 권력을'이라는 구호는 국민에게 권력이 있는 통치 시스템인 민주주의는 목을 졸라매는 독재 체제나 파시스트 체제보다는 더 좋고 공정한 접근법이라고 믿게 만든다. 발전되고 문명적인 국민국가라는 맥락 안에서 본다면 말이다. 여기에는 법에 따라 통치되는 정의에 대한 강력한 믿음도 수반된다. '정의의 여신은 눈을 가리고 있다'라는 얘기를 듣곤 하며, '아는 것이 힘이다'는 교육을 받으며 얻은 지식이 우리를 강력하게 만들어줄 잠재력을 지니고 있다고 믿게 한다. 문자와 글의 중요성을 언급하는 '펜은 칼보다 강하다' 또한 마찬가지다.

지금까지는 정말 근사하다. 그렇지 않은가? 합리적 사고, 인류의 진보, 법 앞의 자유와 평등. 사랑하지 않을 것이 뭐가 있겠는가? 이런 전제들(전제인 동시에 약속이다)은 우리 사회의 핵심이요, 우리를 제자리에 묶어두고 붙들어두는 맹세이자, 우리를 통치하는 법이다. 그렇지만 잠시 생각을 해보자. 이 신념들이 사실인지를 우리는 어떻게 알 수 있을까? 이런 내용을 우리에게 가르쳐준 이는 누구일까? 이런 얘기는 진짜일까? 믿을 수 있는지는 어떻게 확인할 수 있을까? 문명의 핵심에 자리 잡고 있는 생각들이 사실은 거짓말이라면, 이는 과연 어떤 의미일까?

왜 이런 질문을 던지는지를 이해하려면, 이런 이상 너머에서 서양 문명을 유지시키는 것이 무엇인가를 파악해야 한다. 실마리는 '서양'이라는 말 속에, 그리고 서양과 비서양의 구분은 단 한 번도 순수하게 지리적인 문제가 아니었다는 사실 속에 있다. 유럽의 작은 왕국에서, 북아메리카의 탁 트인 평원을 거쳐, 오스트레일리아를 지나, 전 세계 소수 민족 거주지까지, 서양 문명의 심장부 곳곳을 살펴본다면, 이 모두가 지닌 단 하나의 공통점은 자명하다. 서양이란 바로 백인이 있는 곳이다.

서양 문명이 의미를 띠게 되면서, 오늘날 우리가 서양 문명과 연관 짓는 관행과 가치들(몇 가지만 언급해보자면, 민주주의, 정의, 과학의 합리성 등이다)은 점점 커져가는 유럽 제국의 야망과 권력에 발맞춰 나타났다. 어디가, 또 무엇이 문명화되었는가를 결정한 것은 바로 식민지 통치자들이었으며, 이들은 자신들만의 프레임 속에서 문명을 규정했다. 그리하여 유럽 바깥에, 그러니까 북아메리카와 남아메리카, 오스트레일리아, 뉴질랜드, 남아프리카공화국에 있는 정착형 식민지, 사실은 어디에나 있고 어디에도 없는 서구인 이곳들은 현재 서양의 문명 세계를 이루는 곳들이라 여겨지고 있다. 스스로 내린 정의를 살펴보면, 이런 장소들은 단순히 더 강력하기만 한 것이 아니다. 사회적으로나, 문화적으로나, 지적으로나, 나머지 지역보다 더욱 발전한 곳들이다.

서양이 자칭 우세를 점하게 되면서, 세계의 나머지 지역들은 지적으로 뒤처진 곳으로 강등되었다. 이를 뒷받침하는 것은 문명이라는 커다란 '거짓말'이었다. 세계의 나머지 지역에 살고 있는 사람들은 후진적인 생각을 품고 있는 후진적인 사람들이며, 인류와 인류의 진보에 제대로 공헌한 것이 하나도 없다는 '거짓말'이었다. 물론 이는 사실이 아니다. 비서구적인 사고방식, 그리고 비서구적이라 여겨지고 따라서 비문명적이라고 여겨지는 사람들은 줄곧 여기 존재해왔다. 제아무리 우리가 그들을 무시했어도 말이다. 사실 바로 이런 사람들, 간디 같은 사람들이야말로 소위 문명화된 서양의 가치를 바로 세우기 위해 싸워왔으며, 서양의 강대국들이 자신들의 이상대로 실현하지 못했을 때 책임을 물었다. '정의의 여신은 눈을 가리고 있다'라든가, '아는 것이 힘'이라든가, '펜은 칼보다 강하다'라는 이야기를 듣고, 이런 사상을 진정으로 믿었으며, 이런 약속을 모두에게 적용해야 한다고 믿었다. 이런 약속들이 지닌 매혹적인 힘을, 그리고 이런 약속들이 과연 누구를 위한 것인가를 이해해보고 싶다.

권력이 짜놓은 프레임을 넘어

아마도 과연 이것이 풀어낼 만한 가치가 있는 이야기인지 의문이 들지도 모른다. 그 자체로 내재적으로 좋다고 하는 것들을 놓고 왜 굳이 왈가왈부하는가? 이렇게 위태로운 시대라면 문제 제기를 하지 않고 내버려두는 쪽이 더 낫지 않은가? 이런 의문에 부분적으로나마 답하자면, 역사적인 주장을 보이는 그대로 받아들이지 않는 것이 역사학자의 역할이기 때문이다. 서양 문명 같은 강력한 브랜드라면, 과연 이 제품이 약속한 것들을 실제로 전달하는지를 따져봐야 한다. 그 진실은 결코 증명할 필요가 없는 자명한 것이 아니다. 실제로 몇 가지는 진실이 아니기도 하다. 간디와 관련된 농담이 재치 있게 지적하고 있듯이, 서양 문명이라 여겨지는 것의 대부분은 홍보하는 내용과 다른 경우가 많다. 서양 문명이 하는 거짓말은 우리를 가르고, 우리의 권리를 박탈하고, 우리를 무너뜨린다. 적어도 어떤 방식으로 우리를 무너뜨리는지는 염두에 두어야 한다.

이 책 전반에 걸쳐서 우리는 문명화된 서양의 일부가 된다는 것이 어떤 의미이며, 애초에 이런 관념이 어떻게 등장했는지, 그리고 가장 중요하게는 이런 관념들이 주장하는 것과 현실이 일치하는지를 탐구할 것이다. 이는 러시아인들이 세계의 나머지 사람들에게 체르노빌 사건에 관해 하지 못한 이야기와 같은 그런 종류의 거짓말이 아니다. 그보다는 서양 문명이란 여러 모로 보건대(앞으로 살펴볼 것처럼, 적어도 열 가지 측면에서 그렇다) 현실을 누르고 브랜딩이 성공한 사례라는 얘기에 가깝다. '서양'의 역사를 들여다보면, 서양 문명은 단순한 결과물이 아니라 과정이라는 사실을 확인할 수 있다. '문명화라는 사명'은 식민지를 건설한 국가들의 비전이자 변명이었다. 유럽의 강대국들은 세계의 나머지 지역을 단순히 자기들 것으로 삼는 데 그치지 않고, 자신들이 만든 문명이라는 틀을 이용해 완전히 재구성했다.

나는 단순히 이런 관념 뒤에 자리 잡은 거짓을 폭로하는 데서 그치기보다는 애초에 우리가 어떻게 해서 이런 관념들이 사실이라고 제풀에 속아 넘어갔는가를 이해해보려 한다. 우리가 별생각 없이 사용하는 말들이 사실은 어떤 의미이고, 또 그런 용어 속에 함축되어 있는 주장은 무엇인지 알게 될 것이다. 이런 내용을 명시적으로 얘기하는 경우는 별로 없으나, 우리가 지닌 서양이라는 관념 속에 널리 퍼져 있다. 서양은 나머지 세계와 확실하게 구분되며, 이들보다 확실하게 우월하다는 생각이다. 최근 역사를 간략하게 겉핥기식으로만 훑어보더라도, 이런 관념이 반드시 사실은 아니라는 것을 알 수가 있다. 여기에 실제로 개입하는 것은 바로 '권력 게임'이다. 무엇이, 또는 누가 문명화되었는가가 관건이었던 적은 단 한 번도 없다. 언제나 '누가 그렇게 얘기할 수 있는가'의 문제였다. 무엇이 문명화된 것이고 무엇이 미개한 것인지를 나누고 규정하는 프레임은 권력 게임의 승자가 결정한다.

서양 문명은 항상 그럴듯한 말을 늘어놓았다. 솔직히 얘기하자면, 서양 문명은 자신이 세상에서 유일하게 그럴듯한 존재라고 주장했고, 또 지금도 여전히 그렇게 주장하고 있다. 문명화된 서구와 비문명적인 '타자' 사이에 그어진 선은 우리가 어떻게 그리겠다고 결정하는가에 달려 있다. 이 책은 우리가 세상을 어떻게 보는지, 우리가 서로를 어떻게 보는지를 얘기한다. 또, 이렇게 세상을 바라보는 아주 특수한 시각에서 제외된 사람들에 관한 책이며, 그렇게 제외되었던 사람들을 다시 포함한다면 세상이 어떻게 보일지를 담은 책이다. 서양 문명이라는 관념이 좋은 것인가라는 판결을 내리는 자리에 제아무리 배심원단이 빠져 있을지언정, 적어도 서양 문명을 뒷받침하는 사상들은 더욱 면밀히 살펴보아야 한다.

1장

누구의 말도
그대로 믿지 말라

— 과학

Nullius in verba

머리카락 색깔 측정기

유니버시티 칼리지 런던에 있는 교육용 박물관의 저장고에는 철제 상자가 보관되어 있다. 담배 상자처럼 납작하지만 길이가 더 길다. 1피트가 조금 넘는 정도다. 한쪽 긴 면에 달려 있는 걸쇠 두 개를 열어젖히면, 색깔도 질감도 모두 다른 인조 머리카락 샘플 30개가 눈앞에 펼쳐진다. 금발에서 흑갈색 머리카락에 이르기까지, 대부분은 직모를 본떠 만든 것이다. 제일 얇은 아마빛깔 머리카락이 가운데에 있고, 양쪽으로 갈수록 조금씩 더 어두운 갈색으로 변한다. 오른쪽에 있는 마지막 세 가지 샘플은 색감이 서로 다른 붉은 머리카락들이다. 검은색 머리카락은 왼쪽에 있는 마지막 네 가지 샘플에 나와 있다. 상자에 들어 있는 여느 다른 샘플들과 마찬가지로, 이 네 가지 가운데 제일 안쪽에

머리카락 색깔 측정기 | 유니버시티 칼리지 런던 소장

세계를 움직인 열 가지 프레임

있는 샘플은 직모다. 바깥쪽 세 가지 샘플은 곱슬곱슬한 정도가 저마다 다른 검은 머리카락들이다. 한데 모아 놓고 보면 마치 미용사의 샘플 키트 골동품 같다. 여느 역사적인 진기한 물건들이 그렇듯이 다소 기괴하지만, 또 어떻게 보면 딱히 해롭지 않다고 느껴지기도 한다. 그렇지만 뚜껑 왼쪽 위에 희미하게 새겨진 내용을 들여다보면, 여기에는 무언가 더 사악한 일이 일어나고 있다는 사실을 알려주는 실마리를 찾을 수 있다.

옛날 스타일의 흘림체로 쓴 글씨는 이 물건이 무엇인지를 알려준다. 'Haarfarbentafel'이라 쓰여 있는데, 독일어로 '머리카락 색깔 측정기'라는 뜻이다. 여기에는 이름도 적혀 있다. 오이겐 피셔 교수. 독일의 인류학자인 피셔는 1927년에 카이저 빌헬름 인류학, 인간 유전 및 우생학 연구소의 연구소장으로 임명되었다. 그의 연구는 아리아인의 인종적 순수성을 유지하기 위해서라면 혼혈생식(이른바 인종혼합)을 막아야 한다는 그의 신념의 밑거름이 되었고, 뉘른베르크 법에도 영향을 끼치게 되었다. 반유대주의적이고 인종차별적인 법으로서, 1930년대와 제2차 세계대전에 이르기까지 나치 체제를 뒷받침했던 법이다. 이 법은 장애인과 인종차별을 받는 집단들, 즉 유대인, 흑인, 로마니인 등을 표적으로 삼아, 박해하거나 살해하는 행동을 합법화했다. 너무나 끔찍한 행태였기 때문에 이를 지칭하는 새로운 용어를 만들어내야 했을 정도다. 바로 집단 학살과 반인류적 범죄다.

피셔의 머리카락 색깔 측정기는 내가 2012년 유니버시티 칼리지 런던 박물관의 과학 분야 연구원으로 새로 임명되었을 때 처음 본 물건이었다. 박물관 연구원이라면 소장품에 관한 모든 것을 알고 있을 것이라고 생각할지 모르겠으나, 연구원들도 처음부터 배우고 경험해야 했다. 내게는 머리카락 색깔 측정기가 시작점이었다. 내 역할은 학교에 있는 역사적인 과학 소장품들을 교육, 연구, 대중 참여에 활용할 수 있도록 만드는 것이었다. 제일 처음 했던 일은 바로 박물관 연구 강의를 맡고 있던 학계 동료를 돕는 것이었다. 이들은 학생들에게 연구 과제를 내주려고 했는데, 그 과제는 별로 알려진 정보가 없는 박물관 소장품과 관련해서 기록 보관소 깊은 곳까지 파고드는 것이었다. 머리카락 샘플이 들어 있는 철제 상자는 그 조건에 딱 맞아떨어졌고, 학생들은 하나하나 조사를 해나갔다. 학생들의 연구 덕분에 이제 우리는 이 끔찍한 물건의 정보를 많이 알게 되었다. 누가 만들었는지, 언제 그리고 어떻게 사용했는지, 또 어떤 용도로 사용했는지 등을 말이다.

이 장치는 아프리카 남서부에 있는 독일 식민지(현재의 나미비아)에서 해당 지역 여성들과 유럽 군인들 사이에서 태어난 아이들을 조사하기 위해 피셔가 설계한 것으로 추정된다. 헤레로와 나마쿠아에서 벌어진 집단 학살(1904~1908년)이라는 배경 속에서 벌인 일이다. 이 집단 학살은 20세기 최초의 집단 학살로 인정받게 되었다. 피셔의 연구는 (머리카락이나 눈 색깔 같은) '인종적 특성'이 부모에서 자식에게로 전달된다는 것을 보여주는 증거라 여겨졌다. 다시 말해, '인종'이 생물학의 기본이라는 점을 입증한다는 것이다. 그 뒤로 비슷한 장치들이 만들어져 인종 연구에 활용되었다. 불과 몇십 년 뒤에 생겨난 나치 독일에서도 물론이고 말이다.

유니버시티 칼리지 런던 학생 출신이자 이제는 직원이 된 나는, 그리고 이곳이 과학 연구의 최첨단을 달리고 있다는 평판을 익히 알고 있던 나는, 나를 포함한 이곳의 구성원들이 모두 옳은 일을 하는 사람들이라는 생각을 항상 품고 있었다. 그렇지만 이 연구는 새로운 질문을 던졌다. 연구원으로서의 직업 생활의 기반을 만들고, 또 나를 계속 따라다닐 만한 질문이었다. 만약 이 머리카락 측정기가 나치가 된 인종학자가 설계한 물건이라면, 대체 이 물건이 왜 여기에 있단 말인가? 그 답은 과학사 안에서 찾을 수 있다. 더 구체적으로 얘기하자면, 과학이 우리 문명사회에서 지니는 의미 속에서 답을 찾을 수 있다. 대부분의 일이 그러하듯이, 답을 찾으려면 처음으로 거슬러 올라가야 한다.

계몽주의가 드리운 그림자

서양 문명이 도시라고 한다면, 과학은 그 요새라고 할 수 있을 것이다. 도시 중심에 있는 높은 지대에 세운 과학은 합리적이고 문명화된 사회의 보루이자 강건한 요새로, 모든 이들에게 유익한 관찰, 이성, 진리를 바탕으로 지은 것일 터다.

잘 알고 있다시피, 문명화된 사람들은 신화나 미신의 먹잇감이 되지 않는다. 이들은 두려움, 비합리성, 또는 '야만인'들이 품는 다른 기초적인 감정에 굴복하지 않는다. 이들은 신이건 괴물이건 간에, 자신들이 직접 볼 수 없는 것들을 무비판적으로 믿지 않는다. 문명화된 사람들은 편견이나 편향 없이 세상을 객관적으로 바라볼 수 있으며, 이성이라는 도구를 통해서 진리에 다가간다. 그러니 과학적이라는 것은 이보다 더 문명적일 수가 없을 정도다. 과학적 방법은 과학자들이 최대한 합리적으로 사고하도록 요구한다. 잠시 멈춰 서서 큰 그림을 보도록 말이다. 과학자들은 떠들썩하고 어지러운 일상에서 벗어나 실제로 일어나는 일이 무엇인지를 봐야 한다. 바로 이렇게 연구하는 대상과 과학자가 분리되는 것이야말로 과학적 방법이 지닌 최고의 강점이라고 여겨진다. 과학은 철학, 평판, 권력 같은 것들 때문에 속을 썩는 법이 없다. 과학은 현실을 다룬다.

과학사에서 가장 칭송받는 사람 가운데 한 명으로 프랜시스 베이컨을 꼽아볼 수 있다. 17세기 영국의 변호사이자, 정치적으로 망신을 당했던 대법관이며(뇌물을 받았다가 발각되었다), 일반적으로 생각하는 과학적 방법의 초기 기틀을 세웠다고 여겨지는 사람이다. 베이컨의 과학적 방법은 자연 세계를 물리적으로 조사하고 세밀히 관찰해 데이터를 모으는 것을 중점으로 삼았으며, 이것이 진리로 직결되는 길이라 생각했다. 이는 옳고 그름을 가려내고자 고심하던 당시의 기존 신학이나 도덕철학과는 반대되는 것이었다. 베이컨은 오로지 증거를 통해 입증할 수 있는 것에만 초점을 맞췄다. 베이컨과 그 밖의 초기 과학자들에게 과학적인 방법이란 보다 실제적인 태도를 취하게 해주는 도구였다. 또, 어떤 면에서 본다면 한결 민주주의적인 도구였다. 이를테면 성경에 나온 신의 말씀을 따른다거나, 고전 작품에 나와 있는 아리스토텔레스의 말을 따르지 않고, 모두가 나서서 직접 발견할 수 있었으며, 또 그래야만 했다.

이것이 우리가 알고 있는 초기 과학적 방법의 형태다. 베이컨과 동료들은 주변 세계를 측정하는 완전히 새로운 과학적 기구들을 개발하는 성취도 이루었다. 망원경, 현미경, 기압계, 시계, 손목시계, 육분의, 측량 기구 등이며, 모두 여전히 쓰이는 기구들이다. 베이컨은 주의 깊게 관찰하고 조사하는 데에 이런 기구를 사용한다면 신뢰할 만한 수준으로 진리에 곧바로 도달할 수 있다고 생각했다. 베이컨이 몇 년간 로비를 벌인 끝에 찰스 2세가 영국 학술원을 인가하자, 이와 같이 자유롭게 사고하는 것, 그리고 다른 모든 것을 배제하고 분명한 사실에만 초점을 맞추는 것은 영국 학술원의 사명을 이루는 필수적인 요소가 되었다. 실제로 어찌나 필수적이었던지, 영국 학술원의 모토는 오늘날까지도 런던에 있는 영국 학술원 본원의 문 위에 새겨져 있을 정도다. 'Nullius in verba', 즉 '누구의 말도 그대로 믿지 말라'는 뜻이다. 사실을 확인할 수 있는 경우라면, 증언에 의지하지 말라는 뜻이다. 이와 같은 경험 철학에 대한 신념이 근대적인 서양 과학의 기틀을 만들었다.

그 뒤로 몇 세기 동안 베이컨은 17~18세기 계몽주의 사상의 봉화처럼 여겨졌다. 유럽의 계몽주의 사상가들은 기존의 종교적이고 고전적인 철학을 거부하고, 자신들이 생각하기에 세상을 이해하고 살아가는 데에 훨씬 더 효과적이고 유용한 방법을 택했다. 계몽주의라는 이름이 드러내듯이, 이 시기 사상가들은 이성이라는 밝은 빛으로 낡은 관행을 폭로하는 데에 열심이었다. 계몽주의는 예술계와 학계를 가로지르는 사상으로서, 볼테르가 프랑스 귀족을 풍자하며 신랄하게 비판하고, 장 자크 루소가 교육 개혁을 주장하도록 만들고, 드니 디드로가 인류 지식의 총체를 자신의 『백과사전』에 엮도록 만들었다.

계몽주의 사상가들이 보기에 인간의 이해력을 넘어서는 주제란 없었다. 세상 만물의 이해를 추구하는 것이 곧 삶의 의미, 인간다움의 의미, 그리고 세상에 기여한다는 것의 의미의 핵심이었다. "나는 생각한다. 고로 나는 존재한다"라는 데카르트의 유명한 말은 이를 잘 나타낸다. 종교, 신화, 미신이라는 어둠 속에서 몇 세기 동안 휘청거린 끝에, 마침내 인류는 이성의 횃불을 단단히 붙잡게 되었고, 이제는 그 횃불이 진리를 향한 여정을 밝혀주게 된 것이다. 그렇지만 순수한 이성의 빛은 길고도 말썽 많은 그림자를 드리웠다. 우리의 여정은 그렇게 확실하게 통합된 길이 아니었다. 유럽에서 과학은 일부 사람들이 다른 사람들보다 더 합리적인 사고력을 지녔다는 점을 증명하는 데 활용됐다.

감춰진 인종학자

나는 내가 과학에는 영 재능이 없다고 생각했다. 학창 시절에 화학과 물리학이 이루 말할 수 없이 따분했기 때문이다. 나는 수학을 썩 잘하지 못했다. 이를테면 원자 속 여러 부분이 어떻게 작동하는지라든가, 닐스 보어나 어니스트 러더퍼드 같은 과학자들이 이런 사실을 어떻게 알아냈는지 같은 화학 개념들은 알아들을 수 있었지만, 몰 농도를 계산하라는 질문을 받으면 곧바로 뇌가 굳어버리는 느낌이었다.

어느 가설의 결과를 계산하라거나, 아니면 정말로 그 어떤 것이든 계산해야 할 때면, 어젯밤부터 읽기 시작했던 홀로코스트에 관한 만화책을 마저 읽고 싶은 마음이 간절해졌다. 이런 생각이 들었다. 우리가 직접 볼 수 있는 역사에 관한 자료가 이렇게나 많은데, 왜 눈에 보이지조차 않는 것들을 추측한단 말인가? 그러다 보니 내 일정에는 사회과학이 차곡차곡 들어찼다. 고등학교 때는 선택과목으로 인류학과 심리학을 신청하려고 제일 먼저 줄을 섰으며, 대학교에서는 고고학을 전공했다. 화학 방정식처럼 세상을, 그리고 세상 속에 사는 사람들을 앞뒤가 맞아떨어지도록 만드는 것보다는, 있는 그대로의 모습을 이해하려고 노력하는 편이 더 합당하다고 느꼈다.

알고 보니 이렇게 학문적인 선호가 갈린 것은 이른바 경성과학과 연성과학 사이의 차이와 관계가 있었다. 경성과학에는 화학, 천문학, 물리학, 수학이 들어간다. 이런 학문을 '경성'이라 부르는 까닭은 단순히 어려워서가 아니다. 그보다는 일관되고 예측 가능한 방법으로 측정하거나 관측할 수 있는 확고한 것들을 다루기 때문이다. 경성과학에서는 질문을 던질 수가 있고, 또 이성과 과학적 방법을 활용해 답이라 할 만한 것을 내놓을 수가 있다.

반대로 '연성'과학에는 고고학, 인류학, 사회학, 심리학이 들어간다. 이 학문들은 인간처럼 부드럽고 물컹거리는 것들을 다룬다. 연성과학에서 질문을 던지면, 썩 만족스럽지 않은 답을 얻게 될 가능성이 크다. 여기에 더불어 수많은 다른 질문들도 추가로 따라올 것이다. 연성과학이 경성과학보다 덜 엄밀하다거나 유용한 것은 아니지만, 연성과학이 내리는 결론은 비교적 불분명하거나 입증이 어렵다는 데에 모두 동의하는 것 같다. 예를 들어 우리는 전자가 원자 핵 주변을 돈다고 안심하고 얘기할 수 있다. 반면 다양한 사회들이 어떻게 작동하는지, 또는 개인이나 집단이 왜 특정한 방식으로 행동하는지를 단정지어 설명하는 건 훨씬 어렵다. 이러한 이유로 나는 사회과학은 아예 과학이 아니라는 기분이 들었다. 그래서 박물관 연구원이 되었을 때, 내가 과학 소장품을 담당하게 된 것이 아이러니하다고 느껴졌다.

과학 분야 연구원이 된 것은 내게 좋은 소식이자 동시에 나뻔 소식이었다. 좋은 소식은 바로 이 일이 과학 그 자체보다는 과학사와 과학철학과 관련되었다는 점이었다. 그래서 나의 연구 능력과 아카이빙 능력을 활용해 과학사에 관한 보다 폭넓은 이야기를 들려줄 수 있었다. 나쁜 소식은 바로 그 역사가 실제로 담고 있는 내용이었다. 특히 골턴 컬렉션의 경우가 그랬다.

문자 그대로 프랜시스 골턴 경의 이름을 딴 이 컬렉션은 내가 할당받은 다른 여느 컬렉션과 마찬가지로 하나의 역사적인 과학 컬렉션이었다. 전기공학, 생리학, 의학물리학, 화학 등과 마찬가지로, 골턴 컬렉션은 학교의 유전학 연구와 관련된 역사적인 물건들로 구성되어 있었다. 그렇지만 실제로는 훨씬 더 큰 의미를 지니고 있었다. 그리고 일을 시작하고 불과 몇 주 지나지 않아 내가 과학에 관해 품고 있었던 생각들은 모두 보기 좋게 박살이 나고 말았다.

프랜시스 골턴은 그리 유명한 사람은 아니다. 이곳에서 일하기 전에는 나 역시도 그의 이름을 제대로 들어본 적이 없었으며, 해를 거듭할수록, 학부생들, 여름학교 수강생들, 대중, 심지어는 교수들도 그에 관해 제대로 모른다는 사실을 깨달았다. 그는 빅토리아 시대의 가장 중요하고도 큰 영향력을 가진 과학자였고, 기상학, 범죄과학, 통계학, 사회학, 유전학 등 수많은 과학 분야의 역사에서 핵심적인 인물이었지만, 골턴의 이름은 학교에서 쓰는 역사 교과서나 과학 다큐멘터리에 어쩌다 가끔 등장할 뿐이었다. 이는 아마도 골턴이 '인종학자'였기 때문일 것이다. 그는 인간의 행동과 유전을 연구하는 데 인생의 상당 부분을 할애했고, 1883년에는 '우생학'이라는 용어를 만들어낸다. 인간을 선택적으로 번식시키는 학문이자 실천이었다. 그리고 이를 통해 완전히 새로운 과학의 장을 확립한다.

골턴은 인종차별주의자이자 식민주의자였다. 이런 사상은 그가 과학에 접근하는 방식에도 큰 영향을 끼쳤다. 과학과 인종을 연결하는 건 쉽지 않은 일이다. 과학자가 아닌 나도 이런 이야기를 하는 데 큰 용기를 내야 한다. 과학자와 과학을 분리하려는 시도는 실패하게 마련이다. 또한 인종 이야기를 하는 데에 우리는 썩 능하지 못하다. 인종이 작용하는 법이라든가, 인종이 남기고 간 상처를 해결하는 일을 떠올려 본다면 말이다. 또 '인종'이라는 개념이 어디서 왔는지도 제대로 알고 있지 못하다. 특히 애초에 '인종'이라는 개념을 정립하는 데 과학과 합리적 사고라는 마법이 어떻게 사용되었는지를 말이다.

백인 우월주의의 결정적 도구

"인종은 사회적 구성물이다"라는 표현은 익히 들어보았을 것이다. 이 개념이 중요한 까닭은 '인종'이 사회적이고 문화적인 관념으로 만들어졌다는 사실을 인정하며, 생물학적으로 고정되고 물려받는 특성이 있다든가 인종적 위계가 있다는 생각에는 객관적인 진실이 담겨 있지 않다는 점을 보여주기 때문이다. 인종적으로 '백인'이라 구분되는 사람들은 다른 인종보다 우수할 것이라는 잘못된 생각 말이다. "인종은 사회적 구성물이다"라는 말은 백인 우월주의에 반박할 때 활용할 수 있는 중요한 도구다. 임의로 만들어낸 생각을 근거로 삼아 한 집단이 다른 집단보다 우월하다고 주장하는 건 불가능하다는 점을 일깨워준다. 그렇지만 이 표현에는 문제점이 있다. 표현 자체만 받아들이면 이야기의 반절은 놓치는 셈이기 때문이다. 어떤 사람들은 이렇게 부연설명을 달아서 문제를 해결해보려 한다. "인종은 사회적 구성물이다. 그렇지만 인종차별주의는 사람들의 삶에 실제로 영향을 끼친다." 이렇게 표현하면 한결 나은 것 같기는 하나, 여전히 충분치 않다. 겉으로만 봐도 일종의 모순이기 때문이다. 실제로 존재하지 않는 것이 어떻게 실제로 영향을 끼칠 수 있다는 말인가?

인종에 관해서 정말로 던져야 하는 질문은 바로 이것이다. 만약 인종이 사회적 구성물이라면, 애초에 우리는 어쩌다 이걸 구성하게 되었는가? 그 답은 무엇일까? 바로 과학을 이용해 구성했다는 것이다. 인종은 중요한 과학적 개념이었다. 지금부터 알아가보겠지만, 인종은 어느 정도 관찰 가능하고 측정 가능한 엄연한 사실로 여겨졌었다.

'인종race'이라는 말이 처음 쓰였던 16세기 후반에는 오늘날 우리가 쓰는 '유형type'이나 '종류sort'와 똑같은 의미로 사용되었다. 특히 공통점을 지닌 생물체 안의 다양한 변이형을 구분하는 데 쓰였다. 종류를 나누는 선을 어디에 긋는가는 무슨 대상을 다루는가에 따라 달라졌다. 그래서 한때는 혁신적인 정원사가 재배에 성공한 흥미로운 새로운 당근 종류를 이야기하거나, 영국의 시인 에드먼드 스펜서가 1590년에 서사시 『선녀왕*The Faerie Queene*』에서 "여성이라는 종류race"라는 구절을 쓰는 일은 당연한 것이었다.

겉으로 봤을 때 인류의 기능적인 단위처럼 작동하는, 오늘날 우리가 알고 있는 '인종'이 등장한 것은 18세기로 거슬러 올라간다. 그 이전에도 서양인들은 여러 곳에 살아가는 다른 인간 무리 사이의 신체적인 차이를 인지하고는 했다. 그렇지만 그런 차이에 가치를 부여하지는 않았다. 예를 들어, 에티오피아라는 이름은 그리스어로 "그을린 얼굴"이라는 말에서 유래된 것인데, 고대 그리스인들은 이 지역에서 온 사람들이 태양에 탄 피부를 지니고 있다는 데 주목했기 때문이다. 이 용어에는 가치평가가 들어 있지 않고, 단순히 신체적인 차이를 밝혔을 뿐이다. 설령 그리스인들이 자신들은 문명화되었고 에티오피아인들은 야만인이라 여겼다 하더라도, 외양을 바탕으로 이를 구분하지는 않았다. 그 사람들이 그리스인이 아니라는, 도저히 손쓸 수 없는 문제와 더불어, 이들의 문화와 행동을 바탕으로 삼았다. 18세기 계몽주의 과학이라는 맥락 속에서 사용된 '인종'은 그 모든 것들을 뒤바꾸었다. '인종'이라는 용어는 본래는 '자연사'라는 포괄

적 용어 안에 들어가는 생물학의 한 갈래인 분류학과 함께 부상
했다. 분류학은 지구상의 생물들의 분류를 다루는 학문이었다.

1735년, '분류학의 아버지'라 알려진 스웨덴의 생물학자 칼
린나이우스(칼 린네)는 중요한 저작인 『자연의 체계*Systema Naturae*』
를 발표한다. 이 책에서 그는 인간을 'Anthropomorpha'(인간 형
상)라는 용어로 묶어 분류했으며, 인간을 다시 네 집단으로 나눴
다. 바로 유럽인, 아메리카인, 아시아인, 아프리카인이었다. 린
나이우스의 분류는 외양을 문화와 행동과 연관지었다. 예를 들
어, 유럽인은 "예민하고, 창의적이고, 법에 따라 행동한다"라고
설명했다. 반면 아프리카인은 "교활하고, 나태하고, 느긋하며,
변덕스럽게 행동한다"라고 했다. 여기서 우리는 백인 우월주의
를 쉽게 찾을 수 있다. 유럽 사상의 선구적인 지성이라고 일컬어
지던 사람의 책이 백인 우월주의를 지지했던 것이다.

애석하게도 칼 린나이우스 한 사람만의 일은 아니었다.
1776년, 미합중국이라는 새롭고 위대한 문명국이 건설된 해, 요
한 프리드리히 블루멘바흐의 『인류의 자연적 변이에 관해서*On
the Natural Varieties of Mankind*』가 출판되었다. 여기에는 인간의 다섯 가
지 범주가 나와 있다. 몽골인, 에티오피아인, 아메리카인, 말레
이인, 그리고 코카서스인이었다. 블루멘바흐에 따르면 이 범주
들이 전체 인류의 유일한 조상으로, "가장 보기 좋고 적합"했다.
"가장 아름다운 두개골 형태"를 가지고 있기 때문이었다. 여러
동료 유럽 과학자들의 연구와 더불어, 블루멘바흐의 이론은 인

류에 관한 커다란 질문에 관심을 품었다. 이는 더 이상 "우리는 누구이며, 우리 삶의 목적은 무엇인가?"라는 질문이 아니었다 (그 질문은 이제 철학자들의 문제로 격하되었다). "인간이란 무엇이며, 인간은 어떻게 여기에 이르게 되었는가?"라는 질문이 되었다. 바로 이 질문이 오늘날 구분하고 있는 경성과학과 연성과학을 이어주는 공통의 목표였다. 생물학자든, 동물학자든, 지질학자든, 인류학자든, 고고학자든 간에, 이것이 그들을 이끄는 유일한 사명이었을 것이다.

찰스 다윈과 인종주의

18세기 동안, 그리고 19세기에 접어들어서까지도, 이 질문에 관한 대답과 관련된 연구를 규정하는 것은 인종적인 용어들이었다. 여기서 서로 상반되는 두 이론이 고개를 든다. 첫 번째 이론인 인류 일조설monogenism(그리스어에서 유래했으며, '단일'과 '탄생'을 뜻하는 말을 결합했다)은 모든 인간이 단일한 종이라고 주장했다. 반면, 다원설polygenism('많다'는 뜻에 '탄생'이라는 뜻을 더한 것이다)을 옹호하는 사람들은 관찰 가능한 서로 다른 인종들은 별개의 생물학적 기원을 지니고 있다고 주장했다. 달리 표현하자면, 백인과 그 밖에 임의로 규정한 인종 집단들은 서로 다른 종이라고 할 만큼 너무나 다르다는 주장이었다. 21세기를 살아가는 우리가 듣기에 다윈설은 인종차별적인 헛소리라고 느껴지지만 그 당시에는, 그러니까 이 두 이론이 퍼져 나가던 때에는, 상당히 많은 과학적 연구가 다윈설을 지지했다. 모든 것이 달라진 것은 찰스 다윈이라는 영국 과학자가 공을 들여 수집한 데이터와 조사 덕분이었다.

아이작 뉴턴, 알베르트 아인슈타인과 더불어, 다윈은 과학사에서 가장 위대한 사상가 가운데 한 명으로 꼽힌다. 자연 선택에 따른 진화라는 그의 이론은 지구 위에 생명체가 어떻게 탄생했으며, 시간이 흐르면서 어떻게 변화했는지를 이해하는 데에 대단히 중요한 틀을 제공했다. 다윈은 『종의 기원』에서 자신의 이론을 상세히 설명했다. 이 책의 제목은 명명백백하게 인류 일조설과 다윈설 사이의 논쟁을 염두에 두고 지은 것이며, 다윈은 자신의 연구를 통해 전자에 힘을 싣는다. 다윈의 이론은 다윈설에 경종을 울린다. 시간이 흐르면서 종이 변할 수 있고, 과거의 종에서 새로운 종이 탄생할 수 있다는 것을 보여주었기 때문이다. 이런 생각이 지닌 논리적인 함의는 바로 인간을 비롯해 모든 생명체는 공통의 조상에서 출발해 내려왔다는 것이다. 또 진화는 자연에는 설계가 없다는 점을 보여주었다. 하나의 종이 어떻게 발달하고, 융성하고, 또는 멸종했는지는 그저 운의 문제가 되었다. 모든 생명체가 공통의 조상에서 유래되었으며, 이런 생명체가 다름 아닌 순전히 우연한 결과물이라면, 인종적 위계질서라는 체계를 지닐 수가 없다.

다윈의 이론은 동료 과학자들에게 폭넓게 받아들여졌지만, 과학적 인종주의라는 굴레에서 벗어나기는 어려웠다. 여러 가지 이유가 있는데, 한 가지 이유로는 제아무리 다윈과 같은 인류 일조설 지지자들이 모든 인간은 같은 종이라고 믿었을지언정, 인종을 그 한 가지 종 안에서 구별하는 요소로 활용했기 때문이었다. 또 다른 이유는 표현과 관련이 있었다. 끝내 다윈은 자연 선택을 설명하는 또 하나의 방법으로 경제학자 허버트 스펜서의 표현인 '적자생존'을 채택했다. 이 표현은 특정한 환경에 가장 잘 적응한 개체가 생존하고, 자손을 번식하고, 따라서 종을 지속시킬 확률이 가장 높다는 뜻이었다. 환경이 변화하면, 그렇게 바뀐 서식지에는 다른 개체들이 더 잘 적응할 확률이 높았다. 안타깝게도 인종과학과 인종 이론이라는 맥락 속에서는 이 표현이 더 일반적인 의미로 받아들여질 수가 있었다. 절대적인 차원에서 가장 적합한 개체야말로 생존할 가능성이 가장 높다는 의미로 말이다. 19세기 생물학자들 사이에서도 인종 과학이라는 틀은 지속되었다. 그들의 눈에 가장 적합한 사람들이란 자신들이 생각하는 백인이었다.

우생학의 기원

찰스 다윈의 이야기와 그의 혁명적인 이론은 과학계의 전설처럼 여겨진다. 프랜시스 골턴은(공교롭게도 골턴은 다윈의 첫째 사촌이었다) 일반적으로 다윈보다 덜 알려져 있지만 영향력은 비견할 만큼 크다. 골턴의 사상은 혁신적인 만큼 재앙적이었다. 다윈은 가축을 어떻게 길러냈는지를 설명하며 『종의 기원』을 시작했다. 양털의 굽슬굽슬한 정도라든가 우유의 품질 같은 특정한 특질들이 선택적으로 교배를 하며 시간이 흐름에 따라 어떻게 관리될 수 있는지를 보여주는 방법이었다. 골턴은 한 발짝 더 나아간다. 다윈이 증명한 것처럼 만약 인간이 다른 생명체와 마찬가지로 하나의 종이라면, 더 잘 교배하도록 시도해본다면 어떨까? 이 생각은 우생학의 기틀이 된다. 골턴은 과학자들이 정부에 인구에 관한 생물학적이고 통계적인 데이터를 충분히 제공한다면, '적합한' 개인들이 아이를 낳도록 장려함으로써 장차 '영국 인종'의 건강, 순수성, 성공을 보장할 수 있을 거라고 믿었다.

골턴의 생각이 지닌 이면에는, 바로 '부적합한' 사람들은 아이를 갖지 못하게 하거나, 이들을 한꺼번에 제거해야 한다는 생각이 자리 잡고 있었다. 우생학은 초기 인종과학 개념의 연장이자 리브랜딩이었다. 놀랍게도 우생학은 20세기 초반에 진보적이라 여겨지던 사유의 기틀을 상당 부분 마련했다. 특히 전 세계 국가들, 그 가운데서도 유독 미국에서 장애인과 학습장애가 있는 사람들을 대상으로 실시했던 불임 프로그램을 촉진했다. 불명예스럽게도 이는 나치가 신체적으로, 정신적으로 '결함이 있다'고 여겨지는 사람들을 표적으로 삼으면서 정점에 이른다. 처음에는 1933년에 법을 제정해 '유전병이 있는 자손'(뇌전증, 알코올 중독, 조현병 등의 증세가 있는 사람들이었다)에게 강제로 불임 수술을 하는 제도를 도입했으며, 1939년에는 신체 장애와 학습 장애가 있는 세 살 이하의 아동을 살해하는 일을 합법화했다. 안타깝게도 이는 인종적, 도덕적, 문화적으로 열등하다고 여겨지는 사람들을 표적으로 삼는 더욱 광범위한 우생학 프로그램의 일부였다. 그리고 홀로코스트에서 유대인 600만 명을 살해하기에 이른다.

이는 역사 속 끔찍하고도 충격적인 한 부분이지만, 나는 이런 역사(학교와 그래픽노블을 통해서 이미 알고 있다고 생각했던 역사였다)가 이보다 훨씬 더 크고, 마찬가지로 충격적인 이야기의 일부였을 뿐이라는 사실을 알고 더더욱 충격에 빠졌다. 나치의 사상은 단순히 하늘에서 뚝 떨어진 것이 아니었다. 오히려 탄탄하게 정립된 과학적 논의를 바탕으로 삼고 있었다. 이 과학적 논의는 18세기부터 유럽 대학교들과 연구소에서 의도적으로 시작되고 쏟아져 나왔던 것이었다. 설상가상으로, 이런 작업은 나와 굉장히 가까이에서 벌어졌다. 박물관 연구 수강생들의 조사 결과, 오이겐 피셔가 나미비아에서 집단 학살을 목적으로 사용했던 머리카락 색깔 측정기는 카를 피어슨도 사용했다는 사실이 밝혀졌다. 카를 피어슨은 유니버시티 칼리지 런던 최초, 그리고 세계 최초의 우생학 교수였으며, 영국에 있는 유태인 이민자들의 아이들을 연구하는 데에 이 머리카락 색깔 측정기를 사용했다.

황금 가지와 문명 개념

골턴 컬렉션은 인간의 과학적 노력의 일부다. 이는 이성의 힘과 경험주의의 경이로움을 기리며 세운 조그만 기념비다. 이 컬렉션에는 우리가 익히 알고 있는 생물학을 진전시키기 위해 골턴이 사용했던 물건, 장치, 원형 들이 포함되어 있다. 그가 실험하며 수집하고 분석했던 갖류 식물의 씨앗이 들어 있으며, 이런 실험들은 상관관계와 평균회귀라는 수학적 원칙들을 확립했다. 오엽 배열기도 있다. 이는 골턴이 직접 고안한 기계로, 통계학적 원칙으로서의 회귀를 설명한다. 장차 유전학으로 향하게 될 수학적인 창을 열어준 것이었다. 유전자가 무엇인지, 또 유전자가 어떤 원리로 작동하는지 알게 된 것은 그로부터 수십 년이 지난 뒤의 일이었다. 두개골 측정기, 눈동자와 머리카락 색깔 차트 같은 인종과학의 도구들은 이렇게 훌륭한 업적과 나란히 자리 잡고 있다. 도구들을 한데 모아놓고 보면 서양 과학이 지니고 있던 가장 심각한 오해가 드러난다. 바로 인간을 어떤 식으로든 객관적으로 수치화할 수 있다는 오해 말이다. 우리의 의식, 감정, 그리고 공유된 경험이 만들어내는 드넓고도 미처 헤아릴 수 없는 영역을 어떤 식으로든 차트 속 일련의 숫자들로 축소하고 표현할 수 있다는 오해 말이다.

우리는 과학자들이 틀리는 법이 없기를, 절대로 실수를 저지르지 않기를 기대해야 할까? 물론 그렇지 않다. 제대로 된 과학자라면 그 누구라도 잘못되었다는 사실을 입증하는 것 역시도 과정의 일부라는 사실을 잘 알고 있다. 그렇지만 똑같은 실수를 저지르고 또 저질렀다는 사실이 분명하다면, 불평등에 불평등을 더하는 쪽으로만 흘러가고 있다는 사실이 분명하다면, 이런 점은 얼마든지 주목하고 분석할 가치가 있다. 골턴 컬렉션은 진리를 찾아나가는 과정에서 그토록 처참한 실수가 어떻게 일어났는가가 아니라, 왜 일어났는가가 중요하다는 사실을 일깨워준다. 이른바 과학자라는 사람들이 왜 그와 같이 근거 없는 조사를 추구했으며, 아무런 근거도 없는 광범위한 자료를 증거라고 받아들였는가? 아주 단순하게도 그 이유는 과학자들이 그러기로 선택했기 때문이다. 바로 이것이 그 과학자들이 믿고 있던 질서였으며, 자신들이 진실이라고 입증했다고 믿고 있는 것들이었다. 이것이 바로 학교 박물관 속에 감춰져 있다시피 하며, 얄팍한 철제 상자 뚜껑 아래 꽉 붙들려 있던 과학, 인종, 우생학의 역사였다. 그 뚜껑을 열어보면 바로 그 역사를, 그리고 지금 우리가 서양 문명이라고 부르는 관념을 더 자세히 들여다볼 수가 있다.

런던에 있는 테이트 브리튼 갤러리를 방문하면, 서양 문명을 조망하는 유용한 창 구실을 하는 그림을 볼 수 있다. 널리 칭송받는 영국의 예술가 J. M. W. 터너가 그린 풍경화 「황금 가지 The Golden Bough」이다. 로마 제국의 건국 신화를 담은 서사시인 베르길리우스의 『아이네이스』속 한 장면을 보여준다. 'translatio studii', 즉 고대 고전 작품에서 얻은 교훈을 현대 유럽의 문명 세계로 전달하는 행동을 통해 이 장면은 대영제국 건국 신화의 일부로 간주되었다. 「황금 가지」 속에는 아베르누스 호숫가에서 신비로운 존재이자 예언자인 쿠메의 시빌라가 황금 나무의 가지를 높이 치켜들고 있는 모습이 나온다. 영웅 아이네이아스는 지하 세계의 여왕인 페르세포네에게 바칠 선물로 이 나뭇가지를 들고 왔다. 선물을 바치고 페르세포네의 허락을 받아 세상을 뜬 자신의 아버지와 이야기를 나누고, 예언을 실행해서 로마 건국에 이르기 위함이었다.

베르길리우스가 쓴 이 서사시에서 황금 가지는 빛과 생명을 상징한다. 죽음을 물리치고 지하 세계를 안전하게 지나가게 해주는 부적인 것이다. 이 가지가 실제로 어떤 나무 종류에서 온 것인가에 관해서는 다양한 이론이 있다. 베르길리우스의 글을 번역한 판본들은 지중해 지역의 상록수인 털가시나무라고 밝히고 있으나, 영국의 사회학자인 J. G. 프레이저는 겨우살이일 수도 있다고 생각했다.

겨우살이는 서양에서 유서 깊은 상징적 역사를 지니고 있다. 북유럽 신화에서는 겨우살이 창이 발데르 신을 죽이는 데 쓰였고, 어떤 기독교 전통에서는 예수가 못 박혔던 나무 십자가가 겨우살이로 만든 것이라 생각했다. 아이네이아스, 발데르, 예수 그리스도 모두 죽었다가 살아나서 다시 통치하게 되었다고 여겨지는 존재들이니만큼, 프레이저가 왜 이런 생각에 끌렸는지

황금 가지 | J. M. W. Turner, 「The Golden Bough」, 1834 | 테이트 갤러리 소장

는 충분히 이해할 수 있을 것이다. 프레이저는 이를 주제로 글을 썼다. 그리고 종교, 문화, 문명에 관한 프레이저의 광범위한 이론은 터너의 그림 제목과 똑같은 제목을 지닌 여러 권짜리 저작에 담겼다. 1890년에 초판이 발행되었으며, 이후 40년 동안 신판들이 출판되었다. 프레이저의『황금 가지』는 인간 역사에 대한 수십 년 동안의 조사를 바탕으로 만들어졌다.

　『황금 가지』는 정치적으로 논쟁의 대상이 되었던 책이었다. 프레이저는 아이네이아스와 로마의 건국 신화를 비롯한 수많은 다른 문명 건국 신화와 마찬가지로, 기독교의 중심 교리 가운데 하나가 왕의 희생, 죽음, 그리고 부활이라는 사실을 회피하지 않고 다루었다. 그는 천 년도 넘게 유럽의 최고점이자 추동력이었던 기독교가 마치 다른 여느 종교들처럼 단순히 하나의 종교라고 느껴지도록 서술했다. 프레이저 입장에서는 바로 그 점이 핵심이었다. 그는 사회가 '야만'에서 '원시'로, 다시 '문명'으로 이행하는 것은 신념 체계가 진전하며 이뤄진다는 이론을 내세웠다. 첫 번째 단계의 특징은 마술과 미신이고, 그다음은 공식 종교이며, 마침내 과학과 합리적 사고가 찾아온다는 것이었다.

과학이라는 알리바이

프레이저의 저서는 문화적 발전, 진보, 문명에 관한 기존의 사상을 확고하게 굳혔다. 두말할 것도 없이 이런 사상의 초기 버전은 인종이라는 과학적 개념과 밀접한 관계가 있었다. 분류학과 지구상의 생명체를 구분하는 경우와 마찬가지로, 물리적 외양의 관찰은 지능이나 행동과 같은 보다 추상적인 자질들과 계속해서 밀접하게 연관이 되었다. 19세기 가장 중요한 영국의 민속학자였던 제임스 카울스 프리처드는 유럽인의 하얀 피부, 그리고 더 훌륭한 지능은 그보다 어두운 피부를 지닌 사람들이 아직 겪지 못한 문명화 과정의 직접적인 결과라고 믿었다. 앙리 드 생-시몽은 문명이 변화할 수 있는가에 관해 이보다 덜 긍정적인 견해를 품고 있었다. 그는 아프리카 흑인들이 유럽 백인과 같이 높은 지능에 이를 수는 없다고 말하며 프랑스가 노예 제도를 다시금 제도화한 행동을 정당화했다. 인류학자 프레더릭 파라도 여기에 동조했다. 파라는 1866년, '인종의 적Aptitude of Races'이라는 강의에서 전 세계 사람들을 세 집단으로 나누었다. 야만인 집단, 반쯤 문명화된 집단, 문명화된 집단이었다. 그는 자신이 야만인이라 여기는 사람들은 "과거도 미래도 없고", "만회할 수도 없고", 손을 쓸 도리가 없이, 마치 "살아 있는 화석"처럼 시간 속에 얼어붙은 채로 있다고 설명했다.

파라와 다른 인종 과학자들의 작업을 통해 문명은 피부 색깔, 두개골 모양, 머리카락의 질감처럼 관찰할 수 있고 측정할 수 있는, 확고한 생물학적 특징이 되었다. 다시 말해 인종적인 특징이 된 것이었다. 이런 담론의 대부분은 여전히 추측에 머물러 있었지만, 이 무렵에는 잘 정립된 과학적 실천이 지니는 순전한 무게 때문에 사실이라 여겨지고 또 읽혔다. 개별 과학자들은 세부사항을 놓고 옥신각신했지만, 한 가지 생각만은 확고히 자리 잡고 있었다. 바로 인종적 특징으로서의 문명은 이제 확고하고, 또 겉으로 언뜻 보기에는 객관적인 과학적 진리라는 것이었다. 이런 사상은 상상의 산물이었으나, 우리가 사는 세상을 형성하는 과학의 힘은 아주 실제적이었다. 스코틀랜드의 해부학자이자 인류학자인 로버트 녹스의 말처럼, "인종이 전부다. 문학, 과학, 예술, 그러니까 한 마디로 문명이 인종에 달려 있다."

이 모든 것이 우리에게 과연 어떤 의미일까? 일단 운을 띄워보자면, 우리가 지금 이 자리에 어쩌다 오게 되었는지를 더 명확히 파악하도록 해준다. 이른바 문명사회라는 곳 도처에서 보이는 사회적 불평등이 왜 존재하는지를 설명해준다. 또 이러한 유해한 사상에 관해 이야기를 나누거나 이를 반대하는 일이 왜 어려운지를 어느 정도는 설명해준다. 심지어는 다윈이 인간의 진화는 순전히 우연이었다는 점을 '과학적으로' 입증했을 때 주사위는 이미 던져진 것이다. 그렇게 과학은 세상을 이해하는 프레임이 되었고, 그 안에서 우리 인류는 토론의 대상이 되었다. 그러면서 토론 질문을 계속 던질 만한 자격이 있다고 자청하는 문명적인 사람들은 설 자리가 생겼다. 질문을 던지는 행동은 명석하고, 합리적이며, 문명화된 행동이니 말이다. 특히나 이런 문명적인 사람들이, 과연 인간성을 지니고 있는가라며 문제 삼는 대상들이, 이런 질문과 주장에 논박할 권리가 없는 '비문명적인' 사람이라면 더욱 그렇다. 이와 같이 과학, 인종, 문명이 강력하게 결합한 결과, 비서구인들은 단순히 이해하기 힘든, 알 수 없는 행동을 하는 것처럼 '읽혔을' 뿐인지도 모르는 때조차도, 과학적으로 봤을 때 뼛속부터 글러먹었다는 의미가 되어버린 것이었다.

그러다 보니, 이제 인류라는 질문에 대한 대답은 한 가지 특정한 방식으로만 입증할 수 있게 되었다. 과학 그 자체의 방법을 통해서만 말이다. 비서구 지역 출신인 사람들, 특히 인종적으로 백인으로 취급되지 않는 사람들이 자신들도 인간이라고 얘기한다면 그 말을 있는 그대로 받아들일 리 없다. 그 사람들을 믿을 책임이 우리에게 있는 것이 아니라, 이 말이 사실이라는 것을 증명해야 하는 책임이 그 사람들에게 있는 것이다. 인종은 논쟁의 대상이 아니며, 그 연장선상에서 인종차별주의자들과 논쟁을 벌이는 일도 사실상 무의미하다. 인종차별주의자들은 인종은 실제로 존재한다고 믿게끔 만들 것이며, 과학이 이들의 알리바이다. 과학은 인종차별주의자들이 안전한 거리를 확보하게 해준다. '누구의 말도 그대로 믿지 말라'라는 말은 당연한 말처럼 보이지만 더 광범위한 역사적 맥락을 조금 더 자세히 살펴보자. 그러면 과학의 기반, 특히 인종 과학의 기반이 더욱 깊은 목적에 복무한다는 사실이 분명해진다. 백인이라는 것, 그리고 문명화되었다는 것은 동시에 강력해진다는 뜻이 된다.

노예 제도와 인종 과학

과학은 진공 상태에서 일어나지 않는다. 우리가 살고 있는 세상에 관한 객관적인 진리를 판가름하려는 시도를 넘어, 프랜시스 베이컨과 더불어 과학적인 사고방식을 지닌 영국 학술원 동료 사상가들은 처음부터 정치적인 야심을 품고 있었다. 베이컨의 가장 유명한 경구로 꼽히는 것은 바로 "아는 것이 힘이다"이다. 베이컨은 자신의 과학적 방법과 철학을 새로운 세계를 바라보는 새로운 방식이라 여겼다. 17세기 유럽인들에게 이는 말 그대로 '신세계'였다. 과학 혁명과 계몽주의 운동이 유럽인들의 아메리카 대륙 발견과 동시에 일어나고 있었으니 말이다. 아메리카 대륙은 북극에서 남극에 이르는 광활한 땅덩어리였으며, 유럽인들이 가지고 있던 기존의 자료 그 어디에서도 알거나 예측하지 못한 곳이었다(성서에도 나오지 않았고, 고대 그리스 작품에도 나오지 않았다). 아메리카 대륙에 관해 더 알아간다는 것은 단순히 발견을 위한 발견의 문제가 아니었다. 그곳에서 발견할 수 있을지도 모르는 막대한 부와 권력이 걸린 문제였다.

그 뒤로 몇 세기 동안 서양 과학자들이 그렇게나 열심히 관찰하고 또 자신들의 인종 이론의 기반으로 삼았던 기초는 바로 노예를 재산으로 취급하는 제도를 이용해서 세운 세상이었다. 이런 세상을 만들어낼 수 있었던 것은 유럽인들이 아메리카 대륙과 카리브해 지역에 세운 식민지로 데려왔던 아프리카 노예들의 무급 노동 덕분이었다. 그리하여 인종의 구분은 노예제를 지속하는 일이 모든 식민주의자와 자본가들에게 필수적이었던, 유럽 식민 역사의 격동기에 탄생했던 것이다.

플랜테이션 식민지의 확산은 유럽 혈통과 아프리카 혈통 모두를 계약 하인으로 고용한 바탕 위에 세워졌다. 일단 이 노동자들은 제법 평등한 지위를 공유했다. 많은 아프리카 노동자들이 자유를 얻어냈고, 투표권을 행사했으며, 유럽인과 결혼했고, 자신의 재산을 소유하게 되었다. 그렇지만 영국에서 공급하는 노동력이 줄어들고 노동자들 사이에 걷잡을 수 없는 분위기가 커지면서, 식민지 지도자들은 쉽게 통제할 수 있는 별도의 노동력을 확보할 만한 방법을 찾아 나서기 시작한다. 18세기와 19세기 인종의 과학적 범주화는 백인 하인과 흑인 하인을 법적으로 다르게 대우하는 것을 강화했으며, 후자인 흑인 하인의 완전한 노예화와 시민권 박탈을 옹호했던 초기의 법(특히 1661년 바베이도스섬에서 실행되고, 이후 버지니아주에서도 실행된 노예 규약)을 강화했다. 아프리카인이 더 못한 존재라고, 즉 과학적으로 평등하지 않고, 인종적으로 열등한 존재라고 입증함으로써, 이들을 노예로 삼고 인간성을 말살시켜 재산으로 여기는 행동을 정당화할 수가 있었다.

한결같이 백인을 꼭대기에 올려놓고 흑인을 밑바닥에 내려놓던 과학적 위계는 생물학적 실체가 아닌 정치적 현실을 바탕으로 삼고 있었다. 18세기 후반에 자유와 평등이라는 계몽주의적 이상에 힘입어 노예제 폐지 운동이 성장할수록, 현 상태를 정당화하고자 활용했던 구속적인 인종 과학도 힘을 키웠다는 사실은 괴로운 아이러니다. 인류학자들과 고고학자들은 해당 학문 영역이 맨 처음 만들어졌을 때부터 유럽의 확장과 제국주의라는 관념을 유지할 수 있도록 과거와 현재의 사람들의 삶과 사회의 작동 방식을 연구했다. 이 학자들은 비서구인들은 지도자 역할에 물리적으로 부적합하며, 따라서 백인이 지도자가 되는 것이 상식적이라고 주장했다. '인종'에 관한 과학적 서술을 이용해 흑인을 계속 정복하는 활동을 정당화했다. 백인이 흑인보다 지능이 높고 또 신체적으로도 감독하는 일에 적합하다고 상정하면서 말이다. 흑인들은 지능이 부족하고 신체적인 힘이 과도하다고 가정하며, 이들은 식민지에 있는 목화나 설탕 플랜테이션에서 일하는 편이 적합하다고 했다.

18세기와 19세기 서양 인종 과학자들의 연구는 노예 제도를 이용해 부와 권력을 거머쥔 이들이 부와 권력을 더 많이 쌓도록 힘을 실어줬다. 이들의 연구는 제국주의적이고 경제적인 야망을 합리화했으며, 노예 제도가 폐지되고도 한참 뒤까지 이런 연구가 이어졌다. 1807년, 노예거래법Slave Trade Act은 영국 제도에서 인간과 노예를 거래하는 일을 금지했다(그렇지만 대영제국에 적용된 것은 1833년에 이르러서이며, 영국령 인도에 적용된 것은 1843년이 되어서였다). 당시 영국은 장차 제국의 세기로 알려지게 된 시기의 초입에 들어서 있었다. 이는 대영제국 국민이 대략

4억 명 정도가 늘었던 시기였다. 식민지의 경제적이고 사회적인 구조가 제국 군대의 전투화 아래 찢겨 나가면서, 서양 과학자들은 식민지 사람들이 그렇게 된 까닭은 식민주의적 폭력, 억압, 그리고 자신들의 '과학' 때문이라기보다는, 그들이 확실히 열등하게 타고났기 때문이라는 주장을 이어갔다.

과학을 독차지하는 자들

서양 과학은 강력한 브랜드다. 실제로 너무나 강력해서 굳이 '서양'이라는 수식어를 생략한다. 유럽인들은 과학이 객관적인 진리로 향하는 확실한 길이자 선으로 향하는 완전한 힘이라고 인식한다. 과학사를 조금 더 폭넓게 바라보면, 즉 우리가 제대로 알고 있는 것과 잘못 알고 있는 것을 따져본다면, 전혀 다른 이야기를 접하게 된다. 그 누구도 과학을 독차지할 수는 없다는 말, 그러니까 누구나 세상을 체계적이고 탐구적으로 볼 수 있다는 말은 누가 보나 맞는 말이다. 그렇지만 과학사의 상당 기간 동안 서양의 과학은 이와 같은 주장을 내세우면서 이 말과 정확히 반대되는 행동을 해왔다. 서양 과학이 세상을 바라보는 시각은 단순하지 않았다. 이들의 시각은 목적과 떼려야 뗄 수 없이 얽혀 있었다. 그들이 지니고 있는 바로 그 문명이라는 의미는 과연 무엇과 대립해서 문명이라는 개념을 세우고 싶은지와 애초부터 결부되어 있었다. 1800년대 후반에 이르자, 서양인들은 '문명'이라는 게임을 한 세기도 넘게 치르고 있었고, 또 이기고 있었다. 이런 맥락에서 과학은 이중고였다. 서양인들이 스스로를 문명화되었다고 부르는 까닭은 자신들의 사회가 합리적 사고와 과학을 바탕으로 삼고 있다고 믿기 때문이었다. 그리고 이들의 과학은 비서구인들이 합리적이고 과학적인 사고를 할 능력이 없다는 이유로 문명화되지 않았다고 주장했다.

이어지는 장들에서 살펴보겠지만, (프레이저가 야만에서 문명에 이르는 과정을 세 단계로 표현한 것처럼) 합리성을 향하여 거침없이 나아가는 이런 여정에 대한 믿음은 서양 사상에서 반복적으로 등장하는 테마다. 어쩌면 이것이 서양의 건국 신화일 것이다. 이는 서양이 스스로에 관해 지니고 있는 다른 모든 믿음을 뒷받침하는 핵심적인 틀이다. 바로 이 때문에 그들은 그들의 과학을 사실이라 받아들이고, 그들의 법이 공정하고 정의롭다고 여기고, 그들의 민주주의가 신성불가침한 것이라 생각한다. 자신들의 사상의 합리적인 진실을 믿고 이 틀에서 벗어나는 것을 모조리 부정하는 것은 어쩌면 서양 문명의 정수일지도 모른다. 이는 서양이라는 관념을 세우는 바탕이 된 수많은 거짓말 가운데 제일 첫 번째이기도 하다.

인종 과학은, 그러니까 백인 우월주의를 유지시키는 과학의 사실들은 합리적이지 않다. 단 한 번도 합리적이었던 적이 없다. 그럼에도 서양 과학자들은 연구 대상으로 상정한 사람들의 말보다 백인 동료들의 말을 더 우선시했다. 그들은 서양이 최고이며, 서양의 방식이 바로 유일하게 문명적인 방식이라는 자신들의 말을 그대로 믿었고 전 세계에 전파했다. '누구의 말도 그대로 믿지 않는 것'은 과학적인 일일지도 모르지만, 서양이 생각하는 과학이 사회를 어디로 이끌고 왔는지 그 역사를 살펴본다면, 어쩌면 현대 사회의 핵심까지도 뒤흔드는 것들을 발견할지도 모른다.

인류학자, 고고학자, 역사학자 들의 연구는 오늘날 우리가 여전히 지니고 있는 합리적 사고에 관한, 그리고 문명과의 관계 속에서 과학에 관한 수많은 가정의 틀을 마련했다. 문명에 관한 관념은 인종 개념이 서양과 '나머지 세계'를 어떻게 분리하는가에 관한 관념과 나란히 발맞춰 갔다. 합리성을 효과적인 진보의 신호로 보는 이들의 관념은 나머지 세계를 지적으로 낙후되었고, 덜 진보했으며, 사고방식이나 존재 방식 모두 서양에 한참 뒤떨어지는 곳으로 격하시켰고 그렇게 믿도록 만들었다. 그렇지만 우리가 사태의 진실에 관심이 있다면, 이것이 결코 전부가 아니라는 점을 알아야 할 것이다.

이 세상에는 다른 사람들, 다른 이야기들이 있다. 이들이 기여한 점을 무시하는 것은 곧 서양 문명이 내뱉는 한 가지 거짓말에 발을 담그는 일이자, 백인들을 다른 사람들보다 우선시하는 역사적 서사를 지지하는 행동이다. 이 책은 과학을 비롯한 여러 중요한 가치들이 왜 그리고 어떻게 지배적인 프레임으로 전파되었고, 서구 세계가 어떻게 판을 짰는지 살펴볼 것이다. 그 너머에 우리가 배웠던 진실과 더불어, 망각하도록 배웠던 진실과 사람들이 있다. 관심을 갖고 지켜본다면, 이들이 역사 속에서 쭉 존재해왔다는 사실을 알 수 있다. 내가 유니버시티 칼리지 런던에서 일을 하며 프랜시스 골턴에 관해 알아가며 배웠던 사실은 바로 이들의 이야기가 부재한다는 점이 그 자체로 이야기가 된다는 것이다.

2장

아는 것이
힘이다

— 교육

Knowledge is power

교육의 무서운 힘

나는 '서양의 주요 작품'이라고 할 때의 '주요 작품canon'의 철자를 거의 매번 틀렸다. "측정용 막대기"를 뜻하는 고대 그리스어에서 온 이 말은 이와 같은 맥락에서 쓸 때면 온갖 것들을 측정하는 기준을 의미하게 되었다. '서양의 주요 작품'이라는 경우에는 제대로 교육받은 사람이라면 알아야 하는 것으로 정립된 '글의 목록'을 의미한다. 그런데 나는 '대포cannon'라고 쓰고는 한다. 다른 사람들을 산산조각 내는 데에 쓰는 무기 말이다. 어쩌면 내 무의식은 이러한 비유가 적절하다고 생각하는지도 모른다. 이 비유는 교육이 지닌 힘을, 말과 언어가 지닌 힘을 똑똑히 이야기한다. 그리고 이 힘이 우리가 주변 세상과 사람들을 바라보는 방식을 어떻게 형성하는지를 이야기한다.

교육이 지닌 위험한 힘은 1969년에 개봉한 〈진 브로디 선생의 전성기*The Prime of Miss Jean Brodie*〉라는 영화에서 잘 드러난다. 스코틀랜드의 작가 뮤리엘 스파크의 소설을 바탕으로 만든 이 영화는 지적 허영을 지닌 괴짜 여성의 직업 생활과 공적을 따라간다. 브로디는 1930년대 에딘버러에 있는 마르시아 블레인 여학교에서 선생님으로서 인생의 전성기를 맞이한다. 그녀는 르네상스 미술, 오페라, 낭만적인 사랑, 그리고 사람을 조종하는 일까지, 여러 영역의 전문가다. 줄거리 속에는 1930년대 점점 커져가던 파시즘의 위협, 직장에서 벌어지는 정치, 미성년자의 성관계, 책임, 진실, 충직함, 배신을 둘러싼 생각 등이 뒤섞여 있지만, 이 작품은 교육에 관한 한 편의 논문이라고도 할 수 있다. 메케이 교장 선생님과 대립하게 되자, 브로디는 자신이 교육자로서 지닌 사명이 무엇에 영향을 받았는지를 어원학을 활용해, 특히 몇몇 단어들의 라틴어 어원을 활용해 설명한다.

브로디는 이렇게 얘기한다. "제게 교육이란 앞장서서 이끌고 나가는 일이에요. 교육education이라는 말은 라틴어로 "바깥"이라는 뜻을 지닌 "ex"와 "이끌다"는 뜻을 지닌 "duco"를 어원으로 삼고 있어요. 제게 교육은 그저 이끌고 나가서 이미 있는 것에 이르게 해주는 일이에요."

매케이는 이렇게 반박한다. "저는 어느 정도는 안으로 집어넣는 것도 함께 있었으면 싶은데요."

브로디는 이 말을 전혀 받아들이지 않는다. 그녀는 이렇게 주장한다. "그런 건 교육이 아니라 침범intrusion일 겁니다. "안쪽"을 뜻하는 접두사 "in"과 "내가 민다"라는 뜻을 지닌 어간 "trudo"를 어원으로 삼고 있죠. 즉, 학생의 머리에 정보를 잔뜩 밀어 넣는 것이죠!"

바로 여기서 브로디는 대중적이면서도 대단히 낭만적인 서양의 교육 철학을 간결하게 요약하고 있다. 바로 18세기 중반에 쓰인 장 자크 루소의 에세이 겸 소설 『에밀』이다. 루소에 따르면, 아이가 배울 수 있는 가장 중요한 교훈은 바로 아이로 지내는 법이다. 아이는 자연 속을 자유롭게 돌아다니고, 자기만의 속도에 맞춰 배우도록 해주어야 하며, 정말로 알 가치가 있는 것들만 배워야 한다고 얘기하며 양육과 교육 분야에서 아동중심적인 접근법을 옹호한다. 그는 종교적 학습과 책은 피하는 것이 가장 좋다고 주장했으며, 교사의 역할은 바로 외부의 영향, 특히 기성 종교의 영향을 막는 것이라고 했다. 『에밀』은 열띤 반응을 불러일으켰다. 이 책이 담고 있는 사상은 너무나 위험하다고 여겨져서 출간 직후 파리와 제네바에서 공개적으로 불태워졌다.

그렇지만 이론으로서의 교육과 실제 교육은 서로 다르다는 것이 드러난다. 감수성이 풍부한 어린 소녀들을 가르치는 브로디가 내재적으로 지닌 모순은 바로 그녀의 방법이 본질적으로 상당히 '침범하는' 방식이라는 것이었다. 서양의 교육 관념이라는 더 큰 그림을 들여다본다면, 매케이의 말이 진실일지도 모른다. 실제로 교육은 상당 부분 지식과 사상을 학생들의 정신 속에 집어넣는 과정이라 할 수 있다. 문명화 과정의 중요한 일부인 것이다. 그렇지만 당연하게도 교육은 중립적인 과정이 아니며, 모든 이들에게 이득을 주고자 존재하는 것만도 아니다. 프랜시스 베이컨이 맞았다. '아는 것이 힘'일지도 모르나, 앞으로 살펴보게 될 것처럼, 이는 애초에 가르치는 '선생님'이 얼마나 강력한지에 달려 있기도 하다.

라틴어와 엘리트 특권층

루소가 최선을 다했음에도 서양의 교육이란 대체로 권위적이었다. 대학교에 가게 될 것인지, 좋은 직장을 얻을 수 있을 것인지, 얼마나 돈을 많이 벌 것인지, 또 결국은 자기 자식을 교육시킬 수 있을 것인지 등, 시민으로서 지닌 잠재력은 시험 성적이 어떤지에 따라 판가름 났다. '올바른' 답이 있다고 모두가 동의하는 바로 그 시험 말이다. 서양의 교육은 (자유롭게 사고하는 사람을 만들어낸다는) 의도와는 별로 관련이 없고, 그 결과와 밀접한 관련을 맺는다.

2011년 7월, 당시 영국의 교육부 장관 개빈 윌리엄슨은 공립 중등학교 일부에서 라틴어를 가르치는 새로운 프로그램을 발표했다. 어떤 이들에게는 좋은 소식이었다. 역사학자이자 고대 그리스 로마 연구자인 메리 비어드는 기쁘다고 밝혔다. "고전을 공부하면 우리에게 역사가 열립니다. 초기 극작품부터 기초적인 철학까지, 민주주의부터 제국까지, 강력한 통치자부터 노예까지, 2000년 역사가 고전에 담겨 있습니다."

역사학자 프랜시스 영은 라틴어는 고대 로마라는 고전 세계로 곧바로 이어지는 선이자, 나아가 라틴어가 곧 종교, 통치, 문자 기록의 언어였던 1700년대까지의 중세와 근대 세계로 향하는 창이라고 말했다. 라틴어를 할 줄 안다는 것은 단순히 마르쿠스 아우렐리우스의 저작을 독파한다거나, 율리우스 카이사르의 정치적 경력과 성생활의 세세한 내용을 파고들거나, 또는 대개 이 둘 모두를 하는 데에서 그치지 않는다. 라틴어는 유럽 전역에서 벌어졌던 역사적인 일들을 열어 보여준다. 다시 말해, 그 당시 라틴어를 구사하는 문명화된 세계 전체를 말이다.

흥미롭게도 윌리엄슨의 주된 목적은 교육 수준을 높이는 것이 아니었다. 중요한 것은 사회 변화였다. "우리는 라틴어가 일부 특권층만을 위한 엘리트주의적인 과목이라는 평판을 듣는다는 사실을 알고 있습니다." 그는 프로그램을 발표하며 이렇게 말했다. "그렇지만 라틴어 과목은 청소년들에게 정말로 유익할 수 있습니다. 그래서 저는 그와 같은 구분을 종식시키고자 합니다."

첫 번째 말은 옳다. 영국 교육이 더욱 동등하게 이뤄져야 한다는 점은 분명하다. 2020년 영국 문화원에서 실시한 설문조사에 따르면, 3단계 교육과정(11~14세 대상)에서 라틴어를 가르치는 공립학교는 불과 50곳 가운데 1곳꼴이었다. 반면에 사립학교들은 절반 이상에서 가르치고 있었다. 그렇지만 윌리엄슨의 발언의 나머지 부분은 전부를 들려주고 있지 않다. 그의 발언은 영국 교육의 역사가 지닌 핵심을 근본적으로 오해하고 있다. 핵심은 바로 이것이다. 라틴어를 공부한다고 해서 특권층이 되는 것은 아니다. 바로 특권층이 자기 자식들에게 라틴어를 가르쳤던 것이다. 그렇지만 윌리엄슨에게 잠시 무죄 추정의 원칙을 적용해서 그의 말이 맞다고 치자. 또, 라틴어를 배우면 정말로 사회적인 장벽을 무너뜨릴 수가 있다고 치자. 만약 그렇다면, 우리가 라틴어, 그리고 보다 광범위하게 고전 작품이라고 얘기할 때는 정확히 무엇을 의미할까?

누가 고전을 결정하는가

비어드의 설명은 비교적 간결하다. 고전이란 연구할 가치가 있다고 여겨지는 고대 그리스와 로마의 작품들이다. 그 이유는 어느 정도는 이들의 사상이 오랫동안 살아남았기 때문이며, 또 한편으로는 내재적인 가치를 지니고 있기 때문이다. 이 내재적인 가치가 무엇인지는 확실하게 정의하지 않는 경우가 많다. 이런 작품들 자체는 수천 년이 된 것이지만, 가르치는 방식은 현대부터 시작되었다. 처음부터 엘리트적인 목적을 지녔던 것이다. 실제로 우리가 쓰는 '계급class'이라는 말과 '고전the classics'이라는 말은 같은 라틴어 어원을 공유하고 있다. 실제로 어떤 일이 벌어지고 있는지를 제대로 이해하려면 라틴어 어원학을 들여다봐야 한다.

'고전'과 '계급' 모두 'clamare'라는 어원에서 유래된 말이다. 이 어원은 "불러낸다"라는 뜻을 지니고 있다. 본래 'classic'이란 전쟁용 나팔로, 집단을 한꺼번에 소환할 때 쓰였다. '계급'에 경제적 함의가 생겨난 것은 로마 제6대 왕이었던 세르비우스 툴리우스가 더 효율적인 군사 계획을 세우고자 인구 조사를 시행했을 때였다. 툴리우스의 인구 조사는 부와 재산을 바탕으로 사람들을 다양한 집단 또는 계급으로 나누었다. 그 뒤로 2000년이 지난 18세기 유럽, 산업혁명은 사회 전반에 부를 새롭게 분배했으며, '중간' 계급과 '노동' 계급이라는 관념이 일상적으로 쓰이게 되었다.

'고전'이라는 용어 역시 로마의 인구 조사에서 유래되었다. 돈과 재산이 가장 많은 상위 여섯 개 계급을 'classici'라 불렀는데, "최상층 인간"이라는 의미였다. 2세기 로마의 잡문가인 아울루스 겔리우스는 이 용어를 우수한 작가들에게 확장해 사용하며 이들을 'scriptores classici', 즉 '최상층 작가들'이라 불렀다. 겔리우스와 그 동시대 사람들이 'scriptores classici'와 'scriptores proletarii', 즉 일반적인 작가들을 구분했다는 점을 염두에 둔다면, 부유한 상류층이 최상층 작가들의 작품을 읽는 고전 교육은 애초부터 엘리트를 노동계급과 분리하는 일이었다는 것을 알 수 있을 것이다.

고전 시대 이래로 유럽에서 고전은 다양하게 유행을 되풀이했다. 8세기와 9세기에 신성 로마 제국의 황제인 샤를마뉴 대제 아래에서, 그리고 모두 오토 황제라 불린 세 명의 계승자 아래에서 부활했으며, 그러다 12세기에 또 부흥했다. 마지막에 부흥했을 시기에 이탈리아 르네상스에 가장 큰 영향을 끼쳤다. 이탈리아 르네상스는 주로 15세기부터 시작되었다고 간주되는 지적이고 문화적인 운동이지만, 그 뿌리는 12세기전까지 거슬러 올라간다. 12세기에는 고전 작품이 다시금 흥미의 대상이 되며 활발한 연구의 대상이 되었던 데다가, 이 시기에 최초의 유럽 대학교가 설립되기도 했다. 그리고 고전 교육이 처음으로 공식 커리큘럼(또는 교육과정)에 추가되었다.

고전 교육이 사회적 고위층의 중요한 특징으로 자리 잡은 것은 권력이 군주에서 의회로 넘어간 역사적 순간으로 여겨지는 1688년 명예혁명 이후였다. 이 당시 사회 고위층이란 바로 영국 신사였다. 이들은 (집에서 가정교사에게 교육을 받는 부유한 젊은이들과 달리) 점점 더 형식을 갖춰가던 학교 시스템에서 교육을 받았으며, 과시적 소비의 일종으로 라틴어와 그리스어, 그리고 그 언어로 쓰인 고전 작품에 능통했다. 여기서 고전 작품은 지적, 도덕적 우월성과 더불어 계급을 구분하는 의미를 띠게 된다. 고전 작품은 교육을 잘 받은 신사의 자식과 노동계급의 자식을 가르는 요소였다. 조지 그로트의 말을 따오자면, 이들은 "문명적인 사람들의 모임에서 쓰는 언어"를 구사했기 때문이었다. 아버지가 장사꾼일 수도 있고, 귀족일 수도 있지만, 드라이든이 번역한 베르길리우스의 『아이네이스』를 팔 밑에 끼워둔다면, 자신도 공통의 목표를 추구하고 있다는 신호를 보내며 비슷한 부류의 사람들과 동류의식과 일체감을 느낄 수가 있었다. 그 목표란 바로 상류층처럼 비춰지는 일이었다.

제국의 비전

영국에서 '고전'이 부유한 젊은이들이 고대 작가들을 연구한다는 의미로 자리를 잡은 것은 1684년 무렵이라는 것을 알 수 있다. 자칭 "해턴 가든에서 교육을 받은 몇몇 젊은이들"이라는 집단이 로마의 건국 역사를 쓴 4세기의 공직자 에우트로피오의 작품을 자체적으로 번역해서 출판한 때이기 때문이다. 이 시기는 1666년 런던 대화재의 잿더미 속에서 런던이 마치 제국의 정신을 품은 불사조처럼 부상하고 있던 때였으며, 프랜시스 베이컨의 표현처럼, '아는 것이 곧 힘'이라는 인식이 확고하게 자리 잡고 있었다. 해턴 가든의 선생님이었던 루이스 메이드웰은 이 책의 서문에서 영국인들이 교육에 조금 더 진지해진다면, "영국의 잠자고 있는 재능이 스스로 눈을 뜰 것"이라고 썼다. 교육은 단순히 정신세계를 확장하는 문제가 아니었다. 교육은 대영제국의 지평을 넓히고 권력을 확고히 다지는 데에도 핵심 역할을 할 도구였다.

베르길리우스의『아이네이스』는 특별한 기능을 했다. 사회적이고 지적인 열망을 드러내는 것과 더불어서, 제국을 향한 야망도 함께 체화했다. 기원전 1세기 로마의 시인이 지은 이 서사시는 트로이의 영웅 아이네이아스를 따라 전개된다. 아이네이아스는 트로이 전쟁의 여파로 고향을 떠난 뒤 로마를 건국했다. 아이네이아스는 제우스 신의 명령으로 이 일을 수행하는데, 제우스는 'imperium sine fine', 즉 '끝없는 제국'이 로마에서 시작될 것이라 약속한다. 미완의 작품이기는 하나,『아이네이스』는 고대 로마 세계에서 곧바로 고전의 반열에 올랐다. 역사적이고 신화적인 로마를 아우구스투스 황제가 통치하는 베르길리우스가 사는 동시대 로마와 직접 연결하는 이야기였기 때문이다.

이 작품은 지금도 고전으로 추앙받는다. 고전이 항상 그러하듯이 흥망성쇠를 겪으며 말이다. 앨프리드 테니슨 경은 이 작품을 무척이나 좋아했는지라, 19세기 베르길리우스의 부흥을 거의 혼자서 시작하다시피 했다. 동료 시인인 T. S. 엘리엇과 국회의원 이넉 파월도 마찬가지였다. 이넉 파월의 악명 높은 이민 반대 연설인 '피의 강'은『아이네이스』에서 인용한 구절에서 따와 이름을 붙인 것이다. 델포이 신전에서 아폴로 신이 아이네이아스에게 들려준 신탁에 관한 구절이었다. 파월은 베르길리우스에서 동료의 말에 이르기까지 타인의 구절을 인용하는 대영제국 관료들의 오랜 전통을 따르고 있었다. 제국이라는 프로젝트에 한결같이 유용하게 쓰이는데, 군이 인용하지 않을 이유가 있겠는가? 시인 존 드라이든 또한 마찬가지였다. 베르길리우스는 'Tu regere imperio populos, Romane, memento'라고 썼다. 드라이든은 이렇게 번역했다. "그렇지만 로마인이며, 오로지 당신만의 힘으로 / 인류를 통치하고, 세상을 복종시키는 것이다."

영국은 고전 작품 속에서 마법의 거울을 발견했다. 그리스라는 영광과 로마라는 위엄을 자랑하는 과거를 반영하는 거울이자, 그와 같은 역사를 바탕에 두고 미래를 향한 제국의 비전을 보여주는 거울 말이다. 가장 이르게는 1840년대부터 빅토리아 시대의 주요 사상가 토머스 칼라일은 영국이 새로운 로마이며, 영국인은 새로운 로마인이라고 선언했다(마찬가지로 라틴어에 열을 올렸던 무솔리니도 불과 90년 뒤에 이탈리아에 대해서 정확히 똑같은 얘기를 하게 된다). 고전 시대는 대영제국에도 유용한 모델을 제공했다.

19세기로 접어들던 시기, 열망으로 들끓던 영국 제국주의자들이 노예 제도가 지탱하는 사회라는 관념을 끌어들이기는 손쉬웠다. 또한 노예를 부리는 자들, 즉 백인이 신체적으로나 인종적으로나 우월하다는 관념도 전파했다. 영국인들이 아테네와 스파르타라는 고대 그리스 도시국가를 바라보던 것과 발맞추어 말이다. 대영제국 전체 크기의 100분의 1도 되지 않는 조그만 섬에서 거대하고 전 세계적인 제국으로 거듭나자, 영국인들은 위계질서가 체계적으로 잡힌 사회이자, 강력한 중앙집권화를 보여주며, 폭력적인 제국의 통제력을 휘두르는 고대 로마 모델로 향했다. 바로 이렇게 고전을 서양 제국주의의 이해관계에 맞게 끌어들이는 일이 오늘날도 계속해서 백인 우월주의에 영향을 끼치고 있다. 고전 세계가 오로지 백인으로만 이뤄져 있다는(실제로는 그러지 않았다) 잘못된 인종차별적인 관점이든 백인의 서양이 고전 세계의 물리적이고 문화적인, 그러니까 인종적인 계승자로서 식민 지배를 받는 사람들을 문명화하고 있었다는 생각이든 간에, 이는 서양에서 적어도 최근 200년 동안 유통되는 바로 그 생각이다. 아마 그리 놀라울 것도 없겠지만, 서양인들은 바로 이런 사상이야말로 전파할 가치가 있다고 보았다.

영국의 제국주의적 비전은 19세기 중반에 인도 공무원 선발 시험이라는 형태로 확고해졌다. 고전 교육자들이 고전을 배우는 학생 육성과 제국주의적인 야망 모두를 염두에 두고 설계한 것이었다. 옥스퍼드대학교 베일리올 컬리지의 학장인 벤저민 조엣은 이렇게 말했다. "나는 내 학생들을 통해 세상을 통치하고 싶다." 조엣은 고전이 인도 공무원 선발 시험의 핵심이라고 보았으며, 산스크리트어와 아랍어라는 부담에 더해서 라틴어와 고대 그리스어를 필수 시험 과목으로 삼는 것은 아무런 문제가 없다고 생각했다. 베르길리우스와 다른 고전 작가들의 글을 인용할 수 있는 능력은 고위직에 오르고 싶은 학생들에겐 그 어떤 다른 지식보다도 유용했던 것이다. 총리인 윌리엄 글래드스턴은 이 시험을 승인했다. 지적인 경쟁을 벌이는 일은 ('hoi polloi', 즉 '누구나'라는 뜻을 가진 이 말과 반대로) 'hoi aristoi', 즉 '타고난 자들'의 타고난 우월성에 걸맞다고 생각하면서 말이다.

인도 공무원 시험은 또 다른 교육계 관료인 토머스 배빙턴 매콜리의 발명품이었다. 그가 쓴 책 『고대 로마의 담시 _Lays of Ancient Rome_』는 19세기에 제일 인기 있는 작품 가운데 하나였다. 윈스턴 처칠은 학생 시절 이 책을 암기하고 다녔다고 한다. 오늘날 매콜리는 '인도 교육에 관한 메모'로 훨씬 악명이 높다. 여기에는 다음과 같은 불명예스러운 말이 담겨 있다. "나는 여기에서나 고향에서나 동양의 언어를 유창하게 구사하는 사람들과 대화를 나누었다. 좋은 유럽 도서관의 책장 한 칸은 인도와 아라비아의 토착 문학 전체와도 같은 값어치를 지닌다는 말에 반박할 수 있는 사람을 그들 가운데서는 단 한 번도 본 적이 없다."

수많은 과학자의 경우와 마찬가지로, 매콜리는 백인 동료들이 하는 말을 다른 그 누구의 말보다도 높이 쳤다. 남아시아인들의 언어, 역사, 관습을 배우기보다는, 교육에 의해서 그리고 교육을 통해서 더욱 잘 통합된 제국을 만들어내는 수단으로 영국 문명의 동화 모델을 제시했다. 매콜리에 따르면 "우리와 우리가 통치하는 수많은 사람 사이를 중개해 줄 중간 계급, 그러니까 혈통과 피부색은 인도인이지만, 취향과 의견, 또 도덕이나 지성 측면에서는 영국인과 같은 계급"이 필요했다.

나는 이 표현을 읽을 때마다 피가 차갑게 식는다. 중동의 국제적인 분위기 속에서 자란 인도 부모의 자식이자, 모국어는 벵골어임에도 영어를 제1언어로 삼고 있는 나는 비유적으로 본다면 거의 틀림없이 매콜리의 손녀라고 할 수 있다. 우리 부모님은 영국에서 10년 조금 넘게 살다가, 1970년대 후반에 아부다비로 이주했다. 부모님은 외동딸의 교육 문제에서는 안전한 길을 걸어야 한다는 주장을 굽히지 않았다. 그리고 아부다비의 어느 영국 초등학교에 입학시켰다. 한층 더 진 브로디스러운 교육법을 내세우는 학교였다. 부모님 모두 학창시절에 고역이라 생각했던 암기식 교육 대신, 훨씬 더 계몽적인 시스템을 누릴 수 있을 터였다. 나의 최고의 모습을 길러내기 위해 설계한 시스템을 말이다. 또, 부모님은 세대를 관통해서 울려 퍼지던 매콜리의 주장, 즉 영국 교육이 세계 최고라는 주장을 똑똑히 인식하고 있었다. 그래서 인도식 학교나 국제 학교에 갔던 다양한 남아시아 지역 출신 가족들의 아이들과는 달리, 나는 먼저 영국 초등학교에 들어가고, 그다음에는 미국식 학교로 진학했다.

정신적 종속

잠시 나의 유년기 시절을 이야기해보겠다. 내가 다닌 두 학교 모두 서양인들로 이뤄진 아주 작은 마을에 있었다. 매일 학교에 가는 일은 단순히 도시를 가로질러 차를 타고 가는 것보다 훨씬 더 긴 여정이었다. 여러 가지 면에서 말이다. 초등학교 시절에 부활절, 추수감사절, 사순절의 넷째 일요일이 되면 근처에 있는 영국 국교파 교회로 봉사활동을 가고, 수영장 둘레에 촛불을 켜놓고 크리스마스 캐럴을 부르던 일이 기억난다. 또, 앤 공주가 방문했을 때 조그만 영국 국기를 열렬히 흔들던 일도 기억난다. 학교 운동회 날은 포대라든가 달걀과 숟가락 경주가 가득했고, 선생님들 가운데 스코틀랜드 출신이 많았던지라 스코틀랜드 컨트리 댄스를 하고 미니 하일랜드 게임*도 열었다. 중학교와 고등학교 생활은 여러분이 본 적 있을 미국 TV 프로그램이나 고등학교 배경 영화 속으로 들어가는 것 같았다. 체육 시간에는 운동장을 돌았고, 응원전도 열렸고, 공을 들여 고등학교 뮤지컬을 공연했고, 학교 신문을 만들었고, 매주 수요일 점심시간에는 어머니들이 핫도그를 팔았다.

　이 모든 문화를 경험하면서, 나는 서양에서 성장했다는 기분을 느꼈다. 중동에 있는 서양이었지만 말이다. 교육과정을 살펴보면 이는 더더욱 사실이었다. 여름이면 그늘에 들어가더라도 기온이 50C°를 웃도는 곳이었지만, 나는 얼어붙을 듯이 추운 디킨스풍 크리스마스라든가 엘리자베스 1세가 물웅덩이를 건

---

*　스코틀랜드 하일랜드 지방의 문화를 축하하는 축제. 약 1000년 전에 시작된 것으로 백파이프와 드럼 연주, 하일랜드 댄스, 통나무 들어올리기 등을 즐긴다.

널 수 있도록 망토를 벗어 땅바닥에 깐 월터 롤리 경에 관해 배웠다. 역사 수업은 바이킹부터 튜더 왕조까지 모든 일반적인 내용을 다루었으며, 퍼핀 북클럽을 탐욕스럽게 이용해먹었다고도 할 수 있을 정도로 로알드 달, 앨런 앨버그, 줄스 올더, 그리고 아서 코넌 도일과 애거사 크리스티에 이르기까지 모든 종류의 책을 읽었다. 이 책들은 내가 이미 살고 있는 것 같은 기분이 드는 영국의 생활이 어떤지를 정교하고 세세하게 그려냈다. 희한하게도 중학교와 고등학교 모두 영어 시간에는 샬럿 브론테와 조지프 콘래드, 그리고 시를 읽으며 영국과의 간극을 메웠다. 다행히도 나는 시를 좋아했기에, 유명 작가의 작품을 외우는 일은 쉬웠다. 워즈워스, 키츠, 셸리, 바이런, 콜리지, 여기에 더불어 미국인인 랠프 월도 에머슨, 헨리 데이비드 소로, 월트 휘트먼까지. 이들은 거의 모두 남성이었고, 거의 어김없이 백인이었으며, 모두 희한하게도 야외 활동에 열을 올렸다. 나는 일리 있다고 생각했다. 그들이 살던 곳은 그렇게 덥지 않았을 테니 말이다. 내 겉모습을 보고는 그렇게 말할 수 없겠지만, 교육적인 측면에서 본다면 나는 그 사람들만큼이나 백인이었다.

이제는 정말이지 부끄럽게 생각되는 일이지만, 나는 아주 좋은 성적을 거두면서 서양 학교에 다니는 남아시아계 아이의 모범적인 소수자 스테레오타입에 부합했고, 이런 모습은 부모님을 행복하게 해주었다. 고등학교 마지막 2년 동안 대학교 수준의 선이수제(AP) 수업에 집중했고, 졸업생 대표로 선발되었다

(테니슨의 『율리시스』에서 인용한 문구로 졸업생 대표 연설을 마무리했다). 이는 모두 좋은 학교, 그러니까 영국의 대학교에 들어가기 위한 프로젝트의 일환이었다. 이것은 절대 타협할 수 없는 목표였다. 진학한 후에도 이런 흐름은 이어졌다.

고고학과 신입생 시절을 기억한다. 세미나를 하다가 말이 끊어지자, 퍼시 비시 셸리의 시 『오지만디아스』로 얼버무리며 정적을 메웠다. 권력, 기억, 시간에 관한 시였으므로, 고고학에서 완전히 벗어난 얘기는 아니었다. 세미나 담당 교수에게 확실히 인상을 남겼던 것 같다. 세미나가 끝나고 교수가 내게 어디에서 학교를 다녔는지 물었던 일이 기억난다. 아부다비에서 평생을 산 일은 지난 세 달 동안 숨기고 있었다. 미국 고등학교 학위를 받았다고 얘기하자 그는 놀라는 것 같았다. 교수는 이렇게 말했다. "그래, 자네는 다른 학생들보다 확실히 우수하군."

나름의 성공을 거두었어도, 이상한 불협화음을 느낄 때가 있었다. 인도에 거주하는 영국인들에 관해 진행하는 프로젝트를 아버지에게 보여주자, 아버지는 잠시 동안 아무 말이 없다가 이렇게 얘기했다. "그게 말이지, 학교에서 모든 걸 가르쳐주지는 않는단다." '뭐야, 쳇.' 이런 생각을 했던 기억이 난다. 세상에는 많은 일이 벌어지고, 학교에서 그 모든 걸 가르쳐줄 수 없다는 것이야 당연하다. 학교에서는 골라서 알려줄 수밖에 없다. 아버지가 무엇에 자극을 받아서 그렇게 얘기했는지는 모른다. 무엇 때문에 그런 말을 했는지는 모른다. 그때까지 그토록 열렬하게 나를 던져 넣던 서양 교육 시스템에 관해 무언가 비판적인 이야기를 한 것은 그때가 처음이고 유일했다. 그 어떤 것이든 이유가 될 수 있었다. 나는 영어영문학과 선이수제 수업은 들었지만 벵골어는 쓸 줄 몰랐다. 「샬롯의 여인ᵀʰᵉ Lady of Shalott」이나 「가지 않은 길」 전체는 암송할 수 있었을지 몰라도, 노벨상 수상자이자 인도의 자랑인 라빈드라나트 타고르에 관해서는 거의 아는 것이 없었다. 만약에 누가 등을 떠밀었다면, 어쩌면 대영제국은 전혀 나쁘지 않다고 주장했을지도 모른다. 아무튼 간에 우리에게 영어, 민주주의, 철도를 줬으니 말이다.

나는 역사와 시의 음악성을 사랑하고, 선생님들이 하라는 대로 했으며, 학교에서 가르친 특정한 존재 방식과 말하기 방식에 세뇌된, 약간 너드 같은 아이였다. 서양 세계의 시를 알면 도움이 된다는 사실을 몸소 깨우쳤다. 시 그 자체 때문이 아니라, 시의 또다른 효용을 추구하기 위해서 말이다. 서양에서는 나면서부터 타고르의 작품에 몰두한다고 해서 달리 대단한 일이 생기지는 않는다. 반면에 셸리의 시를 읊으면 적합한 사람이라는 것을 증명한다. 나는 겉으로는 갈색 피부를 지니고 있을지는 몰라도, 속은 백인이다. 그리고 매콜리가 자신의 사상을 떠올리고 한 세기 반도 더 지나, 나는 영국의 교육을 문명화하는 힘으로 바라보았던 그의 비전의 잔재인 동시에 본보기가 되었다.

매콜리를 비롯해 제국주의적인 사고방식을 품고 있던 동시대 사람들은 로마가 영국을 문명화했던 것처럼, 영국이 세계의 나머지 지역을 문명화할 수 있다고 보았다. 여기서도 그리스인들은 요긴했다. 특히 아리스토텔레스가 그랬는데, 그의 『니코마코스 윤리학』은 '가부장적인 엘리트가 문명을 앞으로 이끄는 엔진'이라는 생각의 틀을 마련했다. 이것이 바로 엄청난 인기를 끌었던 시 「백인의 책무The White Man's Burden」에서 러디어드 키플링이 말했던 내용이다. 키플링은 "당신이 키워낸 최고의 작품을 내보내고 / 자, 당신의 아들들을 유배지로 보내어 / 포로에게 필요한 일을 하도록 하라"라고 국민에게 호소한다. 영국 제국주의자들은 심지어 알렉산더 대왕, 율리우스 카이사르, 카이사르 아우구스투스 같은 고대 그리스와 로마의 역사적인 인물을 모범으로 삼기도 했다(우습게도 모두 학교에서 배웠던 인물들이다). 특히 아리스토텔레스에게 가르침을 받고 남아시아까지 제국을 확장했던 알렉산더 대왕은 야만인들을 문명화한 인물로 여겨지며, 연이어 제국의 롤모델이 되었다. 증기선, 철도, 전보와 같은 기술적인 발전은 영국인들이 로마인들보다 더 멀리 그리고 빠르게 영향력을 퍼뜨리도록 해주었으며, 결국 이와 같은 변화의 요인은 그 자체로 목적이 되었다. 정치적이고 경제적인 측면이 부재한 자리에서 말이다.

에디스 홀과 헨리 스테드는 『고전에 관한 민중의 역사A People's History of Classics』라는 책에서 상류층이 고전 작품에 대한 독점을 유지해왔다는 생각을 타파한다. 이들은 계급 사이의 장벽을 부수기 위해 고전 작품을 활용했던 노동계급 사람들의 이야기를 들려준다. 보디빌더이자 쇼맨이었던 유진 샌도의 이야기, 그리고 노동조합의 역사를 소개하며 열망과 저항이 담긴 이야기를 공유하고, 노동계급 사람들이 어떤 식으로 "고전 작품을 활용해 자신들의 지적 역량을 증명하고, 어려움을 표현하고, 계급 체계에 관한 인식을 드러냈는지를" 보여준다. 이렇게 상류계급이 고전 작품을 독점한다는 생각이 틀렸다는 사실이 간혹 입증되기는 하지만, 베르길리우스, 호메로스, 페리클레스의 글을 자유자재로 인용할 수 있는 사람은 곧 문명화되었으며 제대로 교육을 받은 사람이라는 이미지는 여전히 우리 사회에 강력하게 자리 잡고 있다. 이는 지위를 높이고 또 동시에 억압을 하는 데에도 쓰이는 그 모든 형태의 언어와 교육 시스템이 지닌 권력이 지속되고 있다는 사실을 보여준다.

고전 외에도 정규 교육이 도움이 되지 않는 방식으로 권위적이 될 수도 있다는 생각에 우리는 익숙하다. 가정 과목을 여학생들에게만 가르치던 때라든가, 여학생들이 훌륭한 자질을 확실하게 보여주기 위해서 소개장을 받고 특별 면접을 치러야 대학에 갈 수 있었던 때처럼 아주 오래전까지 거슬러 올라갈 필요도 없다. 이는 물론 모욕적이고 분노를 불러일으키는 일이지만, 단연코 더 해로우며 트라우마를 유발하는 제국 교육의 측면들과 비교한다면 무색해진다. 영국 안에서 웨일스 출신 아이들은 괴롭힘을 당했고, 웨일스어를 사용할 수 없었다. 캐나다, 오스트레일리아, 미국 같은 영국의 정착형 식민지들에서는 토착민의 아이들을 강제로 부모와 떨어뜨려 기숙'학교'에 집어넣었다. 여기서 아이들은 처벌을 받고, 자신들의 고유한 언어를 쓴다는 이유로 낙인이 찍혔으며, 굶주리고, 고문을 받고, 공공연히 죽임을 당하기도 했다. 모두 동화 정책을 거쳐 이들이 결국은 '이종 교배'를 당하고, 멸종되고, 사라질 것이라는, 기저에 깔린 이론이 뒷받침되었다.

'제국'이라는 기치 아래 서양은 자신의 우월성을 확립하고 유지하기 위해서라면 마음에 드는 그 어떤 권력과 수단도 사용할 수 있었다. 제국의 여파 속에서, 구체적으로는 서양의 주요 작품이, 보다 광범위하게는 서양의 지식이 결합해 강력한 정치적 도구를 만들어냈다. 20세기에 유럽 국가들이 과거의 식민지에서 철수하면서 표면적으로는 자유롭고 독립적인 국가로 남겨두는 것처럼 보였다. 응구기 와 티옹오와 에드워드 사이드 같은 문화이론가들은 서양인들을 문명의 정점으로 유지하는 서양 교육 모델은 여전히 뒤에 남아 있다고 지적했다. 이들은 라틴어, 고대 그리스어, 영어가 어째서 단순히 중립적인 국제어(일련의 유용한 공통어들)가 아니라, 사상과 생각을 통제하는 복합적이고 섬세한 도구가 되는지를 보여주었다. 문화는 싸움에서 이기고 깃발을 꽂는 것과 마찬가지로 제국주의의 한 형태다. 그러니 식민지가 되는 것은 단순히 땅만이 아니다. 사람들의 정신도 식민지가 되는 것이다.

교육이 우리를 자유롭게 할 때

1960년대 말에서 1970년대 초 무렵, 몇몇 문서가 연달아 유출되며 영국 교육 시스템에 포함되어 있는 저열한 모방품을 폭로했다. 이 가운데 하나는 '헤링게이 종합 중등 학교'(1969년)라는 보고서로, 저자의 이름을 따서 일반적으로는 덜튼 보고서라고 부른다. 이 보고서는 북부 런던의 흑인 지역 공동체에 실망과 분노를 불러일으켰다. 서인도 제도 출신 학생들이 많이 다니는 학교는 교육 수준을 낮춰야 한다고 밝혔던 것이다. 이 아이들은 일반적으로 백인 영국 학생들보다 IQ가 훨씬 낮다고 여겨지기 때문이었다. 그리고 후속 보고서인 '통합 교육 관련 교육 위원회 보고서'는 헤링게이 의회가 학생들의 학습 능력에 따라 자치구 내의 학교들을 구분할 것을 권고했다.

이 시점은 프랜시스 골턴이 세상을 뜬 지 48년 뒤이긴 하지만, 이런 조치를 그가 찬성했을 것이라고 말해도 무방하다고 생각한다. 우생학적 원칙을 바탕으로 운영하는 국가라는 골턴의 비전에서는 지능을 수치화하는 것이 핵심적인 역할을 맡았다. 그는 가장 똑똑한 사람들이 자손을 낳는 것은 지원하고 장려해야 하는 반면, 지능이 제일 떨어지는 사람들은 그렇게 하지 못하도록 막아야 한다고 주장했다. 1920년대, 찰스 스피어만이나 시릴 버트 같은 심리학자들은 지능을 표준화한다는 생각을 품고, 표준화된 지능 시험을 설계하고 개발하면서 골턴의 비전을 현실로 만들었다. 현재 우리가 지능의 유전학이라고 생각하는, 지능이 유전되는 것인가에 관한 버트의 연구는 11+ 시험을 도입시켜 영국의 정규 교육 시스템의 근본을 형성했다. 11+는 인생을 결정짓는 시험이었다. 높은 점수를 받아 지능이 높다고 여겨지면, 명문 그래머 스쿨에 들어갈 수가 있었다. 여기서 중요한 문법grammar이란 당연히 라틴어였으며, 그래머 스쿨에서 교육을 받는 일은 그 뒤로도 학업적인 성공을 거둘 것이라 상당히 호언장담할 수 있는 길이었다.

표준화된 지능 시험은 아이의 IQ, 또는 지능지수를 결정했고, 아이의 지능이 평균인지, 평균 이상인지, 또는 평균 이하인지도 결정했다. 평균 이하에 드는 사람들은 학습장애가 있거나 특수 교육을 받아야 한다고 생각한다. 1960년대에는 이런 사람들은 '교육적인 측면에서 평균 이하'라고 여겨졌으며, 더러는 '교육적인 측면에서 평균 이하'인 아이들을 위해 세운 특별 기숙학교에 보내지기도 했다.

보고서가 세상에 드러나고 몇 년 뒤인 1971년 5월, 교육학자인 버나드 코어드는 자신의 주요 저서,『서인도 제도 출신 아동은 영국 학교 시스템 안에서 어떻게 교육적으로 평균 이하가 되었는가How the West Indian Child Is Made Educationally Sub-normal in the British School System』를 출판한다. 코어드는 학교 교사였던 경험을 바탕으로, 백인 학생들보다 지적으로 열등하다는 취급을 받으며 부당할 정도로 많은 흑인 아이들이 기숙학교로 보내졌다는 사실을 보여준다. 교육심리학자인 몰리 헌트는 코어드의 주장을 지지하며 그 이유는 시험이 흑인 아동에 대한 문화적 편견을 바탕으로 만들어졌기 때문이라고 설명했다.

흑인 시인인 린턴 퀘시 존슨은(2002년에 살아 있는 시인으로서는 두 번째로 펭귄 모던 클래식 시리즈에 수록됐다.) 라디오 프로그램 〈데저트 아일랜드 디스크 Desert Island Discs〉에서 이런 시험들이 어떻게 진행됐는지를 설명했다. "문제는 몇 가지 안 내요. 예를 들면 집을 그려보라고 시키죠. 카리브해 지역에서 온 아이일 경우에는 굴뚝이 없는 집을 그려요. 그 아이가 살던 지역에는 집에 굴뚝이 없거든요. 그게 어떤 식으로든 그 아이들을 '교육적인 측면에서 평균 이하'로 만들게 되는 겁니다."

저명한 교육학자이자 학교에서 제도적으로 벌어지는 인종차별에 저항하는 활동가인 거스 존 교수 역시 언어를 둘러싼 사안에 대한 무지가 여기서도 작용한다고 말했다. 존은 자메이카에서 널리 쓰이는 자메이칸 파트와어가 영어를 바탕으로 삼되 표준 영어와 전혀 다른 단어를 사용한다는 점이 전혀 고려되지 않는다고 말한다. 이와 같은 특성은 지능 시험을 만들어낸 사람들 가운데 어느 누구도 고려하지 못했던 차별점이었다. 인도 출신 이민자들의 아이들은 표준 영어를 배우도록 지원을 받았으나, 서인도 제도 출신 가정의 아이들은 이와 같은 특권을 누리지 못했다. 이들은 무시되었고, 폄하당했고, 뒤에 남겨졌다. 그래머 스쿨의 계급적인 교육이 일부 학생들을 적극적으로 위로 올려보내는 동안, 그 반대편에서는 흑인 아이들은 교육할 만한 가치가 없다는 인종차별적인 가정이 그 아이들을 끌어내리고 있었다.

부모들은 이런 처사를 받아들이지 않았다. 서인도제도 협회와 북부 런던 서인도제도 협회가 이끈 시위는 헤링게이 학교 프로젝트를 보류하도록 만들었다. 그러자 전국의 흑인 부모들은 주류 학교에서 아이들에게 수준 낮은 교육을 하는 것을 보충하는 쪽으로 방향을 틀어 노력을 기울였다. 이들의 노력은 60년대에 부상한 흑인 보충 학교 운동에 영향을 끼쳤다. 토요일이 되면 흑인 부모들이 마련할 수 있는 곳이라면 어디에서건 직접 아이들을 가르쳤다. 지역 커뮤니티 센터에서 교회 강당, 이동식 건물, 심지어는 자기 집 거실에서도 말이다.

이 운동의 역사에 관한 책을 쓴 케힌데 앤드루스에 따르면, "흑인 토요 학교가 인기가 있었던 이유는 바로 주류 학교의 수학과 영어에서 부족한 부분을 다루었기 때문이다." 이와 더불어, 흑인 토요 학교는 학생들의 창의성과 자신감을 키워주었다. 런던 북부 베이햄 가에 있는 여러 포터캐빈에서 매주 열렸던 위니 만델라 보충 학교에서 보낸 뉴스레터에는 연극을 가르치는 로빈슨 선생님과의 인터뷰를 싣고 있다. "기본적으로 자신감의 문제"라고 그녀는 말했다.

저는 아이들이 고유한 서인도제도의 뿌리를 바탕으로 자신감을 기르도록 돕는 것이 제 역할이라고 생각해요. 저는 아이들에게 서인도제도의 민요와 이야기를 가르치고, 아이들이 자신의 유산에 자부심을 품게 해주려고 노력해요. 이 사회에서는 서인도제도의 문화가 영국 문화와 동등한 수준에 있다고 생각하기 힘듭니다. 아이들이 이 영역에서 지원을 받는다면, 아이들이 맞서는 데에 도움이 될 거예요.

뉴스레터에는 다섯 살 난 소년의 흑백사진이 실려 있다. 사랑스러운 함박웃음을 짓고 있다고 표현할 수밖에 없는 모습이다. 이 아이는 학교 학생 가운데 한 명인 킹즐리이며, "우리는 여기서 더 잘 하고 있어요"라는 말이 함께 실려 있다. 킹즐리는 현재 작가이자, 힙합 아티스트이자, 사회적 기업가로서 아칼라라는 닉네임으로 잘 알려져 있다. 보다 최근에 그는 토요 학교에서 받은 교육이 자신에게 어떤 의미였는지를, 더 광범위하게는 이 나라에서 실시하는 교육과 관련해 어떤 의미를 지니고 있는지를 이야기했다.

제가 열의를 품고 세계사를 배우게 된 것은 토요 학교 덕분이었어요. 카리브해 출신 아프리카계 청소년이었던 제가 인류의 이야기 속에서 흑인의 유일한 역할은 우선 노예가 되는 것이고, 그다음에는 윌리엄 윌버포스의 손으로 해방되고, 그다음에는 미국에서 시민권 운동을 벌인 것이라고 얘기하는 유럽중심적인 교육과정을 흡수했더라면, 제 정체성을 그렇게

자랑스럽게 여기지는 못했을 거에요. 다행히 저는 그 교육과
정을 흡수하지 않았죠. 별도로 토요 학교에 갔거든요. 저는
그곳에서 알려주는 지식의 운 좋은 수혜자였죠. 그래서 제
가 배우는 내용 때문에 열등감을 느끼지 않았어요. 셰익스피
어나, 뉴턴이나, 플라톤과 맞설 수가 있었어요. 그런 것에 겁
나지 않았거든요. 저 같은 사람들은 인류의 진보에 아무것도
기여하지 못했다는 생각 같은 건 하지 않았으니까요.

아칼라의 발언은 옥스퍼드대학교에서 열리는 토론회인 옥
스퍼드 유니언에서 신랄한 발표 후 이어진 대화의 일부였다. 반
쯤은 역사 수업이고, 반쯤은 정보가 가득한 논쟁의 장이었던 발
표에서 그는 아프리카인이 지적으로 공헌한 내용과 성취를, 또
이런 성취가 인종차별과 제국주의라는 렌즈를 거치며 어떻게
지워졌는지를 무척이나 자세하게 이야기했다. 우리가 아이들에
게 들려주는 이야기는 중요하다. 자신의 역사에 대한 자신감과
자부심을 아이들에게 가득 불어넣기 위해 노력을 기울인다면,
나머지는 알아서 제자리를 찾아간다.

중립적 교육이라는 환상

교육 분야에서 일어나는 서구 비판적이고 탈식민적인 운동을

거부하는 것은 낡은 제국의 축소판을 재생산한다. 이들은 서양의 주요 작품은 영구하고 중립적인 선이라고 주장하며, 이를 비판하는 것은 무지하거나 또는 정치적 의도가 있는 것이라고 일축한다. 그렇지만 이번 장에서 줄곧 살펴보았듯이, 서양의 교육은 언제나 정치적이었다. 자국에서나 해외에서나 말이다. 서양에서 벌어진 교육의 역사를 살펴보면 이는 이론이라기보다는 차이를 기술하는 도구에 가까웠다는 사실이 드러난다. 특히 계급의 차이, 그리고 한편으로 과학과 관련해서 살펴봤던 것처럼 이른바 인종 사이의 차이를 말이다. 이런 것이야말로 맞서 싸워야 하는 지식의 독점이다. 교육 이론가인 파울루 프레이리는 이런 점에 관해 거침없이 의견을 밝힌다. 그는 이렇게 썼다. "중립적인 교육 같은 것은 없다. 교육은 순응 아니면 자유를 불러오는 도구로만 기능한다." 우리 자신을 위해서나, 우리 아이들을 위해서나, 이 둘 가운데 어떤 것을 선택해야 할지는 모두가 잘 알고 있다고 생각한다. 그렇지만 서양에서 일어난 교육의 역사를 살펴보고 있으면, 이 둘의 구분이 보기보다 명확하지 않다는 사실을 알 수 있다. 교육이 곧 세뇌, 구체적으로는 제국의 긍정적인 역할, 유익함, 중요성을 세뇌하는 것이라는 점은 의심의 여지가 없다. 중요한 것은 우리가 바꿀 수 있는 것이 무엇인가다. 그리고 가장 일궈내기 쉬운 변화 가운데 한 가지는 바로 백인의 교육과정이 어떻게 구성되어 있는지를 인식하는 것이다. 우리가 박식하고, 교육 수준이 높고, 문명화되었다고 보는 사람들을 형성해낸 역사적이고 정치적인 맥락과 더불어서 말이다.

내가 매콜리의 손녀 손자 가운데 하나라는 사실에서 벗어날 수는 없지만, 나는 스리 타쿠르다스 레이의 손녀이기도 하다. 그는 콜카타의 유명한 건축가이자 열성적인 독서광으로, 라빈드라나트 타고르에서 수쿠마르 레이, 사라트 찬드라 차토파디아야, 그리고 P. G. 우드하우스에 이르는 작가들을 섭렵했다. 그는 이런 독서 경향을 자신의 딸, 그러니까 나의 어머니인 소날리 다스 박사에게 물려주었다. 나는 독서를 일상적인 즐거움으로 여기고 독서에 대한 애정을 길러준 책으로 가득 찬 집에서 자라났다. 내 삶과 교육 전부가 '서양과 나머지 세계'라는 이분법이 틀렸다는 것을 알려주는 증거이다. 나는 피부가 갈색이거나 하얗거나, 또는 문명적이거나 비문명적이거나는 중요한 문제가 아니라는 점을 보여주는 살아 있는 증거 그 자체다. 나는 이 둘 모두 동시에 될 수 있다는 사실을 보여주는 살아 있는 증거다.

우리의 힘을 키워주는 지식의 능력은 교육의 핵심에 자리 잡고 있다. 그 지식과 힘 모두를 단단히 자리매김하게 해주는 것은 바로 이를 전하는 능력이다.

3장

펜은
칼보다 강하다

— 문자

The pen is mightier
than the sword

대문호를 둘러싼 음모론

나는 항상 작가가 되고 싶었다. 글을 쓰는 것을 좋아하긴 했지만, 사실 '이미 쓰인 것'을 좋아했다고 말하는 게 더욱 적절할 것이다. 글을 쓰는 과정 자체에는 큰 흥미를 가지지 못했다. 그러다 보니 나머지 시간표는 글을 써야 하는 숙제가 생기지 않는 수업들로만 채웠다. 합창, 현대무용, 연극, 체육을 집어넣었고, 다행스럽게도 이 과목들은 모두 노력만 하면 점수를 받을 수 있었다. 그렇지만 '신문' 수업을 듣겠다고 체크한 것은 전략상의 오류였다. 놀다시피 하는 수업이라는 평을 듣던 수업이었다. 부담 없이 들을 수 있는 수업을 원했던 나는 망설임 없이 선택했다. 다만 당연한 얘기겠지만, 이 수업에서는 써야 할 것들이 많았고 과제도 주기적으로 내야 했다. 나는 전속 기자와 더불어 칼

럼니스트 역할도 맡게 되었다. 채워야 하는 지면이 있었지만 아무도 그 일을 맡지 않으려 했기 때문이었다. 신문은 매달 발행되었고, 2년 동안 나는 이 마감일에서 저 마감일로 펄쩍펄쩍 뛰어다녔다. 때로는 의기양양했지만, 그렇지 않은 경우가 더 많았다.

마지막 학년이 되자 편집자가 되었다. 이는 곧 다른 사람들에게 글을 의뢰하면서 나도 계속 글을 써야 한다는 의미였다. 당시 우리가 발행한 신문들을 살펴보면, 모두가 떠올렸던 해결책 한 가지는 '실제로 아무것도 쓰지 않는 것'이라는 점을 알 수 있다. 지면은 만화, 음악과 영화 목록, 학생 프로필, 퀴즈로 채워졌다. 기억에 남는 퀴즈가 하나 있다. 당시 미국의 대통령이었던 빌 클린턴에 관한 저열하지만 우습기도 한 비난들 가운데, 문학과 관련된 퀴즈가 딱 하나 있었다.

"괴테의 『파우스트』를 쓴 사람은 누구인가?"

이 퀴즈는 처음 만들어졌던 1990년대 후반, 그러니까 인터넷은 발명되었지만 '구글링하다'라는 동사가 등장하기는 이전인 당시보다 오히려 오늘날 더 재미있다. 이 퀴즈를 읽을 때면 얼굴에는 미소가 지어지고, 동시에 혹시 모를 경우를 대비해 확인하고자 휴대폰을 집어 들고 싶은 강렬한 충동이 든다. 퀴즈의 영감을 주었던 것은 어느 영화 제목이었다. 배즈 루어먼이 감독을 맡고, 레오나르도 디카프리오와 클레어 데인스가 주연을 맡은 〈로미오와 줄리엣〉이었다. 신문부 일원 가운데 한 친구가 혹시 우리가 찰스 디킨스나 제인 오스틴이 쓴 『로미오와 줄리엣』을 놓치고 있던 건 아니냐며 의문을 품었다.

농담으로 한 얘기였지만, 셰익스피어가 쓴 것으로 알려진 연극과 시를 누군가 다른 사람이 썼다고 발표한 연구들은 상당히 많이 존재한다. 이런 주장을 맨 처음 제기한 사람 가운데 한 명은 딜리아 베이컨이라는 미국 여성이었다. 1853년, 베이컨은 셰익스피어의 명예를 실추시키겠다는 분명한 계획을 품고 영국으로 떠났다. 베이컨은 사실 그 작품들을 쓴 것은 자신과 동명인 (그렇지만 관계는 없는) 프랜시스 베이컨이라고 확신했다. 딜리아가 보기에 완전히 새로운 과학적 패러다임을 내놓은 프랜시스 베이컨이 셰익스피어의 작품이라고 불리는 것들 역시 어렵지 않게 썼을 것이라 생각한 것이다. 그녀는 자신의 주장을 입증하고자 프랜시스의 경력과 관련된 다양한 장소들을 몇 달 동안 조사했다. 그녀의 방법 가운데는 이런 장소에 앉아 '분위기'를 흡수하는 것도 있었다. 일종의 박사 기분을 낸다고 할 수 있는 일이었다.

결과물은 기껏해야 약간 유별난 정도였다. 그녀는 부유한 가정에서 태어나지 않았지만, 유명하고 부유한 후원자들이 많았다. 그 가운데는 랠프 월도 에머슨, 토머스 칼라일, 너새니얼 호손 같은 작가들도 있었다. 1857년에 그녀는 『셰익스피어 연극의 철학을 펼치다*The Philosophy of the Plays of Shakespeare Unfolded*』라는 책을 펴내어, 프랜시스 베이컨의 편을 들면서 넌덜머리가 날 정도로 길고도 세세한 주장을 펼친다. 프랜시스 베이컨이라는 이름은 실제로는 책 속에 한 번도 등장하지 않았지만 말이다. 딜리아 베이컨은 슬픈 삶을 살았다. 망상에 빠져 있었을 가능성이 높으며, 책을 출판하고 2년 뒤에 숨을 거두었다. 자신을 성령이라고 믿으면서 보호 시설에서 혼자 지내다 죽음을 맞이했다.

프랜시스 베이컨이 해야 할 일이 굉장히 많았다는 것을 감안하면, 그가 셰익스피어의 작품들을 썼을 가능성은 없어 보인다. 그는 과학적 방법에 관한 사상을 개략적으로 전개하여 유명세를 얻은 『노붐 오르가눔*Novum Organum*』을 쓰느라 바빴으며, 그 외에도 외에도 수많은 이론서를 써야 했다. 그 가운데 어떤 글에서는 '연극'이 사람들의 시간을 순식간에 뺏어간다며 단칼에 폄하하기도 했다. 그렇지만 딜리아의 생각은 그녀와 함께 숨을 거두지 않았다. 그녀의 뒤를 따라 미국의 작가 마크 트웨인과 헨리 제임스는 그녀를 지지하는 일을 도맡았다.

글을 쓸 수 있는 능력

여느 음모론들과 마찬가지로, 이와 같은 반-스트랫퍼드적 주장(스트랫퍼드 어폰 에이번 출신의 셰익스피어라는 배우가 셰익스피어의 작품을 쓴 것이 아니라는 주장이다)은 작품 속에 숨어 있다고 주장하는 수수께끼 같은 단서들을 바탕으로 삼고 있다. 셰익스피어의 진실성을 의심하는 사람들은 그의 작품을 꼼꼼하게 뜯어보며, 진실을 알아내겠다며 해독한다. 셰익스피어의 작품을 썼다고 주장되는 또 다른 후보로는 제17대 옥스퍼드 백작인 에드워드 드 베르가 있다. 이 주장은 게이츠헤드 지역의 교사였던 J. 토머스 루니의 이론에서 시작되었다. 그는 1920년에 『셰익스피어를 밝히다*Shakespeare Identified*』를 펴냈다. 이 책에서 셰익스피어의 것이라 불리는 작품을 쓰는 데 필요한 학식이나 세련된 면모가 셰익스피어에게는 없었으며, 따라서 좀 더 상류층 출신의 인물이 썼을 가능성이 크다고 주장했다. 사회적 계급과 엘리자베스 1세를 비롯한 사람들과의 관계를 따져봤을 때 옥스퍼드 백작이 가능성이 높은 후보였다. 이 주장은 크리스토퍼 말로에게도 적용되었다. 그는 셰익스피어와 동시대 인물이자 동료 극작가로서, 셰익스피어의 왕좌에 오를 수 있는 또 다른 후보다. 두 사람 모두 셰익스피어의 마지막 작품이 쓰이기 한참 전에 사망했다는 사실은 별로 중요하지 않았다. 또한 옥스퍼드 백작이든, 말로든 굳이 그들이 다른 사람 이름으로 작품을 발표하려 했을지에 대한 의문도 마찬가지다.

몇몇 여성 작가도 후보 명단에 이름을 올린다. 펨브로크 백작 부인이었던 메리 시드니가 대표적이다. 이 역시 사회적 관계망 때문에 후보에 오른 경우다. 시인 필립 시드니가 메리의 형제였고, 메리의 삼촌은 레스터 백작인 로버트 더들리였으며, 메리 본인은 시인 에드먼드 스펜서(『선녀왕』을 쓴 것으로 잘 알려진 인물이다)와 친구였다. 이 이론의 또 다른 갈래에서는 일종의 '엘리자베스 여왕 시대의 걸출한 인물 연합'과 같이 다양한 사람들이 모인 연합에서 셰익스피어의 작품을 쓴 것이라 주장한다. 이 연합에는 프랜시스 베이컨, 메리 시드니, 필립 시드니 경, 월터 롤리 경이 들어간다. 이렇게 보면 이야기가 알아서 점점 살을 붙여가는 것 같다.

이 논의들의 핵심에 자리 잡고 있는 추정은 바로 셰익스피어의 작품은 법학에서 의학, 정치, 국정에 이르기까지 다양한 영역의 주제를 다루고 또 전문성도 드러나기에, 지방에 거주하던 볼품없는 워릭셔 지역 장갑 제작자의 아들이 쥔 깃펜 끝에서 튀어나온 내용일 리 없다는 것이다. 셰익스피어의 엄청난 명성에 비해 그의 실제 삶에 관한 문서 기록은 거의 없다시피 하다. 그렇지만 그가 실제로 존재했으며, 연극과 소네트를 쓰던 작가였고, 제대로 된 교육을 받았으며, 귀족은 아니었지만 비교적 지위가 괜찮은 가문 출신이라고 증명해줄 만한 기록이 딱히 무엇이 필요하단 말인가. 그리고 셰익스피어 생전에는, 심지어 그가 세상을 뜨고도 몇백 년 동안은, 셰익스피어가 진짜 작가라는 데 어느 누구도 의심을 품지 않았다. 그렇다면 어쩌다 이런 음모론이 이렇게나 열심히 끈질기게 나타나게 된 것일까? 셰익스피어의 마지막 작품이 쓰이기 한참 전에 죽었던 두 남자가 알고 보니 실제 작가였다는 주장이 어떻게 더 그럴싸하다는 취급을 받게 된 것일까? 셰익스피어가 셰익스피어 작품을 썼다는 사실을 믿지 않는 사람들이 어쩌다 학문적인 경력을 쌓고, 책을 쓰고, 연극을 만들게 된 것일까?

부분적인 답은 이것이 바로 음모론이 작동하는 방식이라는 점이다. 난해하고 불가사의할수록 더 좋다. 그렇지만 학자들과 지식인들이 18세기와 19세기 세계를 어떻게 생각하고 있었는지를 들여다보는 것도 좋을 것이다. 20세기로 접어들 무렵, 과학 분야에서 변해가던 사상들이 인간 사회에 관해서, 특히 인간 생물학에 관해서 어떤 사고의 틀을 만들었는지를 우리는 이미 살펴보았다.

프랜시스 골턴은 천재성을 포함해 모든 형태의 지능은 한 세대에서 다른 세대로 전해진다는 생각을 중요하게 대두시키는 데에 영향을 끼쳤다. 골턴이 보기에, 그리고 수많은 동시대 사람들이 보기에, 대단히 명석한 사람들은 대단히 명석한 아버지를 두었다는 점을 과학적 연구들이 증명했다. 의사들은 의사들과 엮이고, 재판관들은 재판관들과 엮이고 하는 식이었다. 애석하게도, 골턴은 이런 현상을 오늘날 지능의 유전이라 생각하게 된 틀 안에 집어넣었다. 부, 특권, 그리고 우리가 살펴보았던 것처럼 교육에 대한 접근성이 주는 이점이라는 틀로 바라보지 않고 말이다. 이런 맥락에서 본다면, 태생이 비교적 천하고, 또 "멍청하고 글도 제대로 모르는 3류 연극 배우"라며 딜리아 베이컨에게 혹평을 받았던 셰익스피어가 위대한 작가가 되었을 리 없었다는 주장은 완벽하게 말이 된다.

역사학자, 사회학자, 인류학자가 변태적으로 집착하는 대상이 있다면 바로 '글'이다. 이들은 무수히 많은 강력한 형태로 쓰인 글에 매혹된다. 이들은 활판술에, 복잡한 활자 형태에, 다양한 서체에 감탄한다. 이들은 잉크와 파피루스와 양피지 사이에서 일어나는 상호작용에 정신을 잃는다. 이들은 상형문자에서 설형문자에 이르기까지, 사라진 고대의 언어를 읽고 해독하는 법을 배우는 데에 커리어를 전부 바친다. 이렇게 얘기하고 보면 글이 지닌 매력을 쉽게 이해할 수 있다. 글은 일반적인 회계와 세금 계산부터, 수백 년 심지어는 수천 년 전에 태어났던 사람들이 쓴, 시공간을 초월해서 경험하고 이해할 수 있는 서사시까지, 모든 것을 표현하는 게 가능한 마법 같은 수단이다. 그렇지만 글의 역사를 조금 더 자세히 살펴본다면, 여기서 무언가 다른 일이 벌어지고 있다는 것을 알 수가 있다.

장전된 총이 공기를 가로질러 총알을 전달하듯이, 글로 쓰인 말은 기술, 사상, 정보를 전달하는 도구다. 셰익스피어의 작품을 누가 썼는가라는 흥미로운 사안을 제기할 수 있었던 까닭은, 어느 정도는 그가 문서 기록에는 비교적 등장하지 않았다는 점 때문에 가능했다. 이렇게 남은 공백은 다른 사람들의 생각으로 채워질 수가 있었다. 스스로의 글을 발표할 수 있는 사람들의 생각도 포함해서 말이다. 이런 점은 글이 지닌 힘과 생각의 본성에 관해 무언가를 알려준다. 살아남는 생각, 전해지는 이야기, 그리고 더 중요하게는 그렇게 되지 못하는 것들에 관해서 말이다. 현실에서는 글은 글 자체만을 들려주는 것이 아니다.

최초의 문자를 발명한 건 유럽인?

글에 관한 초기 연구들은 대부분 문명의 역사와 직접 연관이 되었다. 19세기와 20세기 초 유럽 고고학자들은 이집트와 메소포타미아에서 고대 문명을 발견하기 시작하면서 이와 같은 고대 문명들이 자신들의 근대적 자아와 어떻게 연결되는지에 관한 이론을 세우기 시작했다. 언어학자들과 철학자들은 성서 시대 같은 과거의 사람들을 고대 그리스인과 로마인과 연결하며 거대 이론을 내놓았다. 글쓰기 재능을 유럽에 물려준 고대 그리스인과 로마인 말이다.

여기에는 몇 가지 불편한 진실이 감춰져 있다. 한 가지는 고대 그리스인들은 글을 전혀 좋아하지 않았다는 것이다. 고전 교육의 대들보이자, 시인 호메로스의 작품이라 여겨지는 그리스의 서사시 『일리아드』와 『오딧세이아』 모두 원래는 구전되는 작품이었다. 여러 세대를 거치며, 이 구연자에서 저 구연자로 계승되었던 것이다. '호메로스'는 결국에는 기원전 8세기에서 6세기 사이 어느 시점에 이르러 글로 쓰이게 된 대사들을 몇 세기 동안 읊고, 고치고, 다듬고, 완벽하게 만들어낸 수많은 시인과 이야기꾼들일 가능성이 크다. 굳이 꼽는다면 그리스의 서사시는 셰익스피어보다는 힙합과 공통점이 더 많다. 그리고 이 모든 작품은 말이 지닌 리듬에 의존해 관객들과 연결되고 얽혔다.

편지는 등장인물들이 서로를 오해하며 대개 재앙적이고 비극적인 결말로 이르도록 만드는 줄거리 속 포인트로 사용되었다. 예를 들어, 에우리피데스의 희곡 『히폴리투스』에서 테세우스는 (자살로 목숨을 끊은 지 얼마 안 된) 자신의 아내 파이드라가 쓴 편지를 발견한다. 테세우스의 아들 히폴리투스가 자신을 강간했다며 사실과 다른 혐의를 뒤집어씌우는 내용이었다. 테세우스가 살아 있는 아들의 주장 대신, 죽은 아내가 남긴 글을 믿고 아들을 추방하자, 또 다른 죽음이 이어진다. 에우리피데스는 글로 쓰인 내용이 반드시 사실을 있는 그대로 담고 있지는 않으며, 읽는 것을 모두 믿지는 않는 편이 유익하다는 사실을 깨닫고 있었다.

그럼에도 18세기와 19세기의 학자들은 글의 역사 가운데서도 서양의 내력을 강화하는 양상들에 초점을 맞췄다. 현재 이는 설형문자에서 시작하는 여정으로 자리 잡았다. 메소포타미아의 수메르에서 처음 발전한 '쐐기 모양' 문자에서, 고대 이집트의 상형문자를 거쳐, 마침내 지중해까지, 그러니까 근동부터 고대 그리스 세계에 이르는 지역에서 대중화된 표음식 알파벳에 이르는 여정 말이다.

고대 문자를 연구하는 데 특화된 문헌학자들과 언어를 연구하는 언어학자들의 노력이 결합해서 문명의 발전에 관한 온갖 이론들이 튀어나왔다. 어떤 이들은 점토판에 원형적인 문자로 기록되었다가, 나중에 『길가메시 서사시』처럼 완전한 서사로 피어난 것처럼, 문자가 문명화된 생활의 시작이었다는 생각을 고수했다. 길가메시 서사시가 특히 인기가 좋았던 까닭은, 세상에 홍수가 난 이야기를 담고 있었기 때문이었다. 이는 성서에 나오는 노아의 홍수가 사실이라는 것을 보여주는 증거라 여겨졌다. 또 어떤 연구자들은 현재의 파키스탄 지역인 인더스 계곡 문명에서 가장 오래된 문자를 발명했다고 생각했다. 저명한 언어학자 윌리엄 존스는 1783년 벵갈 대법원에 배정되자, 고대 남아시아의 문자인 산스크리트어와 자신이 이미 익히 알고 있던 언어들, 즉 페르시아어, 그리고 두말할 것도 없이 그리스어와 라틴어 사이의 유사성을 보고 깜짝 놀란다. 존스는 1786년 아시아 협회에서 발표한 '힌두어에 관한 3주년 기념 담화'에서 이 모든 언어는 공통의 조상 언어를 계승한 것이며, 그 언어를 자신은 원형-인도-유럽어라 부른다고 결론을 내렸다. 이는 다른 인종 이론들과 더불어서 인더스인을 아리아인으로 정의 내리며, 현대 독일인들이 최초의 문명인, 즉 우월한 인종의 후손이라는 히틀러의 비전에 결국에는 영향을 주었던 바로 그 학파의 일부가 되었다. 오늘날 글의 역사에 관한 사상들은 이 정도의 인종차별적인 면모는 확실히 덜하지만, 글을 가장 먼저 쓴 이들이 누구인지를 밝히려 집착한다는 점에서는 식민주의적인 유물이 끈질기게 남아 있다.

그렇지만 누가 먼저인가는 문명사회의 문자를 결정짓는 요소 가운데 하나에 불과했다. 또 다른 요소는 복잡성이었다. 특히 시간이 흐르면서 글자가 어떻게 점점 더 복잡해졌는지가 중요했다. 여기서 제일 큰 구분은 바로 중국어와 일본어 같은 그림문자와, 글자가 사물이나 생각보다는 소리를 드러내는 표음문자 사이의 구분이다. 이와 같은 차이 때문에 페니키아어Phoenician(이 말에서 '표음phonetic'이라는 말을 따왔다), 산스크리트어, 그리스어, 라틴어 같은 표음문자는 그림문자보다 더 발전된 형태라 여겨졌다. 그림문자를 읽으려면 서로 다른 글자를 수백 수천 개씩 배워야 하는 반면, 표음문자는 아무리 개수가 많다고 해도 보통 몇십 개 정도 규모임에도 그렇게 여겨졌다.

유럽인들이 고대 이집트의 상형문자를 해독하는 데 그렇게나 오랜 시간이 걸린 까닭은, 상형문자는 표음문자보다 덜 복잡할 것이라고 애초부터 가정을 했기 때문이다. 그래서 상형문자가 사실은 고대 이집트인들이 사용하던 언어의 소리를 표현하는 것임을 애초에 유럽 학자들은 알아내지 못했던 것이다. 유럽 학자들은 자신들의 이미지 속에서 문명이라는 관념을 만들어내며 계속 똑같은 실수를 저질렀다. 이들은 '문명적인 사람'이었고, 이들의 문자는 표음문자였으므로, 더 오래전에 쓰던 다른 언어들은 기본적으로 덜 복잡한 것이 이치에 맞는다고 여긴 것이다.

특정 민족만이 문자로 사고한다

문자가 현대적인 표음 언어를 얼마나 긴밀하게 반영하고 있는
가에 따라 문명의 기원을 밝힐 수 있다는 이런 가정은 학문 안
에 뿌리를 내렸다. 19세기 초, 일부 인류학자들은 말 자체가(특
히 문자로 기록된 말이) 인공물, 그러니까 그것을 만들어낸 앞선
인간들의 생각을 조사하고 이해하는 데에 활용할 수 있는 과거
의 물건과도 같다는 생각에 이르렀다. 이를 연구하고자 이들은
언어를 인간 정신의 구조와 직접 연결했다. 이 분야의 주요 사상
가 가운데 한 사람은 에딘버러대학교의 수사학과 순수 문학Belles-
lettres(문자 그대로는 '아름다운 글'이라는 뜻이며, 시나 연극처럼 예술
이라 여겨지는 모든 종류의 글을 의미한다) 교수였던 휴 블레어 목
사 겸 박사였다. 18세기 말에 쓰인 블레어의 저서는 이 분야의
다른 연구자들의 글과 더불어, 문자를 바탕으로 서로 다른 문화
와 문명을 비교하는 밑바탕이 되었다. 이것이 장차 인류학과 고
고학이 될 학문들의 초기 모습이었다. 이론이 발전하면서 이들
은 언어, 문화, 진보를 연결 짓는 원칙들을 세우기 시작한다.

블레어의 생각은 사고 그 자체의 발전과 관련된 여러 가정
을 바탕으로 삼고 있었다. 그는 생각이 물리적이고 감각적인 경
험으로 만들어지거나, 다른 생각들을 결합해서 만들어지는 것
이라 주장했다. 생각들이 한데 모여 사고를 이루었고, 사고들이
모여 기억을 이루었다. 누군가 생각을 할 때면 생각이 그들의 마

음속을 가로지르며 빠르게 연이어 흘러간다고 블레어는 보았다. 사고의 열차처럼, 또는 추론의 연쇄처럼 말이다. 이를 모두 더하면 그 총계가 합리적인 사고가 된다. 블레어는 말이 생각을 드러내는 물리적인 신호라고 생각했다. 그래서 합리성, 언어, 문자 사이에 강력한 연결 관계가 있다고 보았다. 그러므로 시간이 흐르면서 사람들의 언어가 어떻게 바뀌었는가를 연구하는 것만으로 이들이 합리적인 사고의 구조를 형성할 능력이 얼마나 되었는지를 밝힐 수 있을 것이라 생각했다. 이 모든 얘기가 무척 추상적이고 이론적이라 느껴지기는 하지만, 블레어의 철학은 서양 학자들이 이를테면 언어의 문법이나 다른 구조를 바탕으로 가정하게끔 만들어준 유용한 방법이었다. 말의 실제 의미나, 그 말들이 드러내는 사고 같은 것을 바탕으로 삼지 않고 말이다.

블레어는 자신이 바라본 언어와 문화의 진보를 바탕으로 역사의 발전을 세 단계로 나누었다. 원시, 고대, 그리고 현대였다. 블레어의 정의에 따르면, 원시적인 사람들은 문자가 없고 구어와 몸짓 언어에만 의존했다. 이 몸짓 언어는 북아메리카 일부 토착민들이 사용하던 수어부터 지중해 문화권에서 사용하는 폭넓은 제스처까지 광범위했다(이탈리아 사람들은 손으로 말한다는 스테레오타입은 여기까지 거슬러가는 것 같다). 블레어는 언어를 도덕성과 인지 능력과 결부시켰다. 이에 따라 중국인, 이집트인, 히브리인, 그리스인, 로마인 같은 고대 사람들이 보여주었던 두 번째 단계에서는 문자가 발전할 수 있었다고 보았다. 이는 블레어가 명시적으로 밝힌 지도 지침이라기보다는, 별다른 의문 없이 받아들여지는 암묵적인 논리에 가깝다. 자신만의 가정으로 뒷받침하는 주장인 것이다. 블레어는 세 번째 단계에 이르렀다. 현대인, 그러니까 별로 놀라울 것도 없겠지만 구체적으로 얘기하자면 현대 유럽인들은 구어와 문자 모두를 발전시켰다. 그는 현대 유럽인들이 인간의 발전의 정점에 이르렀다고 주장했다. 이들의 언어가 역사상 가장 복잡하고 질서가 뚜렷하기 때문이라며 말이다.

이렇게 세 단계로 나눠진 진보의 시스템이 익숙하게 느껴지기 시작했다면, 그럴 만한 이유가 있다. 이 모두는 인간 사회가 야만에서 원시를 거쳐 문명으로 단계에 따라 진보한다고 주장하는 바로 그 똑같은 사고방식의 일부이기 때문이다. "야만적인 국가에서는, 그리고 세계가 문명화되지 않았던 저속한 시대에는 이런 말들이 차지하는 비중은 적어 보일 수 있었으나, 줄곧 증가해왔을 것이 틀림없다. 인류가 추론과 성찰의 기술을 발전시켜오는 동안 말이다"라고 블레어는 적었다.

그는 문자와 합리성의 발전이 서로 연관성을 지닌다고도 공공연히 밝혔다. 그는 이렇게 썼다. "어떤 국가가 과학의 힘으로 발전할수록, 그리고 이들의 언어가 더 완벽해질수록, 우리는 연결사connective들이 더 풍부해질 것이라는 자연스러운 기대를 품게 된다. 역겨운 관점에서 벗어나, 사물의 관계와 생각의 변화를 표현할 것이라고 말이다."

그러니 블레어에게 문자는 양식이 실체를 이긴 것이 아니라, 양식이 곧 실체라는 점을 결정짓는 이론이다. 이와 같은 내용을 연구했던 유럽 학자들에게는 단순히 특정한 사고방식만이 다른 방식보다 더 나은, 그러니까 더 문명적이라는 생각에서 나아가, 특정한 사람들만이 문명적인 방식으로 사고할 능력을 지닌다는 생각이 확고하게 자리 잡았다.

쿡 선장이 임무를 맡고 그레이트 서던 랜드 지역으로 보내졌을 때, 그 임무 가운데 하나는 그곳 사람들에게 장거리 의사소통 방법이 있는지 알아보라는 것이었다. 마치 서양 학자들이 문자를 이용해 의사소통을 하듯이 말이다. 그 사람들이 유럽인과 어느 정도 비슷한지, 또 어느 정도 다른지를 알아내려는 방편이었다. 그리고 '새롭게 발견된' 사람들에게 형식적인 문자가 없다는 점이 밝혀지자, 식민 지배에 나선 유럽인들은 이 사람들의 사고방식은 그다지 발전하지 못했으며, 이들은 인간의 발전 단계에서 보다 원시적인 상태에 있고, 그러므로 이들의 생각을 알아갈 가치가 없다고 추정하고 또 추정했다. 이는 그저 사실과 전혀 다르다.

잉카 문명과 문자 체계

위대한 비서구 문명의 몰락은 한 편의 글을 어떻게 취급하는지에 달려 있었다. 여기서 한 편의 글이란 곧 성무일도서聖務日禱書, 그러니까 가톨릭교에서 종교의식을 치르는 방법을 안내한 책이었다. 이 책은 스페인의 정복자인 프란시스코 피사로의 수행원 가운데 일원이었던 프란치스코회 수사가 잉카의 아타우알파 황제에게 소개했다. 성무일도서와 함께 그 악명 높은 레케리미엔토를 낭독했다. 레케리미엔토는 스페인의 식민주의자들이 제국주의적 탐사에 나섰을 때 만나는 사람들에게 읽어주었던 연설문으로, 이들이 믿던 신을 저버리고 기독교를 따르며, 자신들의 통치자 대신 스페인의 왕을 섬기라고 요청하는 내용이었다. 아타우알파 황제는 오랜 기간의 정치적인 불안 끝에 최근에 들어서야 잉카Inka(통치자의 이름이자, 이 통치자가 다스리는 사람들의 이름이기도 했다)로서의 자신의 입지를 굳힌 참이었다(보다 일반적으로 쓰이는, 'c'를 사용하는 잉카 표기와 달리, 잉카를 이들의 고유한 언어인 루나 시미Runa Simi로 음역하면 'k'가 들어간다). 지상 최대의 제국의 새로운 황제로서 그는 자신의 나라를 찾아온 이방인들을 기꺼이 만나고자 했으나, 이렇게 말도 안 되는 소리를 들어줄 여유는 없었다. 그는 레케리미엔토를 무시했고, 성무일도서도 마찬가지였다. 아타우알파 황제에게는 키친타월과 다를 것 없다고 느껴졌을지도 모른다. 그는 그 책을 내던졌다. 스페인 사람들 눈에 아타우알파 황제의 이런 행동은 성전을 훼손한 것으로 보였다. 이는 앞으로 벌일 행동의 명분이 되었다.

성무일도서가 땅바닥에 떨어지기 무섭게 스페인 사람들은

지옥문을 열었다. 이 사건은 매복 공격을 했다고밖에 볼 수 없다. 잉카와 스페인 사람들의 만남은 중요한 정치적 사건이었다. 잉카는 병사들 5000~6000명의 호위를 받으며 도시 카하마르카로 왔다. 머릿속에 떠오르는 위엄 있는 국빈 방문의 장관을 연출하며 말이다. 그 장관은 스페인의 공격으로 영화 〈대부〉 속 장면으로 바뀌었다. 단지 배경만 뉴욕에 있는 이탈리아 식당에서 페루 북부 산악 지대로 달라졌을 따름이었다. 피사로가 숨겨두었던 대포를 쏘며 명령을 내리자, 무장하고 말에 탄 사람들이 도시 광장을 점령했다. 대학살이 이어졌다. 밤이 되자, 잉카의 귀족들과 병사들 수천 명이 목숨을 잃었다. 총과 석궁에 맞거나, 톨레도 검에 베이거나, 군마의 발 아래 짓이겨졌다. 피사로는 아타우알파 황제를 포로로 잡았으며, 막대한 금과 은을 주겠다는 약속을 받아냈다. 이렇게 잔악한 행위를 완수한 스페인의 병력은 고작 168명으로 이뤄진 소규모였다.

이후 몇 세기 동안 서양 역사학자들은 소규모 병사들로 왕국 전체를 단숨에 제압할 수 있었던 이유가 과연 무엇이었을지 의아해했다. 여러 이론은 이 모든 일이 순전히 의지력과 우월한 기술 덕분에 일어났다는 생각을 굳혀갔다. 스페인이 쥐고 있었던 유리한 요소들에는 총, 대포, 갑옷, 말이 있다. 잉카제국은 상상할 수도 없던 기술에 의해 완전히 제압되었다는 것이다. 인종차별적인 함의가 깃든 문명이라는 틀로 바라본다면, 스페인 '전쟁 기계'의 우월함은 스페인 '사람들' 자체까지 확장해서 적용할 수가 있었다. 카하마르카에서 벌어진 잔혹 행위의 원인은 두말할 것도 없이 스페인 사람들이 발전한 문명과 인종적인 우월함을 바탕으로 비문명화된 잉카를 간단히 해치운 것이다.

물론 이는 제대로 된 전말과는 거리가 멀다. 1532년에 피사로가 카하마르카를 뒤흔들었을 무렵, 잉카제국은 세계에서 가장 규모가 컸다. 러시아든, 중국이든, 오토만이든, 그레이트 짐바브웨든 간에, 다른 지역에서 부상하던 그 어떤 제국들보다 단연코 거대했다. 또, 대략 한 세기 반 정도 된 비교적 신생 제국이기도 했다. 고대의 차빈Chavín에서 모체Moche, 그리고 비교적 최근인 와리Wari와 티와나쿠Tiwanaku에 이르기까지(1000년대 말에 무너졌다), 기존 제국의 다양한 지역들을 잉카 사람들이 통합해서 세운 제국이었다. 이 모든 다양한 제국들은 수직적인 방식으로 작동하는 복잡한 경제를 바탕으로 돌아갔다. 사람들은 서로 다른 고도에서 서로 다른 작물이 자라나는 아찔하게 높은 안데스 산맥의 다양한 높이에 있는 미기후˙를 활용했다. 잉카는 제국을 이루는 다양한 사람들이 연합 체제 속에서 최대한 계속해서 자치를 해나가도록 했다. 경제는 호혜성과 주요 식량을 바탕으로 삼고 있었다. 잉카 사람들은 화폐를 사용하지 않았다. 이 자체만 놓고 보면 드문 일은 아니었으나(사람들의 일상만 놓고 보면 중세

˙ 지표면 부근의 국소적인 영역에서 관측되는 기온, 풍속, 습도 등의 기후 조건들을 가리킨다. 서식지 선정이나 그 밖의 생태계 활동과 관련된 중요한 지표가 된다.—옮긴이

시대 유럽과 거의 똑같았다), 잉카에는 시장도 없었다. 재화를 교환하는 시스템에 의존하지 않고, 음식부터 천, 그리고 그 이상에 이르기까지 제국에 있는 모든 자원을 중앙정부가 관리했다. 그리고 간이역이나 창고에 보관해 모두가 접근하고 사용할 수 있게 했다. 환경은 혹독했고 기후는 극단적이었지만, 잉카제국은 확실히 효과적이고 생산적인 시스템을 갖추고 있었다. 스페인 사람들은 가게에 품질이 좋은 물건들이 남아돌다시피 하며 차고 넘치는 모습을 보았다.

잉카제국은 발전된 문명이라고 할 만한 여러 가지 기준들을 충족한다. 중앙집권식 정부와 함께 복잡한 정치 시스템을 갖추고 있었다. 정부는 반란을 진압하고 사회적인 화합을 장려하기 위해 의도적으로 사람들을 제국의 다양한 지역에 돌아가며 배치했다. 또한, 한 해 중에 일정 기간은 국가(다시 말해 잉카 본인들)를 위해 일하는 의무를 사람들에게 부과하는, 유럽의 봉건 제도와 비슷한 시스템을 제도화했다. 제국 전역에서 단일한 언어를 사용하는 것을 우선순위로 삼았다. 루나 시미, 문자 그대로 풀자면 '사람들의 입'이라는 뜻을 지닌 잉카 정복자들의 언어였다.

잉카는 기술이 매우 발전되어 있었다. 비록, 특히 서구적인 시각에서 보면, 잉카 사람들은 바퀴도, 철도, 아치도 사용하지 않았지만 말이다. 이들은 감자와 라마 고기를 얼리는 특별한 기술을 개발했으며, 건축물은 규모가 어마어마하고 무척이나 가기 힘든 지역에 자리 잡고 있다. 수도인 쿠스코에 있는 아우카이

파타 중앙 광장의 크기는 거의 32,000제곱미터 정도였고(테니스 경기장이 124개 정도 들어가는 크기다), 태평양에 면한 바닷가에서 3,399미터를 옮겨 온 하얀 모래가 쭉 깔려 있었다. 이곳은 잉카가 자신의 나라를 일컫는 명칭인 '4분의 1조각 네 개로 이뤄진 땅'을 이루는 조각들의 교점이었다. 이곳은 제국의 중심이자, 광장을 설계한 파차쿠티 잉카에게는 우주의 중심이었다. 쿠스코와 다른 잉카 도시들은 거대한 왕궁 복합체, 주거용 건물, 신전으로 이뤄져 있었다. 건축에 쓰인 돌들은 너무나 정확하게 재단되어 있어, 피사로의 사촌인 페드로가 묘사했던 것처럼, "돌이 맞붙은 곳에 바늘 끝 하나도 집어넣지 못할 정도"였다. 잉카는 모든 것을 지니고 있었던 것으로 보인다. 문자 체계만 빼고 말이다.

사라진 문자 '키푸'

이러한 명백한 모순은 오랫동안 '잉카 패러독스'라고 불렸다. 잉카가 그 어떤 것들을 기록하는 체계 없이도 건축, 공학 기술, 관료제와 같이 복잡한 필수 조건들을 모두 거느리고 문명을 건설했다는, 이해하기 힘든 인류학적 현상을 가리키는 말이었다. 사실이라기에는 너무 이상한 소리처럼 들린다면, 그 이유는 이것이 사실이 아니기 때문이다. 잉카에는 세계의 나머지 지역에서 알고 있는 문자, 그러니까 종이에 쓰인 흔적은 없었지만, 매듭을 지은 실을 사용하는 '키푸khipu'라는 고유한 기록 시스템이 있었다. 비교적 최근까지도, 그러니까 누군가 굳이 키푸에 관해 생각해보기 전까지는, 키푸는 일반적으로 수를 세거나 계산할 때 쓰는 기초적인 시스템이라 여겨졌다. 메소포타미아의 초기 설형 문자가 그랬던 것처럼 말이다. 그렇지만 최근 10년 동안 이뤄진 연구들은 잉카의 키푸가 사실은 오늘날 우리가 알고 있는 전 세계 여느 문자만큼이나 복합적인 기록 시스템이라는 것을 밝혀냈다.

잉카의 키푸 묶음은 여러 개의 실로 이뤄지는데, 대개 몇 가닥에서 백여 가닥까지 개수는 다양하다. 그렇지만 두 묶음에는 실이 최대 1,500개까지 쓰일 수 있다. 실들은 다양한 소재를 쓰고, 다양한 색으로 염색을 하며, 실을 쭉 따라가며 서로 다른 지점들에다 세 가지 다른 방식으로 매듭을 짓는다. 1920년대, 미국의 인류학자 리랜드 로크는 미국 자연사 박물관에 소장되어 있는 키푸들을 연구했다. 그리고 줄을 따라 길게 나 있는 매듭들이 십진법의 숫자를 표현하고 있으며, 십, 백, 천, 만 단위로 주판처럼 읽을 수 있다는 사실을 알아냈다. 거의 백 년이 지난 뒤인 2016년, 하버드에서 활동하는 인류학자인 매니 메드라노와 게리 어톤은 키푸가 단순한 회계 이상의 훨씬 더 많은 역할을 했다는 사실을 밝혀냈다. 메드라노와 어톤은 스페인의 인구 조사 서식과 아주 자세하게 공들여 비교를 해가며 자신들이 연구하고 있던 키푸가 그 인구 조사에 기록되어 있던 다양한 개인들

을 동일하게 기록해두었다는 사실을 알아낸다. 기본 줄에 펜던
트 줄로 매듭을 지어서 해당 지역의 대규모 가족 집단을 표현하
며 말이다. 세인트앤드루스대학교의 사빈 하일랜드는 산후안데
콜라타에 방문해서 이곳 공동체가 보존하고 있던 키푸를 조사
해보라며 주민들에게 초대를 받았다. 조사 후 하일랜드는 키푸
가 표음 기록 시스템이었을 수도 있다는 주장을 내세웠다. 재료,
색깔, 가닥의 방향, 매듭의 방향이 이루는 수없이 많은 조합 방
법이 서로 다른 소리와 모든 단어를 가리킨다는 것이었다. 2차
원이 아니라 3차원으로 읽는, 표음문자와 그림문자가 혼합된 알
파벳이었다. 산후안데콜라타의 키푸는 스페인의 침략 이후에
만들어진 것이었으므로, 그 설계와 활용이 스페인의 문자 방식
에 영향을 받았을 수도 있다. 그렇지만 이런 점마저도 키푸가 기
록 시스템으로서 지닌 유연성을 보여준다. 잉카에 문자는 없었
을지 모르나, 복합적이고 섬세한 기록 시스템은 똑똑히 갖추고
있었다. 서양 방식이 우월하다는 서양의 가정 때문에 고스란히
남아 있었으나 이제껏 우리 눈에 띄지 않았던 시스템이었다.

　다양한 주요 학문 기관에서 이러한 연구를 해나가고 있다는
점은 여지없이 흥미롭고 신나는 일이지만, 이 모든 혁신적인 연
구 속에서도 우리가 무언가를 잊고 있다는 기분을 떨쳐낼 수가
없다. 연구자들이 큰 도약을 일궈내며 키푸를 해독하는 점은 훌
륭하지만, 그렇다고 해서 애초에 왜 우리가 키푸를 간과했는지
를 설명해주지는 못한다. 학자들은 무언가 발견할 것이 있으리

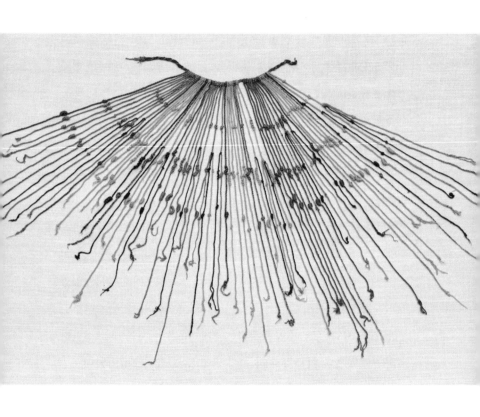

키푸 | 댈러스 미술관 소장

라는 생각 같은 것은 하지 않은 채로 키푸를 쳐다보기만 했다. 자신만의 이미지 속에서 문명을 일굴 때면, 다른 문화에 있는 흥미롭고 가치 있는 것들을 볼 수 있는 능력이 심각하게 희생되는 것 같다.

스페인 정복자들도 키푸에 관해 알고 있었다. 잉카 출신 어머니와 스페인 정복자 출신 아버지 사이에서 태어난 아들인, 초기의 '제3문화 아이'였던 잉카 가르실라소 데 라 베가는 잉카인들이 "셀 수 있는 것은 무엇이든 매듭으로 기록했다. 심지어는 전투와 싸움, 잉카를 방문한 모든 대사들, 그리고 그들이 남긴 모든 연설과 언쟁까지도 말이다"라고 1609년에 적었다. 키푸 묶음을 읽는 사람은 키푸카마유크khipukamayuq, 또는 '매듭 지킴이'들이었다. 이들은 무척 정확하고도 접근하기 좋게끔 기록을 보관해두고 있어서, 정복에 나선 스페인 사람들은 이들을 확실히 위협적인 존재라 여겼다. 그보다 25년쯤 전인 1583년, 스페인 사람들은 페루에 있는 키푸는 우상숭배적인 물건이므로 모두 태워버려야 한다는 명령을 내렸다. 이는 남아메리카에서 벌어진 일에 관한 스페인의 설명과 상반된 기록들을 손쉽게 없애는 방법이었다. 1562년 스페인의 정복자 디에고 데 란다가 책 27권을 비롯해 마야의 주술적인 물건들 수백 개를 태우라고 명령했을 때와 똑같은 수법이었다. 잉카제국을 격파한 것은 스페인의 총과 철만이 아니었다. 스페인의 이야기들도 가세했다. 잉카는 자신들의 역사를 기록하여 후손들에게 남길 문자를 가지고 있었다. 단지 우리가 생각했던 종류의 것이 아니었고, 스페인이 모두 제거했을 뿐이다.

피라미드는 외계인이 지었다는 농담

설령 고고학이나 인류학에는 한 번도 관심을 품어본 적이 없더라도, 이집트에 있는 대피라미드를 지은 것이 외계인이라는 얘기는 아마 들어봤을 것이다. 멕시코 중부 테오티우아칸에 있는 태양의 피라미드와 달의 피라미드부터, 유카탄반도 치첸이트사에 있는 엘 카스티요, 아즈텍제국의 수도인 테노치티틀란의 대피라미드, 그리고 페루의 쿠스코에 있는 잉카의 대신전까지, 고대 문명의 건물들도 외계인이 지었다는 이야기를 한다. 이런 얘기가 영 믿기 어렵다고 생각된다면, 또는 여러분이 그 정도로 외계인에 심취해 있지는 않다면, 이와 경합을 벌이는 더 솔깃할 만한 문명의 기원에 관한 다른 이론들이 또 있다. 피라미드를 지은 것은 사라진 도시 아틀란티스의 주민들이고, 이들의 섬나라가 파도 밑으로 사라질 때 전문 지식도 함께 자취를 감췄다는 이야기는 어떠한가? 또는 지구의 속이 텅 비어 있어서, 발전된 인종의 사람들이 텅 비어 있는 지구의 중심 속 열대 지역에서 거주하며, 발전된 터널 네트워크를 이용해 지구 곳곳에 있는 다양한 사회의 생활에 개입한다는 썰도 있다. 오늘날 책, 잡지, 다큐멘터리 등 놀랄 정도로 많은 대중 고고학에서 이와 같은 인종차별적인 이론들을 다루며, 슬프게도 이렇게나 실망스럽고 잘못되었지만 또 그만큼 인기가 많은 것으로 보인다.

외계인이라느니, 아틀란티스라느니, 지구의 속이 텅 비어 있다느니 같은 얘기들을 대개는 피해망상증의 경계에 서 있는, 망상에 빠진 사람들이 아무런 정보도 없이 지껄이는 소리라며 일축하기가 쉽다. 그렇지만 사실 이 사람들은 정보가 없는 것과는 한참 거리가 멀다(잘못된 정보일 수는 있지만, 정보가 차고 넘치는 것만은 확실하다). 또, 이런 생각들은 어느 정도는 실제 고고학과 인류학 이론의 논리적인 연장선상에 있다고 할 수 있다.

J. G. 프레이저, 토머스 배빙턴 매콜리, 휴 블레어의 이론을 받아들인다면, 문명화되지 않은 백인이 아닌 비서구인들은 이들이 생활공간으로 삼았던 도시나 기념물을 지을 만한 지적 능력이나 기술을 갖추지 못했다고 할 수 있을 것이다. 한때 유럽 학자들은 그레이트 짐바브웨(잠베지강과 림포포강 사이에 있는 14세기 요새 도시이며, 한때 약 18,000명이 거주한 것으로 추정된다)가 예루살렘에 있는 시바 여왕의 궁전을 모방한 것이라고 생각했다. 아프리카 사람들은 그렇게 복잡한 건축물과 공학 기술을 다룰 능력이 없다고 생각했기 때문이었다. 독일 탐험가 카를 마호는 1871년 그레이트 짐바브웨를 방문했을 때 이 유적지는 이 지역 사람들이 아니라 1,500년이나 앞서 살았으며 8,000킬로미터나 멀리 떨어진 곳에 살았던 성서 시대 사람들이 지었을 가

능성이 더 크다고 주장했다. 그는 이렇게 적었다. "그곳에는 한때 문명화된 국가가 있었을 것이다." 그리고 물론 이 문명은 아프리카 지역의 문명일 리 없었다. 이와 같은 시각은 인종차별주의를 함축하고 있으며, 과거의 서구 문명에 대해서는 이런 주장을 결코 하지 않는다. 오늘날의 튀르키예에 있는 에페수스 신전이나, 아테네에 있는 파르테논 신전이나, 로마에 있는 콜로세움을 외계인이 지었다고 하는 사람은 한 명도 없다. 인종차별주의라는 동전 한 개의 반대편을 보면, 이와 같은 초기 문명이 도처에 널려 있으니, 분명히 '어딘가에는' 백인이 있었을 것이라 생각하며 사라진 고대의 백인을 찾아 일생을 바친 연구자들이 있다.

다른 점들도 확실히 밝혀둘 만한 가치가 있다. 고대 이집트인들이 지구 바깥에서 온 철로 인공물을 만든 것은 물론 사실이기는 하지만, 이는 고대 이집트인들이 외계인이어서가 아니라, 지구에 운석이 떨어졌고 또 역사적으로 봤을 때 이런 운석이 고대 사람들 사이에서 거래되었기 때문이다. 아틀란티스는 실제 장소가 아니라, 그리스의 철학자 플라톤이 민주주의에 대한 경고를 보내는 이야기의 일환으로 사고실험을 해서 떠올린 가상의 장소다. 비서구 세계에 있는 기념비적인 건축물이 실제 사람보다는 가상의 우주 침략자들이 만든 작품이라는 생각이 더 믿을 만하다고 여기는 사람들을 우리는 회의적으로 바라보아야 한다. 그리고 '선사 시대 사람들'에 관해 이야기를 할 때면, 이들의 역사 기록이 없다고 해서 역사 자체가 없다는 의미는 아니라는 점을 더욱 유념해야 한다.

펜과 칼을 양손에 들고서

우리는 비서구 세계 사람들에 관한 사고 체계의 성장과 체화를 살펴보았다. 백인이 아닌 사람들은 주의를 기울일 만한 가치가 있는 사고나 생각을 하지 않으며, 그 연장선상에서 그들 자체에도 관심을 기울일 필요가 없다는 이른바 '사실'을 바탕에 둔 사고 체계 말이다. 백번 양보한다 하더라도, 적어도 이는 우리가 줄곧 존재해왔던 세계관을 놓치고 있었다는 의미가 된다. 키푸는 모두의 눈앞에 있었으나, 그저 이를 지나치고는, 문명화되었으면서도 문맹 상태에 있었다는 모순적인 사람들에 관한 다른 이야기에 정신을 팔았다.

키푸에 관한 이야기는, 그렇다면 '무엇이 글이라고 여겨지는가'라는 질문으로 이끌지도 모른다. 또 서양 문명의 틀이 실로 얼마나 제한적이고 또 해로울 수가 있는가라는 질문으로 이끌 수도 있다. 셜록 홈스는 "데이터를 얻기 전에 이론을 세우는 일은 심각한 과실이다. 그러다 보면 미처 모르는 사이에, 사실에 맞추어 이론을 만드는 것이 아니라 이론에 맞추어 사실을 비틀기 시작한다"라는 유명한 말을 남겼다. 물론 셜록 홈스는 가상의 인물이지만, 서양의 과학자들, 특히 서양의 인류학자들은 줄곧 데이터를 얻기에 앞서 이론을 세웠다. 이는 서구 바깥에 존재하는 비서구인의 권력과 행위성을 체계적으로 숨겼다.

이런 학자들의 논리에는 심각한 결함이 있다. 우리가 고전 세계를 연구하고 물신숭배의 대상으로 삼기는 했지만, 그 시기에 나왔던 글 가운데 우리가 볼 수 있을 만큼 실제로 오래 남은 것은 거의 없을 가능성이 크다. 중세 역사학자들이 끊임없이 애를 쓰며 우리에게 되새겨주듯이, '암흑기'라는 말에서 '암흑'은 지적으로 쇠락하던 시기라기보다는 자료가 없다는 것을 가리킨다. 중국 명나라 왕조 시기에는 1403년부터 시작해 몇백 년 동안 백과사전 11,000권을 편찬했지만, 시간이 흐르며 처참하게 소실되었다. 유럽의 학자들은 유럽 경계 너머에 대해서는 별로 자신들의 위선을 넘어서서 생각해보지 않았다. 미국에서는 아프리카 노예들을 계속 무력한 상태로 유지하고자 그들이 글을 읽고 쓰는 법을 배우지 못하도록 의도적으로 막았다. 카리브해 지역에서는 영국 플랜테이션 소유자들이 일부 내용을 특별히 삭제한 성서를 노예들에게 내어주었다. 노예제 폐지론자들이 노예 제도를 반대하고자 활용하던 내용들을 없애기 위해 심혈을 기울여 편집한 버전이었다. 교육의 사례를 통해 살펴보았듯이, 여러분이 어떤 것을 읽을 수 있는지를, 그리고 여러분이 어떤 것을 알고 이해할 수 있는지를 서양의 세계관으로 규정한다면, 여러분을 통제하는 데에 쓰일 수 있다.

확실히 문자와 문자 기술은 역사적 정보에 단숨에 접근하도록 해주고, 산문, 시, 희곡을 아우르는 모든 문학 작품을 성문화하도록 해준다. 그렇지만 문자만이 그 모든 것들에 접근하는 유일한 길이라고 생각한다면, 그리고 이른바 '야만적인' 또는 '원시적인' 사람들은 문자 세계에 안락하게 안착해 있는 우리들만큼 지적 능력이 발달하지 않았다고 넘겨짚는다면, 실수를 저지르는 것이다.

　글로 기록된 말에는 힘이, 내재적인 가치가 있어서, 누구의 이야기를 들려주고 누구의 이야기는 들려주지 않을지를 결정하는 무기로 휘두를 수 있다. 문명화되었다고들 얘기하는 서구 세계에서는 '펜이 칼보다 강하지' 않다. 펜이 정말로 강할 수 있는 것은 오로지 어쩌다 칼을 먼저 들고 있었을 때, 톨레도 검이 햇빛을 받아 빛나고 있을 때뿐이다.

　글로 쓰인 말은 언어학적 기술이라는 관점에서 얼마나 정교한지와 상관없이, 기본적으로 역사적인 기록의 기능을 한다. 서양의 기준으로 본다면 글은 문명의 징표로 자리를 잡았다. 그 연장선상에서 봤을 때, 고대 사회든, 역사 시대의 사회든, 비서구 사회든 간에 어떤 사회에 글이나 문자 기록이 없다는 것은 비문명적이라는 표식이 된다. 그 결과 우리는 그들의 이야기를 놓쳤던(또는 스페인의 경우처럼 의도적으로 파괴했던) 것이다. 잉카의 모든 문자 기록은 스페인의 정복 이후에 만들어진 것이다. 다시 말해, 우리는 잉카 사람들 스스로가 들려주는 이야기를 정말로

접해본 적이 없다는 의미다. 이들은 자신들의 이야기를 들려주
도록 허락받지 못했다. 설령 허락을 받았다 할지라도, 서양에서
그 말을 들을 사람이 하나라도 있었을까?

4장

정의의 여신은
눈을 가리고 있다

— 법

Justice is blind

법 그리고 정의

기원전 2세기에 로마의 희극 시인인 케실리우스 스타티우스는
"sæpe est etiam sub palliolo sordido sapientia"라고 적었다. 나는
이 말이 틀림없이 항상 후줄근한 코트를 걸치고 다니는 유명한
TV 시리즈 탐정인 콜롬보에 대한 말이라고 생각한다. 물론 말
도 안 된다고 생각할 사람이 있을 것이다. 스타티우스는 TV 프
로그램보다 대략 2000년을 앞섰던 사람이니까 말이다. 그렇지
만 내 얘기를 들어보시라. 이 라틴어를 번역하면 "지혜는 대개
허름한 코트 속에 감춰져 있기 마련이다"라는 뜻이다. 그러니 이
말이 누구를 뜻하는 것이겠는가? 코트가 허름할지언정, 나는 콜
롬보를 무척 좋아한다. 제일 똑똑하고 교활한 살인자들과 맞설
때도, 콜롬보는 언제나 사건을 해결한다. 이 사실이 주는 어마어

마한 위안이 있다. 콜롬보는 주로 아주 성실하고 기발한 방식으로 문제를 해결한다.

이런 뚝심은 콜롬보에게만 있는 것이 아니다. 그 사이에는 에르퀼 푸아로, 미스 마플, 몬탈바노 경위, 모스 경감과 같은 TV 속 탐정과 형사들도 있다. 주말 오후에 끼고 볼 에피소드를 풍성한 프로그램들 사이에서 고를 수가 있다. 이때 나는 특정한 의식을 거친다. 먼저 쿠션을 요새처럼 갖추고 푹신푹신한 담요를 챙긴다. 그다음에는 계절에 맞는 간식과 차를 가져온다. 그리고 겨울잠에 드는 곰처럼 드러눕는다. 탐정이 모든 것을 밝혀내고 범죄자의 정체가 밝혀지려는 대단원에 이르면 빠르게 잠에 빠지리라는 사실을 알기 때문이다. 탐정 드라마에서 사건이 확실하게 해결되는 순간의 어떤 점이 그렇게 최면 같이 잠에 빠지게 만드는지는 얼마 지나서야 깨달았다. 탐정 드라마가 위안을 주는 것은 확실했다. 작가이자 문학평론가인 앨리슨 라이트는 탐정 소설, 특히 양차 세계대전 사이 '황금기'에 쓰인 작품들은 "정신적인 도예와 같다"라고 말했다. 혼란과 무질서가 변모해가며 모든 것이 정갈하고 깔끔하게 끝을 맺는 과정이라는 것이다. 라이트의 말은 너무나 일리가 있지만, 나는 한 발짝 더 나아가고자 한다. 내 잠은 정의의 잠이다. 저기 어딘가에서 '정의가 실현'되었다는 사실을 알면 마음이 편해지고 달콤하게 의식을 잃는 것이다. 옳은 사람이 승리를 거두었고, 범죄자는 책임을 지게 되었으며, 세계의 모든 것이 제자리를 찾게 되었다는 믿음과 함께 편안해진 마음으로 눈을 감는 것이다.

실제 삶은 탐정 소설이나 드라마 같지 않다고 굳이 말할 필요는 없을 것이다. 서양의 정의 개념은 그렇게 쉽게 또는 설득력 있게 정의되어 있지 않다. 이는 우리가 기대하는 정의의 모습과 실제 법이 작동하는 방식이 근본적으로 다르기 때문이다. 문명을 찾아가는 여정 속에서 유력한 용의자들을 추려보며 고대 그리스로 돌아간다면, 정의라는 관념이 디케 여신의 형상으로 나타나는 것을 볼 수가 있다. 제우스의 딸인 디케는 어머니인 테미스와 함께 두 정의의 화신이다(디케는 지상의 정의를, 테미스는 천상의 정의를 담당한다). 디케는 보통 월계관을 쓰고 정의의 균형을 가늠하는 저울을 들고 있는 젊은 여성으로 묘사된다. 그녀의 로마식 이름은 유스티티아이며, 로마식 형상에서는 저울과 함께 검도 들고 있다. 르네상스 시대부터 줄곧 디케 여신은 눈을 가린 모습으로 표현되었다. 정의는 부, 권력, 사회적 지위와 무관하게 모두에게 동등하게 적용되어야 한다는 사실을 은유적으로 가리키는 것이었다. 고대 그리스어로 디케^{dikē}라는 말은 문자 그대로 한다면 '손가락'이라는 뜻이었다. 그러니까 정의란 바로 올바른 일을 가리킨다는, 또는 지시한다는 생각이 담겨 있었다. 그러니 가장 기본적인 차원에서 본다면 영화 감독 스파이크 리가 맞았다. 1989년에 개봉했던 그의 어마어마하게 강력한 영화 제목인 〈똑바로 살아라〉가 우리에게 일깨워주듯이, 정의는 도덕적 차원을 지니고 있다. 우리 사회에 정의가 보장되도록 하려면

'똑바로 사는' 것이 책임이다. 그렇지만 이런 생각은 곧바로 한 층 더 복잡해지며, 이 복잡한 면모는 바로 '눈'을 가리고 있다는 점과 연관이 된다. 정의는 추상 속에 존재할 수가 없다. 정의는 바로 여기, 현실 세계에서 일어난다. 공정하고 올바른 것을 도모 하기 위해서는 부당함도 다뤄야 한다는 사실을 인정하기 전까 지는, 정의를 결코 유의미하게 베풀 수가 없다. 그래서 정의가 올바른 일을 하는 것이라면, 무엇이 올바른지는 과연 누가 말할 수 있는가?

역사적인 측면에서 이 질문에 대한 답은 책임을 지고 있는 사람이었다. 문자에 대해 다루었던 3장에서 살펴본 것처럼, 그 리고 로마인들이 바라보았던 유스티티아의 모습처럼, 누가 되 었건 칼을 쥐고 있는 자였다. '강한 것이 옳은 것이다'라는 말은 직설적인 방편일지도 모르지만, 그렇다 한들 전 세계를 통틀어 역사의 대부분에서 법이라는 수단은 바로 이런 모습이었다. 서 양에서는 몇 가지 예외가 있었다. 특히 고전 세계에는 말이다. 다음 장에서 더 자세히 살펴보겠지만, 고대 아테네의 법적인 발 전은 아테네식 민주주의를 확립하는 데에 도움이 되었고, 그래 서 어느 정도는 권력을 동등하게 배분하는 데 중요한 역할을 했 다. 법 전문가 계층이 없었던 로마 공화국에서는 재판이 열릴 때 평민들을 재판관iudex으로 임명했다. 그렇지만 대체로 법은, 그리 고 이 법이 제공해준다고 상정되는 정의는, 몇 안 되는 특권층이 관할하는 영역이었다. 서양 문명이 발전한 이야기는 어느 정도는 법이 이른바 엘리트 계급만이 아니라 사회에 있는 모두에게 이롭게끔 적용되게 되었는가에 관한 이야기라고 할 수 있다. 내가 '이른바'라고 쓴 까닭은, 몇 세기에 걸쳐 서양의 법이 어떻게 변화했는지를 실제로 살펴보면, 꽤나 다른 그림이 드러나기 때문이다. 법 체계는 서양 문명의 보편적인 양상으로서 모두에게 이롭도록 발달해온 것이 아니라, 항상 있었던 그 자리에 그대로 머물렀다. 바로 소수 특권층의 손안에 말이다. 그러다 보니 법이 전하는 정의는 일부 사람에게만 유리하도록 확실하게 기울어졌고, 다른 사람들에게는 해를 끼쳤다.

서양의 법과 정의의 개념은 단 하나의 역사적인 법적 문서에서 시작한다. 이 문서 한 개는 비단 정의만이 아니라 훨씬 더 많은 서양의 이상을 상징하는 것 같다. 민주주의와 개인의 자유의 기반을 마련했다는 맥락에서 이 문서를 다루는 경우도 많다. 이는 두말할 것도 없이 '마그나 카르타'다. 그리고 이 문서가 정의라는 서양의 이상에서 큰 자리를 차지하고 있는 이유는, 지난 몇백 년 동안 법의 관점으로 봤을 때 모두의 자유와 평등이라는 이상의 정점에 이른 텍스트라고 추앙받았기 때문이다. 이것이 흥미로운 까닭은, 마그나 카르타에 얽힌 역사는 동네 펍에서 내는 퀴즈의 답을 푸는 것과는 다르게 그렇게 간단명료한 이야기가 아니기 때문이다.

마그나 카르타의 기원

2012년, 당시 영국의 총리였던 데이비드 캐머런은 TV 프로그램 〈데이비드 레터맨의 심야 쇼Late Show with David Letterman〉에 출연해, 농담반 진담반의 인터뷰를 하게 된다. 사회자 레터맨은 "바보 같은 미국식 질문을 던져도 괜찮을까요?"라는 모토를 내걸고 영국 시민권 시험의 '생활' 영역을 떠올리게 하는 질문들을 던지기 시작한다. 보통 이 시험은 귀화 과정의 일환으로, 장차 새로운 영국 시민이 될 수도 있는 사람들이 영국의 문화와 가치에 익숙한지를 확인하는 데에 활용된다. 캐머런은 대체로 영국에 관해서, 영국의 인구, 정치, 역사에 관해서 대단히 해박한 모습을 보여주었다. 비록 빈틈이 종종 눈에 띄기는 했다. 성 금요일 협정Good Friday Agreement을 설명할 수는 있었지만, 국가의 작사가가 누구인지는 몰랐다. 그렇지만 가장 불명예스러웠던 것은 '마그나 카르타'를 문자 그대로 옮기면 정확히 어떤 뜻인지를 답하지 못했다는 것이었다. 고전적인 교육을 받은 국무총리를 끌어내린 악마는 디테일에 있었다.

"걸렸군요." 캐머런은 레터맨에게 이렇게 얘기하고는 농담을 던진다. "안타깝네요. 제 경력이 오늘 밤 당신 프로그램에서 끝을 맺고 마는군요." 브렉시트 국민 투표 결과로 그가 사임을 할 수밖에 없게 된 것은 4년 뒤 미래의 일이기는 하나, 이는 물론 전혀 다른 얘기다. 캐머런은 이렇게 공공연하게 망신을 당한 일을 만회하고자 마그나 카르타에 관한 지식이 더 대중화되어야 한다며 싸움에 나서기에 이른다. 2014년 6월, 문서의 800주년을 1년 앞두고 있던 시기, 그는 어느 인터뷰에서 이렇게 말했다. "오늘날 마그나 카르타라는 헌장은 빛이 바랬을지 모르나, 거기 담긴 원칙들은 여느 때와 다름없이 환하게 빛나고 있다. 이 원칙들은 영국을 영국으로 만들어준 민주주의, 평등, 존중, 그리고 법의 길을 닦았다." 알고 보면 데이비드 캐머런의 말은 전부 틀렸다. 우리는 5장 '민중에게 권력을'에서 그가 민주주의에 관해 어떤 점을 잘못 알고 있었는지를 살펴볼 것이다. 일단 지금은 평등과 법이라는 이상을 살펴보자. 이런 사안에 관해서 본다면 마그나 카르타는 정말로 이야기의 반절에 불과하기 때문이다.

본래 맥락을 살펴본다면, 마그나 카르타는 정의와 평등이라는 보편적인 관념을 옹호하는 문서가 전혀 아니었다. 이는 어마어마하게 부유하고도 큰 권력을 쥔 사람들이 극소수만 모여서 맺은 협정이었다. 이 가운데 수장은 존 왕이었다. 플랜태저넷 왕가의 헨리 2세의 아들이자, 사자왕으로 더 널리 알려진 형 리처드 1세의 후계자였다. 사료들을 살펴보면 존 왕은 그다지 좋은 사람이 아니었던 것으로 보인다. 마그나 카르타에 동의한 왕이라는 점 말고도, 아마 로빈 후드 전설에 나오는 영국의 나쁜 왕으로(또는 디즈니 버전에 따르면 가짜 왕으로) 제일 잘 알려져 있을 것이다. 존이 왕의 역할을 잘 해내지 못한 것은 사실이었다. 군사적 실패를 연달아 겪으며 그는 노르망디와 앙주 지역을 프랑스에게 넘겨주고 만다. 그가 지닌 결함 가운데는 조카를 살해한 것, 절도, 그리고 호색적인 행위가 있다(안타깝게도 마지막 사항은 왕족 사이에서 보통은 결함이라 여겨지지 않는다. 그렇지만 존은 귀족들의 아내들을 정부로 삼았으며, 이는 정치적인 측면에서 악수였던 것으로 밝혀졌다). 마그나 카르타에 관한 이야기가 어떤 식으로 전해졌는지를 감안한다면, 존 왕을 나쁜 사람처럼 보이도록 만드는 데에는 많은 노력이 투자됐을 것이다. 그러니 이와 같은 망신거리 목록을 어느 정도 회의적으로 바라볼 필요가 있다. 폭정에서 시민적인 자유로 거듭나는 동화 같은 여정 속에서는, 존 왕은 진보를 향한 행진에서 엇나간 나쁜 사람이라는 틀에 들어갈 수밖에 없었다는 점을 기억해야 한다. 다시 말해, 언젠가 중세 역사학자 존 길링엄이 했던 유명한 말처럼, "존 왕은 쓰레기 같은 놈이었다." 그리고 이처럼 간결한 묘사는 거부하기 쉽지 않다.

존 왕은 너무나 '쓰레기 같은 놈'이었는지라, 그에게 충성을 맹세했던 남작 무리가 두 번이나 들고 일어났을 정도였다. 두 번의 반역이 낳은 결과가 마그나 카르타였다. 이 모든 것은 존 왕이 부빈 전투*에서 패배해 그의 죄가 지나치게 커졌던 1214년

---

* 　1214년 7월, 플란데런 백국의 부빈이라는 마을에서 일어났던 전투로, 1213년부터 1214년까지 이어졌던 앵글로-프랑스 전쟁의 끝을 맺는 전투였다. 브르타뉴와 노르망디의 앙주 지역에 대한 프랑스 왕의 주권을 인정하여, 중세 프랑스의 발전에 기반이 되었다. 플란데런 백국은 현재의 벨기에 지역이다.―옮긴이

에 시작됐다. 그는 비참할 정도로 불명예스럽게 영국으로 돌아왔으며, 지금도 심각할 정도로 부족해졌다. 이 돈은 사실상 남작들에게서 훔쳐낸 돈이었다. 남작들은 땅과 성을 소유하고 있던 소수의 부유한 사회적 엘리트 집단이었으며, 중세 봉건제도 아래에서 왕에게 충성을 바치는 자들이었다. 한 세대 앞서 존 왕의 아버지인 헨리 2세 치하에서는 남작들이 이런 사상을 기꺼이 받아들였으며, 왕은 신성한 정의와 옳음의 유일한 원천이었다. 하지만 후손들은 존 왕을 보면서 손에 꼽을 정도로 효율적인 자가 아닌 이상은, 폭군을 왕의 자리에 앉히는 일은 의미가 없다는 생각을 품게 된다. 영국을 위해 프랑스의 영토를 되찾아 오겠다는 공허한 약속을 존 왕이 지키지 못하게 되고, 그러느라 자기들의 돈을 허비하자, 남작들은 이제 지긋지긋하다고 생각했다. 그들은 반란을 일으키고, 런던을 점령하고, 왕이 법적인 협약에 서명을 하도록 만들었다. 왕의 권한을 축소시키려는 목적으로 쓴 협약이었다.

오직 25명의 남작을 위하여

마그나 카르타는 윈저궁 근반에 있는 초원 러니미드에서 직인을 찍었다고 알려져 있다. 영국 교회와 런던의 자유를 개괄한 내용부터, 남작들의 유산을 보호하고 템스강을 따라 지을 수 있는 어살漁箭의 수와 위치를 제한하는 것까지, 이 문서의 모든 내용은 남작들의 자유와 자원에 대한 접근은 키우고 왕의 몫은 제한했다. 그렇지만 1215년에 봉인된 마그나 카르타가 일으킨 진정한 혁명은 마지막 조항에 있었다. 안보 조항이라고 알려진 이 조항은 남작 25명이 왕에게 이 헌장을 지키도록 강요할 수 있는 권한을 부여했다. 최초로 왕이 세속적인 권한에 책임을 지게 된 것이다. 이것이 법 앞의 평등의 시작이었다.

처음에 만들어진 1215년 마그나 카르타에는 특별히 내세울 만한 점은 없었다. 이 문서는 조인되고 나서 몇 주 뒤에 사실상 무효가 된다. 존 왕이 친구인 교황 인노첸시오 3세에게 중재에 나서 달라고 설득했기 때문이었다. 그렇게 마그나 카르타는 몇 달 정도 간신히 지속되었을 뿐이었다. 이에 대한 앙갚음으로 남작들은 두 번째로 들고 일어나는데, 이 사건을 제1차 남작 전쟁이라고 부른다. 잠시 역사 이야기에 집중해보자. 어떤 사람들은 1066년 노르만 정복 이래로 영국 제도는 외세에 한 번도 침략당한 적이 없다고 할지도 모른다. 이는 사실이 아니다. 1215년, 영국 남작들은 프랑스를 끌어들여 자신들의 왕과 맞서 싸우는 데에 도움을 받는다. 이는 큰 성공을 거두었고, 몇 달 동안 프랑스의 루이 왕자가 영국의 절반을 다스렸다. 오랫동안 질질 끌던 내전은 존 왕이 숨을 거두며 끝이 났다.

여러 급진적인 조항을 제거하고 1216년에 재발행된 마그나 카르타는 남작들이 프랑스를 내쫓고 새로운 어린 왕인 헨리

3세에게 충성을 맹세하며 영국의 왕가와 평화로운 관계를 이룩했던 1217년 평화 협정의 일부가 되었다. 마그나 카르타의 1216년과 1217년 버전 모두 새로운 왕이 성인이 될 때까지 섭정을 하도록 임명을 받았던 윌리엄 마셜의 원조 아래 조인이 되었다. 그로부터 10년도 채 지나기 전인 1225년에 헨리 3세는 수정된 마그나 카르타의 마지막 버전을 재발행했다. 왕의 권한을 제한하는 내용은 줄어들긴 했지만 말이다. 안보 조항은 1216년 마그나 카르타부터 이미 확실히 자취를 감춘 상태였다. 바로 이 1216년 버전 마그나 카르타가 그 뒤로 영국 법에 쭉 전해 내려온 버전이다. 존 왕에서 헨리 3세로 왕은 달라졌지만, 결국 왕의 뜻은 관철되었다. 왕족은 자신들의 행동에 법적으로 책임을 져야 한다는 관념이, 실상을 까놓고 보면 800년 전에 겨우 몇 주 정도만 효력을 발휘했던 찰나 같은 현실이었음을 알고 나면 정말 실망스럽다.

한층 더 실망스러운 것은, 그 어떤 버전을 들여다보더라도, 마그나 카르타는 사실은 엄청난 특권을 지닌 아주 소수의 사람들 사이의 계약이었을 뿐이었다는 점이다. 마그나 카르타는 남작들에게는 좋은 소식이었다. 반면에 나머지 모든 사람, 남작이 아닌 나머지 사람들은 법에 별로 의지할 수가 없었다. 그렇다면 마그나 카르타가 대체 왜 그렇게 중요한 계약이라는 것일까? 대체 왜 오늘날에도 어떤 사람들은 주차 위반 벌금을 내야 하거나 마스크 의무 규정을 마주할 때면, 자신들의 의지에 따라 행동할 권리와 구속받지 않을 자유를 지키는 수단으로 800년이나 된 법적 문서를 본능적으로 내세우는 것일까?

인신보호법과 권리청원

답은 바로 에드워드 쿡이라는 17세기 영국의 변호사가 보다 폭넓은 사람들에게 적용되는 법 앞의 평등을 위해 내딛던 의회를 이끈 바로 그 순간에 있다. 1628년, 자신의 군대에 자금을 대기 위해 계엄령을 강요했던 왕 찰스 1세에 대항하면서 쿡은 왕의 권한을 제한하는 문서들을 마련하는 데 일조했다. 이 문서들 가운데 하나는 1679년 인신보호법으로 거듭났다. 이는 공식적인 고소 없이는 누구도 구금되어서는 안 되며, 재판을 받지 못한 채로 수감되어서는 안 된다고 주장하는 법이었다. 이보다 좀 더 즉각적으로 취한 행동을 살펴보자면, 왕과 의회가 법적인 합의에 이를 가능성이 없다고 판단되자, 쿡은 왕에게 청원을 하라고 의회에 제안한다. 의회에서 갑론을박을 벌인 뒤, 이는 '권리청원'이라 불리게 된다.

권리청원은 일련의 '권리와 자유'를 보장하는 동시에, 특히 의회제정법 없이는 그 누구도 세금을 내도록 강요당해서는 안 되며, 자신에게 어떤 혐의가 제기되었는지 모르는 상태라면 그 누구도 체포되거나 수감되어서는 안 되고, 동의를 한 경우를 제외하고는 그 누구도 육군이나 해군에게 거처를 내주도록 강요받아서는 안 된다고 밝혔다. 쿡이 찰스 1세에게 반기를 든 근거는 마그나 카르타 한가운데에 묻혀 있던 두 가지 조항에서 유래되었다. "동료 또는 이 땅의 법에 따른 합법적인 판단이 내려진 경우를 제외하고는 그 어떤 자유인도 체포되거나, 수감되거나, 점유권을 침탈당하거나, 법의 보호를 받지 못하거나, 추방당하거나, 또는 다른 그 어떤 방식으로도 해를 입어서는 안 되며, 반대를 받거나, 기소를 받아서도 안 된다." 그리고 "우리는 그 누구에게도 정의를 팔거나, 부인하거나, 지체하지 않을 것이다." 마그나 카르타의 (실제 법적인 힘까지는 아니지만) 상징적인 힘이 현대로 넘어올 수 있었던 것은 쿡과 그의 법적인 노력 덕분이다. 마그나 카르타 속 아주 작은 부분에 있는 이 원칙들은 모두를 위한 자유와 평등을 보장하는 내용으로, 영국 권리장전부터 미국 헌법, 세계 인권 선언, 제네바 협정에 이르기까지 갖은 문서들의 혈관을 누비게 된다. 정의는 더 이상 신과 왕만이 관장하는 권한이 아니게 되었다. 바로 이곳 지상에서 제공받고 옹호받을 수 있는 것이었다.

아마 이제는 데이비드 캐머런도 알고 있겠지만, 마그나 카르타를 문자 그대로 옮기면 '대헌장'이라는 뜻이다. 이 점을 알게 되자, 그리고 존 왕, 남작, 안보 조항에 관해 알게 되자, 한 번도 던져본 적 없는 질문이 머릿속에 떠올랐다. 대체 무엇과 비교해서 '대'라는 것인가? 이는 어느 정도는 에드워드 쿡이 17세기에 마그나 카르타를 역사상 가장 위대한 법적 문서이자, 자유민 주주의에서 정의를 전하는 기준이라며 새롭게 은유적으로 포장했기 때문이다. 쿡에 따르면 마그나 카르타는 그 자체로 위대했다. 자유와 정의라는 고결하고 보편적인 서구적 가치를 옹호했으니 말이다. 그리고 물론 우리가 몇 세기 동안 고수해온 것은 이와 같이 쿡이 재해석한 마그나 카르타였다. 특히 19세기에 미국의 독립을 위해 싸우고 승리를 거두면서 아주 성공적으로 리브랜딩을 한 뒤에는 더더욱 말이다. 그렇지만 역사적으로 봤을 때 우리는 무언가를 놓치고 있다. 대헌장과 더불어, 이보다는 작은 또 다른 헌장이 있었다는 사실을 말이다. 삼림헌장이라는 헌장이었으며, 우리가 정말로 모두를 위한 정의와 평등을 생각해보고자 한다면, 이 헌장을 잘 기억해야 한다.

왕의 땅이 모두의 것이 되다

1217년 새로운 왕인 헨리 3세의 찬조 아래 윌리엄 마셜이 마그나 카르타를 수정했을 때 삼림헌장도 함께 발표되었다. 대헌장은 반역을 일으켰던 남작들에게 적용되었던 반면에, 삼림헌장은 이보다 광범위한 영국인들과 관련이 있었다. 현대적인 시각으로 봤을 때 깜짝 놀랄 만한 면들도 있었다. 삼림헌장이 공표되었을 시기, 이 헌장은 영국 영토의 절반 정도에 적용되었다. 이 지역은 1066년 노르만 침략 이후 다양한 왕들이 소유권을 주장했던 삼림 지역이었다. 이 땅은 사슴이 숨을 만한 숲을 생각해서 특별히 보존된 땅, 다시 말해 왕의 사냥을 위해서 보존해 둔 땅이었다. 삼림헌장에 따라, 헨리 2세 시절부터 규정되었던 모든 삼림 지역은 비삼림화disaforested되었다. 다시 말해, 왕의 손에서 벗어나서 남작들이 원하는 대로 할 수 있게 되었다는 뜻이다. 그렇지만 이보다 더 중요한 것은, 남작과 다른 영국 귀족들이 할 수 있는 일들을 제한해둠으로써, 평범한 사람들의 자유와 생계도 함께 보장했다는 것이다. 이 가운데는 돼지의 방목권도 포함되었다. 이를테면 성 미카엘 축일부터 성 마르틴 축일 사이에는 왕의 땅에다 소들이 풀을 뜯어먹도록 풀어놓을 권리를 평민들에게 준다든가, 도토리를 먹을 수 있는 숲에다 돼지들을 풀어놓을 권리를 준다든가, 삼림 지역에서 나오는 토탄과 나무를 불을 피우는 연료로 쓸 수 있는 권리를 주는 식으로 말이다. 요즘 말로 하자면, 삼림헌장은 정말 기분 째지는 일이었다. 삼림헌장은 단지 돈 많고 힘센 사람들만이 아니라 누구나 자원에 접근할 수 있도록 보장해주었다. 국가의 가스 공급 시설에서 직접 가스를 가져다 쓰거나, 길을 돌아다니다가 나라에서 운영하는 전국 고압 송전 시스템에다 휴대폰을 충전하는데, 완벽하게 여러분의 권리로 보장된 것이고, 또 대가를 지불할 필요도 없다고 상상해보라. 무단침입 금지 팻말이나, 수영 금지 팻말이나, 또는 최악의 경우인 사유 골프 코스 팻말 때문에 말썽이 생기는 일 없이 시골을 자유롭게 돌아다닌다고 상상해보라.

근본적으로 이런 것들이 민중들에게 주어진 일반적인 권리였다. 이들이 음식, 연료, 도구, 의료에 접근할 수 있도록 보장하면서 말이다. 삼림헌장은 그 어떤 버전의 마그나 카르타보다 훨씬 더한 급진적인 변화들을 도입했다. 또 삼림헌장은 관습적인 권리를 합법적으로 만들면서 노동계급 정치의 시작이 되었다. 삼림헌장은 마그나 카르타가 거의 무용지물이 된 13세기 말에 이르러서도 널리 알려지고 일상적으로 활용된 문서였다. 삼림 지대에 사는 사람들은 자신들에게 권리가 있다는 사실을 알고 있었고, 어떤 권리들인지도 알고 있었으며, 기꺼이 그 권리를 지키려 했다. 삼림헌장에 관해 알게 되면, 1381년 농민의 난이 에식스와 켄트의 삼림 지대에서 촉발되었던 것도 자연스럽게 납득이 간다.

삼림헌장이 폐지된 것은 놀랄 만큼 최근인 1971년이다. 그렇지만 그보다도 한참 오래전에 시야에서 사라져버렸다. 부유한 사람들이 자신들의 땅에 울타리를 치고 지키려고 노력했던 것은 12세기로 거슬러 올라가며, 이는 15세기부터 17세기까지 줄곧 성공했다. 그리고 제국 시대인 18세기부터 19세기 동안, 삼림헌장 때문에 권한이 제한되었던 땅 주인들은 땅을 울타리로 막는다면 농업을 더 효율적으로 할 수 있을 것이라 주장하며 법규를 피해갈 수 있는 길을 찾아 나서기 시작했다.

자본주의와 인클로저 운동

아서 영은 인클로저 운동의 주요 옹호자 가운데 한 사람이었다. 18세기부터 19세기까지 활동했던 작가이자, 어떻게 "노지의 야만인과 기물 파손자들이 인클로저라는 문명을 건드릴 수가 있는가"라며 경악했던 인물이었다. 영과 그의 추종자들에게 인클로저는 땅을 관리하는 가장 계몽적이고 합리적인 방식이었다. 수백 년 동안 이어져온 법적 권리에 따라 '야만스러운' 평민들이 합동으로 작물을 경작하도록 열어두기보다는, 땅 주인들이 새로운 작물(특히 순무가 대유행이었다)과 4회 윤작 같은 새로운 농업 기술을 도입할 수 있도록 울타리와 산울타리를 이용해 땅을 폐쇄해야 한다고 주장했다. 이는 야심만만하고 정치적인 인물들에게는 아주 효과가 좋은 주장이었다. 이들 가운데 일부는 식민지에 투자해서 새롭게 부자로 부상한 사람들이었으며, 토지 소유권은 단순한 생계 수단 그 이상을 의미했다. 이들에게 토지 소유권은 자신들을 치안 판사 자리에 올려주며 사회적 지위를 가져다주는 가장 쉬운 길이었다. 정의를 보장하고 치안을 유지하는 역할인 지방 판사 작위는 평민들이 임명될 수 있다는 점에서 로마 공화국 시대의 재판관과 유사했다. 그러다 보니 더 큰 권력과 정치적인 힘, 그리고 돈을 더 많이 벌 수 있는 가능성으로 이어지는 관문이었다.

18세기 인클로저 운동이 독보적인 현상이 된 까닭은 바로 압도적일 정도로 강력한 법적 현상이었다는 점이다. 1604년부터 수많은 인클로저 법안과 법률이 만들어지며, 결국은 1845년 인클로저 법Inclosure Act에 이르렀다. 돌이켜본다면, 이때부터 특권층들이 벌인 음모의 낌새가 있었던 것일까? 그렇지만 실상은 음모라는 거창한 말을 붙일 필요도 없을 만큼, 지극히 평범한 국회의원들의 행태였다. 그렇다 하더라도 여전히 우리를 낙담시키는 구석은 있다. 영국의 법률 체계는 국회법이 관습법보다 우선할 수 있도록 만들어졌다. 이는 법적 분쟁이 교착 상태에 있을 때 해결할 수 있도록 마련한 수단이었다. 그렇지만 인클로저 운동의 사례에서는 땅을 폐쇄할 수 있도록 국회에 청원을 한 사람들이 바로 국회의원들 본인이었고, 이들은 자신들의 제한적이고 집합적인 이해관계를 지키는 결정을 내렸다. 여기서도 우리는 또 한 번 앞서 보았던 이야기를 접하게 된다. 소수의 특권층을 위해 수많은 빈곤층의 삶을 모른 체한 것이다.

300년이 넘는 시간이 흘러 20세기에 접어들게 되자, 28,000 제곱킬로미터 정도 되는 땅이 인클로저가 되었다. 이는 영국 전체 영토의 5분의 1 정도다. 인클로저 운동은 정말이지 자본주의의 자연스러운 귀결이자, 18세기와 영국의 제국 시대에 우세한 지위를 차지했던 문명화된 경제의 정점이다. 상품을 생산하고 거래하며 얻는 이익에 경제가 의존하고 있다면, 모두가 천연자원에 접근하는 것을 막는 행동은 어불성설이 된다. 바로 거기서 여러분이 수익을 얻기 때문이다.

오늘날 이기적인 땅 주인들이 땅에 울타리를 치고 행인들이 법적으로 보장된 길을 가지 못하도록 한다면 불만이 나올 것이다. 그렇지만 인클로저 때문에 정말로 잃어버린 것은 이보다 훨씬 많다. 21세기 서양에서 땅은 계속해서 대단히 배타적인 상품으로 남아 있다. 삼림헌장은 우리가 생각하는 정의의 의미가 무엇인지를 제대로 드러낸다. 정의란 우리가 소중히 여기는 것, 곁에 두고 살아가고자 하는 것, 그리고 이를 위해 싸움에 나서고자 하는 무엇이다. 우리의 정의가 법에 의존한다면, 정의는 국회의원들의 수준만큼만 좋기 마련이다.

체로키족과 문명화

아메리카라고 부르는 땅은 본래 비버의 손주였던 수서 곤충이 바다 밑바닥에서 끌고 나온 것이다. 하늘과 연결된 밧줄 네 개가 이 땅을 물 위에 붙들어두고 있다. 땅이 아직 촉촉했을 시절, 독수리가 그 땅 위를 날아갔고, 독수리의 날개가 땅에 닿으면 계곡이 만들어지며, 그 계곡들 사이로 산이 솟아났다. 다른 북미 원주민 공동체들과 마찬가지로 체로키족은 자신들의 땅이 어떻게 만들어졌는지를 담은 이야기를 구술 전통을 통해서 들려주었다. 이렇게 들려준 말을 익히고, 반복하고, 또 세대를 넘어 전해주었다. 이 이야기들은 지리적인 특징부터 다양한 동물종, 그리고 체로키족 자신들에 이르기까지, 이 모든 것들이 어떻게 해서 세상에 생겨났으며, 또 지금의 모습으로 거듭났는지를 설명했다. 이야기는 단순한 버전도 있었고, 들려주는 사람이 청중에 따라 수정한 복잡한 버전도 있었다. 유럽인들이 나타나기 훨씬 전부터 이들은 민주주의와 평등에 관한 자신들의 고유한 사고를 품고 농업과 사냥으로 생계를 꾸렸다. 체로키 사회는 여성들이 자신의 집과 토지를 소유하고 또 딸에게 물려주는 모계사회였다. 체로키족은 짚으로 만든 지붕을 올린 나무집에 모여 살았다. 이 가운데 중심이 되는 집은 성스러운 불을 품고 있었고, 공동체 전체를 수용할 수 있을 정도로 컸다. 그곳에서 체로키족은 자신들의 미래에 관해 공동으로 결정을 내렸다. 이들은 지구가 신성하다고 섬겼으며, 살아 있는 모든 것에는 영혼이 가득 깃들어 있어서 모두 똑같은 가족의 일원이라고 믿었다.

17세기 말에 유럽인들이 나타났을 때, 체로키족은 그레이트 스모키산맥 쪽 땅에서 생활하고 있었다. 북아메리카 대륙의 동부를 북에서 남으로 가로지르는 애팔래치아산맥의 남쪽 끄트머리에 있는 산맥이었다. 현재 이 땅은 노스캐롤라이나주, 테네시주, 조지아주, 앨라배마주의 일부다. 200년 남짓한 시간 동안 체로키족은 캐롤라이나주와 조지아주에 있는 영국, 아일랜드, 스코틀랜드 출신 정착민들과 교역을 하고 결혼을 했다. 그리고 동맹에 따라 이들과 힘을 합쳐 다른 북아메리카 원주민 집단들과 싸웠다. 체로키족과 유럽인들 사이에는 문화적인 교류도 있었다. 바로 이 시기에 체로키족은 '문명 5부족' 가운데 하나로 알려지게 되었다. 그 외에는 치카소족, 크리크족, 촉토족, 세미놀족이었으며, 이 부족들은 현재 모두 오클라호마주에 있는 아메리카 인디언 거주지에 자리 잡고 있다. 이들이 원래 거주하던 미국 남서부 지방에서 대략 1,000마일 정도 떨어져 있는 곳이다. 오늘날 열성적인 장거리 자동차 여행객이라면 아메리카 대륙의 서쪽 끝부터 중심부까지 5일 정도 차를 운전하면 이동할 수 있겠지만, 이 다섯 부족이 이동했을 시절에는 당연히 차가 없었다. 이주해야 하는 시기가 되자, 이들은 챙길 수 있는 것을 챙겨서 걸어서 이동해야만 했다. 이동 중에 수많은 사람이 병에 걸리고 사망했다. 이들이 어떻게 이렇게나 멀리 떨어진 곳까지 오게 되었는지에 관한 이야기는 서양 문명의 본성에 관해 경고하는 이야기가 된다. 문명은 경계를 만든다. 특히 백인이 아니라면 더더욱 말이다.

체로키국은 서양의 문화와 생활방식을 열심히 받아들였다. 18세기 후반부터 19세기에 접어들 때까지, 플랜테이션 방식의 농업을 받아들였고, 영국인 정착민들이 하듯이 그런 플랜테이션에 투입된 아프리카 노예들의 무급노동으로 이익을 얻었다. 이 시기 체로키국 남자들의 모습을 보면, 옷깃이 높이 올라오는 셔츠를 입고, 조끼와 프록코트를 걸치는 등, 한창 유행하던 조지아식 옷차림을 하고 있다. 이들은 드라마 〈브리저튼〉이나 제인 오스틴의 작품을 영화화한 작품들 속 장면에 등장하더라도 손색없이 자연스러울 것만 같다. 문명화되기 위한 확실한 지름길의 차원에서 보자면, 체로키족은 특히 문자를 받아들이는 데에 열심이었다.

1822년 무렵, 체로키족 영웅인 시쿼야는 알파벳을 발명했다. 이로써 체로키족은 최초로 문자를 지닌 아메리카 원주민 부족 가운데 하나가 되었으며, 아무것도 없던 상태에서 문자 체계를 발전시킨 몇 안 되는 사례가 되었다. 시쿼야는 은 세공업자로 일하며 영국 정착민들과 가까이 지냈고, 글을 쓰면 더 널리 소통을 하고 지식을 쌓을 수 있다는 신념을 받아들이게 되었다. 1827년 7월 26일, 체로키국은 글로 쓴 헌법을 채택했다. 정부를 이루는 입법부, 행정부, 사법부의 역할을 규정하고 그 틀을 만들었다는 점에서 미국 헌법과 상당히 비슷했다. 체로키 헌법은 체로키족이 서양의 문명화된 가치를 받아들였다는 신호이기도 했다. 헌법 전문에서 체로키국 사람들은 "정의를 세우고, 평온함을 지키고, 공동의 복지를 증진하고, 우리 자신과 후손들에게 자유의 축복을 보장하기 위해 결집했다"라고 밝혀두었기 때문이다. 이듬해인 1828년, 이들은 언론의 자유라는 원칙 아래 북아메리카 원주민 최초의 신문인 『체로키 피닉스Cherokee Phoenix』를 창간했다. 이 신문은 체로키어와 영어 모두로 발행되었다.

체로키국 역사에서 일어난 많은 발전은 추장 존 로스 덕분이었다. 서양 입장에서 봤을 때 로스는 체로키족이 미합중국이라는 신생 국가와 종속적인 위치가 아니라 나란한 자리에 앉아

야 한다고 보는 그의 확고한 신념만 뺀다면 영웅적인 인물이라
고도 할 만한 사람이었다. 이론적으로만 따진다면 로스는 서양
문명의 모든 덕목을 체화하고 있었다. 그는 선거를 통해 당선된
국가 원수로, 법에 따라 통치되는 국민국가라는 공화주의적인
이상을 뚜렷하게 품고 있었다. 대영제국의 제국주의적인 야심
을 확고하게 품고 새롭게 형성된 국가인 미국 입장에서는 로스
는 골칫거리 같은 존재였다. 1820년대에 접어들자, 체로키국은
다양한 조약을 통해 애팔래치아 지역에 상당히 많은 토지를 보
유하게 된다. 로스는 『체로키 피닉스』의 발상지인 뉴에코타, 그
러니까 오늘날의 조지아주에 있는 지역에 새로운 수도를 세웠
다. 이는 미국의 확장에 제법 걸림돌이 되었다. 1828년 조지아
주에서 금이 발견되며 긴장은 더욱 고조되었다. 금과 비옥한 경
작지를 차지하기 위해 새로운 백인 정착민들이 더 남쪽으로 내
려오면서, 이들은 땅을 빼앗고 명백하게 야만적인 방식으로 체
로키족을 취급하며 그들의 영토를 짓밟았다. 미국 연방 정부는
그저 지켜보며 이를 멈추기 위한 행동은 하나도 하지 않았다.

땅을 소유할 자격

체로키국 시민들은 문명화된 가치와 생활양식을 받아들였음에
도 어쩌다가 이렇게 위태로운 처지에 놓이게 되었던 것일까? 그

답은 신생 미합중국의 법의 역사가 지닌 몇몇 모습에 들어 있다. 또, 19세기의 인종 관념에도 답이 있다. 체로키족과 같은 아메리카 원주민 부족들은 자신들이 살고 있던 땅의 합법적이고 정당한 소유자라 여겨지기는 했으나, 이들이 그 땅에서 법적으로 할 수 있는 일들은 제한되어 있었다. 1823년에 일어났던 결정적인 판결인 존슨 대 매킨토시 사건에서 미국 대법원은 아메리카 원주민들은 자신들의 땅을 미국 연방정부에만 팔 수 있고, 개인에게는 팔 수 없다는 판결을 내렸다. 수석 재판관인 존 마셜은 이 판결이 '발견주의 원칙the discovery doctrine'의 자연스러운 연장선상에 있다고 말했다. 발견주의 원칙은 본래 유럽에서 확립된 원칙으로, 유럽 국가는 자신이 '발견'한 그 어떤 땅에 대해서든 주권을 얻게 된다고 밝히고 있었다.

이 원칙이 제일 처음 적용된 사례 가운데 하나는 1494년 스페인과 포르투갈이 맺은 토르데시야스 조약이다. 크리스토퍼 콜럼버스가 (유럽인들이 보기에는) 신세계를 '발견'하고 2년 뒤, 유럽인들은 기독교를 믿지 않는 땅은 발견을 해서 식민지로 만들어야 한다는 신념 아래 하나로 뭉쳤다. 간단히 얘기하자면, 토르데시야스 조약은 사실상 이런 얘기를 밝혀둔 법적 문서였다. 찾는 사람이 임자라고 말이다. 발견주의 원칙은 유용한 법적 원칙이 되었다. 미국 대법원은 존슨 대 매킨토시 사건을 통해 발견은 시간의 흐름에 따라 변화하는 성질을 지닌다고 밝혔다. 발견은 이제 대영제국에서 넘어와 독립국가가 된 미국의 권한이 된 것이었다.

　아메리카 원주민처럼 이미 살고 있던 사람들이 있다면, 새로운 땅을 '발견'한다는 것이 어떻게 가능한 걸까? 그 답의 일부는 계몽주의 사상가인 존 로크에서 나온다. 모든 사람은 태어나면서부터 "자유롭고, 평등하고, 독립적"이라는 철학으로 명성을 얻은 사상가 말이다. 그렇지만 그 당시 인종 과학에 따른다면, 로크의 말 속에서 아메리카 원주민들은 사람이 아니었다. 그 한 가지 이유는 아메리카 원주민들이 땅을 최대한으로 이용하지 않았다는 점이었다. 로크의 관점에서 보면, 사냥과 채집은 땅을 경작하는 것과 비교했을 때 본질적으로 가치가 떨어지고 열등한 경제 양식이었다.(물론 농사를 짓는 아메리카 원주민들은 차고 넘쳤지만, 수많은 계몽주의 사상가들과 마찬가지로 로크는 아메리카 대륙에 한 번도 간 적이 없었다. 또 알고 있었다고 해도 왜 굳이 사실을 끌어들여서 유용한 이론에 훼방을 놓겠는가?) 로크는 아메리카 대륙이 자연 상태에 있다고 주장했다. 다시 말해, 비어 있다고 얘기했다. 그러니 그 땅에서 노동을 하는 어떤 (유럽) 사람이든 그 땅을 재산으로 삼을 권리가 있었다.

　대법원은 아메리카 원주민 문제에 대해 또 다른 답을 내놓았다. 이들의 표현은 문명이라는 틀을 염두에 두고 작성되었다. 수석 재판관 마셜은 이렇게 적었다. "구세계의 통치자들은 독립을 가져가는 대신 문명과 기독교를 부여함으로써 신세계 거주자들에게 충분히 보상을 해주었다고 확신했다. 이교도였던 원주민들이 사용하던 재산에 대한 권리를 확보해주면서 말이다."
남아시아계 인도인인 나는 이 말이 너무나도 익숙하다. 영국이
인도를 통치했던 경우에도, 대영제국이 철도와 영어를 선사하
면서 인도인들에게 이익을 가져다주었다는 식이다. 마셜은 일
반적으로는 정복당한 사람들이 정복한 국가에 흡수되어, 동등
한 시민권을 획득한다고 이어서 말했다. 그렇지만 아메리카 원
주민들에게는 불가능한 일이었다. 그 이유를 마셜은 이렇게 밝
히고 있다.

> 이 나라에 살고 있는 인디언 부족들은 심심풀이로 전쟁을 일
> 삼고 주로 숲에서 먹을거리를 구해 근근이 살아가는 흉폭한
> 야만인들이었다. 이들이 이들의 국가를 소유하도록 둔다는 것
> 은 곧 국가를 황무지로 두는 것과 같다. 이들을 별개의 사람들
> 로 통치하기란 불가능했는데, 그 까닭은 이들이 흉폭한 만큼
> 이나 용감하고 기세가 높으며, 자신들의 독립을 노리는 그 어
> 떤 공격도 무기로 쫓아낼 준비가 되어 있었기 때문이었다.

이 글을 읽고 있자니, 아메리카 원주민들의 행동은 당시 상
황에서 아주 합리적이었다고 느껴진다. 아메리카 원주민들이
동등한 시민으로 취급받을 수 없었던 까닭은, 이들이 문명화된
것들을 거부했으며, 정복당하기를 거부했기 때문이라는 것이
마셜의 논리인 것 같다. 아메리카 원주민들은 그렇게 하지 않고

전통적인 삶의 방식을 이어갔다. 사냥감이 이동하면 따라 움직였다. 마셜은 이런 모습이 그들이 땅을 관리할 만큼 충분히 책임감 있는 사람이 아닌 증거로 보았다. 여기서 흥미로운 것은, 문제가 되는 것이 이 땅에 대해 아메리카 원주민들이 지닌 '소유권이' 아니라(실제로 마셜은 이 땅이 "이들의 나라"라고 언급한다), 순전히 사람들의 '성격'이라는 점이다. 이 모든 판결은 누가 문명화되었고 누가 야만적인가와 관련된다. 이 판결은 미국 연방 정부에 이루 말할 수 없이 유용한 판결이 되었다. 미국은 19세기가 흘러가는 동안 광활한 땅을 헐값에 손에 넣을 수 있었고, 바로 그 땅을 백인 정착민들에게 팔아 막대한 이익을 냈다.

이런 맥락을 염두에 둔다면, 문명화된 체로키국을 건설하려던 존 로스 추장의 노력은 이해가 되고도 남는다. 그렇게 되면 자신과 국민들이 법 앞에서 미국인들과 동등하게 여겨질 것이라는 희망을 품었을 것이다. 이런 희망에 걸맞은 판결이 일어나기도 했다. 체로키족에게 빌린 땅에 거주하던 기독교 선교사가 자기 대신 세를 지불하라며 고소하자, 대법원은 체로키족의 손을 들었다. 이 기념비적인 판결은 우스터 대 조지아 사건으로, 미국 대법원은 체로키국이 그 자체로 주권 국가라는 판결을 내렸다. 체로키족은 자신들이 원하는 누구한테든 땅을 사고, 빌려주고, 팔 수 있었다. 팟캐스트 〈코드 스위치Code Switch〉에서 2020년에 진행한 인터뷰에서 극작가이자 체로키국의 권리 옹호자인 메리 캐스린 네이글은 이 판결은 기적과도 같다고 설명했다.

"마치 그 순간이 제 DNA 속에 남아 있는 것 같아요. 할리우드도 이것보다 더 기적 같은 건 만들지 못했을 겁니다. 여러분의 민족을 말살시키겠다는 공약을 내걸었던 사람이 이제 막 대통령에 당선이 된 와중에, 어쩌다 보니 법원에서 위로를 받게 되었던 거니까요." 언급된 문제의 대통령은 미국 제7대 대통령인 앤드류 잭슨이었다. 1812년 벌어진 전쟁의 영웅이자, 체로키족에게는 역사상 최악의 인물이었다.

체로키족에 가해진 법적 학살

앤드루 잭슨은 팀 버튼 감독의 영화에 등장할 만한 인물이다. 퀭한 모습에 키는 훌쩍 크고, 턱은 주걱턱이며, 백발은 위로 뻗은 채 헝클어져 있다. 만약에 역사 시간에 한 번도 만난 적이 없다면, 20달러 지폐에서 잭슨의 얼굴을 볼 수도 있고, 보다 최근의 미국 대통령인 도널드 J. 트럼프가 얘기하는 것을 들었을지도 모른다. 트럼프는 자신이 제일 좋아하는 대통령이 잭슨이라고 자주 말하고는 했다.

앤드루 잭슨에게 법이란 다른 대통령들한테나 상관있는 일이었다. 그는 임무를 완수하는 데 방해가 되는 그 어떤 규정이든 대놓고 무시하는 사람으로 명성이 자자했다. 북아메리카 토지에 대한 권한을 놓고 미국과 영국 사이에서 일종의 제2차 미국 독립 전쟁과도 같은 1812년 전쟁이 일어났는데, 이 기간에 벌어진 대선 캠페인 동안 그는 인신 보호법을 유예했다. 마그나 카르타와 영국 권리장전을 떠올려본다면, 인신 보호법은 헌법에 따라 보장되는 특권으로, 그 어떤 수감자라도 재판관에게 사건 심사를 받을 수 있게 해주는 법이었다. 잭슨의 행동은 미합중국이라는 신생 국가가 계엄령의 법적 정의를 다시 고찰하도록 만들었다. 그는 신문을 검열하고, 부하 병사 가운데 두 명을 군무 이탈 혐의로 거의 사형 직전까지 끌고 갔으며, 하원의원, 재판관, 지방 검사를 감옥에 집어넣었다. 많은 주에서 잭슨의 폭군 기질을 우려했다. 그렇지만 체로키국과의 관계를 생각해보면 그의 행동이 반가웠다. 잭슨 대통령이라면, 우스터 대 조지아 사건이 만든 문명적인 정점에서 존슨 대 매킨토시 사건이라는 야만적인 골짜기로 추락시킬 수 있을 것이었다. 그리고 그보다 더한 일들이 일어났다.

앤드루 잭슨은 체로키족에게 열어둔 유일한 선택지는 바로 미국 말고 어디로든 가는 것뿐이라는 사실을 처음부터 명확히 밝혔다. 그는 아메리카 인디언을 제거한다는 공약을 내걸고 대선에 나섰다. 우스터 대 조지아 사건에 대한 대법원의 판결 소식을 듣자, 출처가 불분명하기는 하지만 잭슨이 취한 태도의 요지는 다음과 같다. "수석 재판관 존 마셜이 판결을 내렸으니, 본인이 집행하도록 해라." 잭슨이 대통령 재임 기간에 벌인 노력 대부분은 체로키족이 남서부에 있는 땅을 포기하고, 미국이 북아메리카 대륙 한가운데에서 새로 획득한 영토로 이주하도록 만드는 것이었다.

1835년 3월, 잭슨은 체로키국에 공개 서신을 보내며 이렇게 말했다. "제 말을 들어보시죠. 여러분은 여러분이 있는 곳에 머무를 수 없습니다. 통제할 수 없고, 또 인간의 법을 벗어나 있는 환경 때문에, 여러분들이 문명화된 공동체 속에서 번영할 수 없게 됩니다." 잭슨의 입장에서는 대법원이 한 그 어떤 말도 체로키족을 문명에 적합한 존재들이라 정당화할 수 없었다. 이들은 타고나기를 야만인이었고, 계속 야만 상태에 머무르려 했다. 그렇기 때문에 새로운 인디언 영토로 이동하는 데에 동의하며 그에 맞게 행동해야 했다.

존 로스 추장은 체로키족이 조지아주를 지킬 것이라는 뜻을 확고히 했지만, 그의 친구이자 멘토인 메이저 리지는 조지아주로 이주하는 백인 정착민들이 점점 더 늘어나는 점이 걱정스러웠다. 리지가 보기에는 만약 체로키족이 지금 이대로 머무른다면, 미국이 확장해서 더 남쪽에 있는 자신들의 영토까지 미쳤을 때 그대로 흡수되어 체로키족이 이등 시민이 될 위험이 있었다. 미국과 체로키국 사이에 논의가 이어지는 가운데, 메이저 리지와 일부 체로키족이 1835년 12월 29일 뉴에코타에서 미국 정부와 비밀스럽게 조약을 맺는다. 이들은 앞으로 2년 안에 서부로 이주하는 대신, 5백만 달러, 새로운 토지에 대한 권리, 그 밖에 다른 여러 가지 보상을 받기로 약속했다. 이런 보상 가운데는 미국 정부에 체로키족 대표를 들인다는 약속도 들어 있었다.

뉴에코타 조약에 서명했다는 소식이 들리자, 로스는 넋이 나갔다. 그는 미국 상원이 조약을 비준하지 못하도록 막고자 곧바로 행동에 나섰다. 이 집 저 집으로 수천 마일을 다니며 청원에 서명을 받았다. 로스의 청원에 얼마나 서명했는지는 기록에 따라 다르지만, 아무리 못해도 12,000명의 서명은 받은 것 같다. 이는 체로키국 인구의 거의 대부분이었다. 안타깝게도 수많은 체로키족이 서명한 청원은 앤드루 잭슨을 설득하지 못했다. 문서상의 헌법이라든가, 언론의 자유라든가, 하물며 미국 대법원의 판결마저 받아들이지 않았던 앤드루 잭슨은 아메리카 원주민들을 문명화된 동등한 존재로 인정하지 않았다. 잭슨은 지체없이 뉴에코타 조약에 서명하며 법으로 만들었고, 2년 동안의 예고 기간이 끝나자 자신의 군대를 보냈다.

1838년부터 1839년까지 열두 달 동안, 미군은 농장과 집에서 체로키족 16,000명을 학살했고, 수용소 안으로 몰아넣고, 대륙을 반쯤 가로질러 오클라호마주에 있는 미국이 지정한 '아메리카 인디언 보호 구역'으로 행군하도록 강요했다. 이동하는 중에 4000명이 굶주림과 혹독한 추위에 목숨을 잃었다. 목숨을 앗아갔던 이들의 여정은 미국 역사에 '눈물의 길'이라 기록되어 있다. 이 잔학 행위는 세대를 넘어 울려 퍼졌다. 체로키국의 일원인 델라나 스투디는 일인극 「그렇게 우리는 걸었다And So We Walked」에서 이렇게 정리한다.

체로키족 배반자 20명은 뉴에코타 조약에 서명했다. 그렇게 존 로스 추장과, 부추장인 조지 로리와(나의 조부모의 넷째 백부다), 체로키 국민의회와, 말하자면 부족 전체에 등을 돌렸다. 5백만 달러를 받고 우리 땅 전체를 미국 정부에 팔았다. 이 조약 때문에 '눈물의 길'이 있는 것이다. 우리가 알고 있던 모든 것을 잃은 것이다. 가혹한 영토에 우리 민족의 4분의 1을 묻은 것이다. 오클라호마에 있는 부족 주거지에 살고, 배급해주는 치즈를 먹고, 당뇨병을 앓는 것이다. 이 조약 때문에 우리 아버지가 가족과 떨어져 강제로 기숙학교에 들어갔던 것이다. 이 조약 때문에 오클라호마에 오기 전 삶을 아버지가 한 번도 들려주지 않는 것이며, 내가 배신자 같은 기분이 드는 것이다. 우리는 계속 서로를 배신하고 있고, 우리는 그 얘기를 꺼내서는 안 되니까.

오늘날, 다른 수많은 아메리카 원주민들과 더불어서 체로키족은 메이저 리지가 가장 두려워했던 삶을 실제로 살고 있다. 기껏해야 이등시민 취급을 받는 것이다. 대부분의 비서구인들이 제아무리 노력해봐야 문명이라는 약속은 언제나 닿을 듯 닿을 듯 결코 닿지 않는다는 사실을, 이들의 삶은 냉혹하게 일깨워준다. 문명 5부족이 이렇게 불렸던 까닭은 이들이 실제로 문명화를 했기 때문이다. 심지어 노예의 주인이 될 정도로 말이다. 너무나 자명한 얘기라 느껴질지도 모르지만, 누가 문명적이고, 누가 그렇지 않은가는 간단하거나 정당한 절차를 거쳐 정해지지 않는다는 사실을 명심해야 한다. 체로키족이 오랫동안 살아왔던 땅을 넘겨주게 된 것은 이들이 문명적인 생활방식을 받아들이고 실천했기 때문이라 할 수 있다. 그렇지만 모래 위에 그은 선과도 같은 문명과 야만이라는 구분은 정치적인 바람이 어느 쪽으로 부는가에 따라 쉽게 바뀔 수 있다. 문명적이었음에도 체로키족에게 벌어졌던 일들은 그저 다음과 같은 사실을 보여준다. 여러분은 오로지 가장 가까이 있는 서양인들이 허락하는 만큼까지만 문명화될 수 있다는 사실 말이다. 오타와와 치페와 인디언 대횃단 무리의 일원인 매튜 L. M. 플레처는 법학부 학생 시절 존슨 대 매킨토시 사건에 관해 배웠던 경험을 쓰면서 이런 점을 한결 무덤덤하게 말했다. 『미시건 인종 및 법 저널』에 발표한 글에 그는 이렇게 써두었다. "어쩌면 여러분은 사람들을 죽이고 파괴하면서 이를 합법적이고 공정한 경기라고 부를 수도 있을 것이다."

모두에게 공정한 정의는 가능한가

미국의 철학자 존 롤스는 1971년에 출판된 책 『정의론』에서 정의는 "외부의 억압을 받지 않는 합리적인 사람들이 자신의 이해관계를 확장하고자 자유롭고 평등한 위치에서 동의할 만한 일련의 원칙들"이라 규정했다. 롤스의 시각에서 보자면 국회의원들은 절대로 남작이어서는 안 되었다. 롤스는 자신이 이름 붙인 '무지의 베일'을 바탕으로 사고 실험을 제안했다. 사람들이 자신의 사회적 지위를 모르는 상태라면, 어떤 법을 만들고 어떤 법에 동의하겠는가? 롤스에 따르면, 공평하고 공정한 법체계의 핵심은 계몽적인 사리 추구 행동이 모든 이들에게 이로움을 주는 것이었다. 그의 생각은 매력적이다. 이는 대체로 세상이 완벽하다고 가정하지 않기 때문이다. 롤스는 우리 체계 안에 이미 자리 잡은 불평등과 불공정함을 인정했다. 이곳에 평평한 운동장 같은 것은 없으며, 불평등은 그저 쭉 이어질 뿐이고, 권력자들의 손에 더욱 심해질 뿐이다.

롤스의 정의 이론은 '모두에게 공정을'이라 설명할 수 있다. 이것이 어느 정도로 작동하는가는, 앞서 살펴보았던 것처럼, '공정'을 어떻게 규정하는지, 나아가 '모두'를 어떻게 규정하는지에 달려 있다. 마그나 카르타에 봉인을 하라며 존 왕에게 요구했던 남작들 입장에서는 그 문서에 쓰인 '사람'의 정의는 본인들로 한정이 되어 있었다. 어마어마하게 부유하고 대단한 특권을 누리는 엘리트 계층 말이다. 인클로저 운동이 만들어낸 다양한 청원을 통과시킨 국회의원들에게도 마찬가지였다. 앤드루 잭슨 대통령이 보기에 체로키족은 전혀 사람이 아니었다. 그래서 이들을 몰고 가서, 집에서 멀리 떨어진 곳으로, 몇 세기 동안 이어질 주변화와 차별의 길을 걷게 하며 동물처럼 대하는 행동이 합당하다고 느꼈다. 법이 얼마나 유용하건 결함이 있건 간에, 법이 지닌 추상적인 속성은 정의도 추상적인 세상 속에 있는 것처럼 보이도록 만든다. 저기 어딘가에 있는 다른 사람들에게 일어나는 일처럼 여겨지도록 말이다. 그렇지만 사실 우리의 사법 시스템은 딱 이를 만들어낸 권력자들의 수준까지만 좋거나, 아니면 딱 그만큼까지 나쁜 경우가 많다. 오늘날도 여전히 그렇다. 깨어나서 행동에 나서지 않는 한, 상황은 바뀔 리 없어 보인다.

5장

민중에게
권력을

— 민주주의

Power to the people

민주주의 vs 군주제

1990년대 말 언젠가, 내가 다니던 고등학교에서 서양 문명의 주요 원칙 가운데 하나인 민주주의를 주제로 공개 토론을 열었다. 몇 주 전부터 행사를 홍보했다. 학교 복도와 다른 공용 공간에 늘어선 현수막은 밝은색의 대문자로 이렇게 외치고 있었다. "민주주의인가, 군주제인가. 무엇이 최고인가?" 오랜 전통에 따라 고등학교에서 열리는 토론대회였다. 말로 이뤄진 수류탄을 던지듯 주장과 반론을 던지며 열띤 생각의 싸움을 벌이는 것이었다. 그해에 유럽 역사를 배우고 있던 선이수제(AP) 3학년 역사반은 미국 역사를 공부하고 있던 2학년 역사반과 맞붙을 예정이었다. 유럽과 미국을 가르는 고전적인 역사적 구분법은 이들의 정부 체계였다. 구세계는 낡은 방식에 따라 절대적인 군주제를 실시하며 왕의 신성한 권리와 가톨릭 교회의 역사적인 힘이 자리 잡고 있었다. 대서양 건너에는 혁명적인 사상과 새로운 비전을 품은 이상이 불을 지피고 있었다. 민주주의였다.

나는 점수를 크게 걱정하지는 않았다. 민주주의 편에 서 있는 우리 팀이 이길 것이 빤했기 때문이었다. 자유와 평등 같은 철학적인 관념을 굳이 꺼내지 않더라도, 문명화된 서양에서는 민주주의에 따라 통치한다는, 결코 부인할 수 없는 사실에 의지할 수도 있었다. 학생들과 학부모들 앞에 있는 연단에 서서, 작년에 제일 친했던 친구가 내게 왜 아돌프 히틀러 편을 드냐고 묻기 전까지의 일이었다. 단순하게 정의만 내리면 충분할 것이라고 순진하게 생각하며 히틀러는 독재자였다고 지적하자, 이 행동이 스위치를 켠 것 같았다. 친구는 정부 체제로서의 민주주의가 지닌 온갖 잘못된 점들을 구구절절 풀어놓기 시작했다.

먼저, 히틀러의 사례가 그랬던 것처럼, 민주주의적인 방식으로 독재자가 선출되는 일은 얼마든지 가능했다. 대중이 투표를 한다고 한들, 독재자와 선동자를 앉히지 않을 것이라고는 확신할 수 없다는 점을 차치하고라도, 대중 전반의 무지는 근시안적인 사고와 불안정함으로 이어질 수 있었고, 더 심각한 경우에는 다수결에 의한 억압적인 통치가 일어날 수도 있었다. 우리 팀원들은 노예 제도의 폐지, 시장 경제의 유익함, 인권의 발전 등, 민주주의가 성공을 거둔 사례를 보여주며 최선을 다해 반박했지만, 작년에 이미 미국 역사를 통째로 배운 학생들이 퍼부은 공격과 비교한다면 아무짝에도 쓸모없는 수준이었다. 노예 제도를 폐지하는 데 동의할 수 없었던 주들이 무기를 들고 일어서서 4년 내내 동료 국민들을 살육하던 미국 남북전쟁이 있었다. 비밀리에 활동하는 공산주의자들을 색출하려던 결과 세일럼 마녀 재판으로 이어졌던 매카시즘이 있었다. 그리고 정치적인 적들을 불법적으로 감시한 사실이 발각되어 당시 재임 중이던 공화당 대통령 리처드 닉슨이 사임을 해야만 했던 워터게이트 스캔들이 있었다. 그리고 심지어 이 모든 일이 일어나기 훨씬 전, 아메리카 원주민 집단 학살과 아프리카 노예에 대한 제도적인 억압이 있었다. 이들 모두 백인 미국인만이 힘을 쥐고 있는 정부에게 자신들도 투표할 권리가 있다고 설득하기 위해 싸워야 했다. 이런 각도에서 살펴보니, 미국 역사 전체가 마치 어째서 민주주의가 좋은 정부를 만드는 것이 아닌지를 보여주는 교훈적인 이야기들 같았다.

심사위원들이 평결을 내릴 때가 되자, 치명적인 일격을 입었다는 것을 알 수 있었다. 역사 속에서 수없이 그랬던 것처럼, 군주제가 승자의 자리에 올랐다. 울음을 겨우 멈추고 나서 고개를 드니, 팀원들만 아니라 관객석에 있는 많은 사람이 멍하고 혼란스러운 얼굴을 하고 있었다. 그렇지만 이건 마치 자녀의 생일 파티를 해주려고 물총을 빌렸는데 실수로 물대포를 배달받은 부모 같은 표정을 한 역사 선생님들 얼굴에 비하면 아무것도 아니었다. 누군가 실수를 저지르고 말았다. 공개 토론은 그저 즐거운 놀이였다. 서양 문명을 떠받치는 대들보 하나가 눈앞에서 금이 가고, 부서지고, 무너지기 전까지는 말이다. 그 먼지가 가라앉을 즈음, 관객석에 있던 친구가 모든 사람의 마음속에 있던 말을 내뱉었다. "그런데 어떻게 저 팀이 질 수가 있지? 저 팀이 옳았는데." 토론의 승리자는 제일 좋은 생각을 낸 팀이 아니라 제일 좋은 주장을 한 팀이다. 복잡하고 미묘한 사안을 서로 반대되는 두 가지 관점으로 축소해서, 각자 상대방을 이기도록 애쓰게 만드는 것은 합의에 이르는 데에 아무런 도움이 안 된다. 토론은 그저 의견을 양극화할 뿐이다. 토론과 참혹한 결과를 돌이켜보자면, 당연하게도 결과가 모든 것을 말해주지 않았다. 민주주의는 훌륭한 사상이 맞다. 그렇다고 한다면, 민주주의는 왜 계속 잘못된 방향으로 나아가는 것일까?

서구 민주주의의 역사

민주주의는 서양의 또 다른 훌륭한 이상이 교차하는 곳이라 여겨진다. 바로 평등과 자유다. 평등이 얼마나 환상처럼 공허한 것인지, 또 정의라는 관념에 얽매인 법 앞의 평등은 서양에서 얼마나 몽상 같은 것으로 남아 있는지를 4장에서 이미 살펴보았다. 이 책의 마지막 장인 '우리는 한배를 타고 있다'에서는 개인의 자유라는 말이 정확히 어떤 의미인지를 더욱 자세히 탐구할 것이다. 그렇지만 개인의 정치적 평등과 자유라는 관념이 결합된 민주주의라는 대상은 그 자체로 탐구할 만한 가치가 있다. 이는 특히 서양에서는 민주주의가 강력한 브랜드이기 때문이다.

나처럼 미국 고등학교를 졸업한 그 누구에게든 민주주의를 정의해보라고 시킨다면, 아마도 "국민의, 국민에 의한, 국민을 위한 정부"라는 닳고 닳은 문구를 끌고 올 것이다. 이 말이 미국 역사에서 제일 유명하기로 손꼽히는 연설에서 나온 말이라는 사실도 기억할지 모른다. 1863년 에이브러햄 링컨 대통령이 했던 게티스버그 연설이다. 링컨은 게티스버그 전투에서 스러진 사망자들을 기리기 위해 세운 묘지의 축성식에서 이 연설을 했다.

겉으로만 놓고 본다면 링컨은 승리를 거둔 쪽이었다. 머지않아 게티스버그 전투는 단일한 연방이라는 미국의 미래를 확정짓는 결정적인 승리였던 것으로 판명이 날 터였다. 그렇지만 게티스버그 전투는 제일 많은 미국인이 참전한 전쟁에서 가장 많은 미국인 사상자가 발생한 전투이기도 했다(양쪽 진영 모두 미국인들이 싸우고 있었던 것을 감안하면 통계적으로 봤을 때 그리 놀랄 일은 아니다). 링컨의 간결하면서도 마음을 뒤흔드는 연설은 무엇을 위해 목숨을 잃었는지를 설명해주었으며, 미국인들이 민주주의라는 대의에 다시 헌신하도록 만들었다. 링컨은 "이들의 죽음은 아무 의미 없는 죽음이 아닐 것이다"라고 얘기한 다음 이렇게 말했다. "이 나라에서는, 신이 지켜보는 가운데, 새로운 자유가 탄생할 것이다. 그리고 국민의, 국민에 의한, 국민을 위한 정부는 이 땅에서 사라지지 않을 것이다." 이 짤막한 연설 한 번으로 링컨은 민주주의라는 더 큰 이상을 위해 시민들이 치른 희생에 바탕을 두고 있는, 미국 예외주의와 미국의 우월성이라는 관념을 확실하게 각인했다.

다른 여느 것들과 마찬가지로, 서양의 민주주의는 고대 그리스에 뿌리를 두고 있다고 주장하기는 하나, 이는 그보다 최근에 현대 서양에서 발달한 것이다. 서양의 민주주의는 모두 미합중국이 형성되며 시작되었다. 그때부터 비교적 짧은 시간 안에 나머지는 역사가 되었다. 시인 랠프 월도 에머슨은 미국 독립전쟁을 "전 세계에 울려 퍼진 총성"이라 묘사하며, 영국과 한 정착형 식민지 사이에서 시작되었던 대내적인 분쟁을 '계몽되고 합리적인 정부'의 전형적인 모습으로 바꿔놓았다. 프랑스가 이 외침을 받아 자신들의 것으로 화답했다. 자유, 평등, 박애! 영국에서는 민주주의를 향한 진전이 한층 더 점진적으로 일어나고 있었다. 영국인들은 소란을 일으키는 걸 별로 좋아하지 않는다는 사실을 기억해두어야 한다. 19세기 내내 일어난 개혁들은 투표권, 즉 투표할 수 있는 권리를 역사상 제일 많은 비중의 인구에게로 확대했다. 영국에서 남성들이 보편적인 투표권을 얻은 것은 1918년이다. 여성들의 보편적인 투표권이 1928년부터 보장되면서 영국은 완전한 대의민주주의 국가라고 말할 수 있게 되었다. 두 번의 세계대전 사이(1919~1939년)는 전 세계에 민주주의가 새롭게 피어난 때였다. 이런 성공은 곧바로 경제 실패 때문에 위협을 받는다. 1920년대 후반 금융 위기와 대공황을 거치며, 실제로 필요한 것은 바로 예전의 강력한 권위주의적 리더십이라 여겨진 것이다. 그리고 때맞춰 1930년대에는 파시즘이 부상하고 있었다.

1939년부터 1945년까지 일어난 제2차 세계대전은 민주주의가 승리를 거둔 싸움터였다. 민주주의를 따르는 연합군이 파시스트 추축국을 타도했고, 전후 독일과 일본 모두 전쟁의 여파로 민주주의적인 정부 형태를 채택했으니 말이다. 그 뒤로 미국은 민주주의를 도덕적인 이상으로 삼았으며, 이는 새롭게 설립된 국제연합(UN) 헌장에 나오는 인권과 손쉽게 결합되었다. 게티스버그 연설 이후 거의 한 세기가 흘러, 머잖아 링컨 대통령과 똑같이 유명한 대통령이 될 존 F. 케네디가 당시 대선 캠페인 현장에서 또 다른 유명한 연설을 남긴다. 1961년, 케네디는 미국을 전 세계의 봉화로 세운다. 특히 민주주의라는 사상을 바탕으로 삼아서 말이다. 메사추세츠주 영국인 정착지 최초의 청교도 주지사였던 존 윈스럽의 설교를 언급하며 케네디는 이렇게 말했다.

"오늘날 그야말로 모든 사람의 눈이 우리를 바라보고 있습니다. 그리고 우리의 정부는, 그 어느 부서든, 또 어떤 수준에서든, 전국적인 차원이든, 주 차원이든, 지역 차원이든, 도시나 시골이나 상관없이, 자신들이 받는 크나큰 신임과 자신들의 크나큰 책임을 자각하고 있는 사람들이 구성하며 살아가는 곳입니다."

이와 같이 아날로그적인 관점에서 본다면, 제2차 세계대전 이후 민주주의적인 서구에게 중요한 적수는 공산주의라는 유령이 되는 것이 자연스러운 일이었다. 전쟁은 차가웠을지 모르나, 이데올로기적 갈등은 열띠게 벌어졌다. 특히 소련과 중국이 실시하는 공산주의가 다른 나라로 퍼져 나가게 해서는 안 된다는 신념을 핵심으로 삼고 있던 미국에게는 이것이 곧 정치적인 우선순위를 관리하는 문제가 되었다. 미국은 공산주의를 궁지에 몰아넣을 수만 있다면, 프랑코가 통치하는 스페인이라든가 피노체트가 통치하는 칠레 같은 독재 국가들을 지원했다. 대체로 이 전략은 효과를 거두었다. 1974년에 포르투갈을 민주주의로 전환시킨 결정적인 사건 이후, 이와 같은 과정은 1980년대 초 여러 남아메리카 국가들과 1980년대 말 아시아 국가들에서 동일하게 반복되었다. 물론 이런 변화는 제국주의적인 함의도 지니고 있었다. 폭격 때문에 제 손에 엉망이 된 유럽은 더 이상 19세기처럼 제국주의적인 실세는 아니었지만, 돈과 전 세계에 대한 영향력은 여전히 거머쥐고 있었다. 이제는 서양이 과거 식민지들을 직접 통치하지는 않을지언정, 적어도 이 과거의 식민지들이 어떻게 통치를 하는지에는 영향을 끼칠 수 있었다.

민주주의가 부상한 마지막 결정타는 (적어도 바로 이 특수한 이야기대로라면) 1989년에 베를린 장벽이 무너지고, 얼마 지나지 않아 소련이 해체된 것이었다. 아이러니하게도 소련은 투표를 거쳐 스스로 와해되었다. 공산주의적인 정치적 압력이 사그라들며 몇몇 아프리카 국가들이 대의제 민주주의를 채택하며 보조를 맞출 수 있는 여유가 생겨났다. 그리고 이제 세계지도를 보면, 사람이 살고 있는 대륙의 수많은 나라가 어느 정도는 민주주의를 표방하고 있다는 점을 알 수 있다.

20세기에 민주주의가 왕성하게 확산한 일은 너무나 진보적이고 기념비적인 일이었던지라, 미국 정치학자 프랜시스 후쿠야마는 1990년대에 이것이 "역사의 종말"이라 선언하기에 이르렀다. 물론 사건은 계속해서 일어나겠지만, 정치적인 진화만 놓고 본다면 이미 완결된 것이라고 후쿠야마는 주장했다. 그는 완벽하게 합리적인 형태의 사회와 국가가 승리를 거두는 때가 올 것이라 믿었던 헤겔을 언급했다. 그리고 여기에 그 세계가 도래한 것이었다. 파시즘과 공산주의는 무찔렀고, 심지어는 중국과 북한처럼 공개적으로 민주주의를 채택하지 않은 국가들조차도 스스로를 "인민공화국"이라 칭했다. 다시 말해, 정부는 국민에게 책임을 져야 한다는 이상을 받아들인 것이다. 그런 나라들이 실제로 어떤 행동을 하는지는 중요하지 않았다. 서양이 보기에 '알맞다고' 여겨지는 이상 말이다. 그저 문명적인 서양의 방식으로 하기만 한다면 문제가 없었다.

이것이 우리에게 가장 익숙한 민주주의의 역사다. 정부 체제를 넘어서서 사상으로서의 민주주의를 살펴보면, 민주주의는 자체적인 도덕적 권위를 지니고 있다. 그와 동시에, 이는 진보적이고 심지어는 진화와도 같다고 할 수 있는 이상이다. 역사적인 발전과 또 후쿠야마의 주장을 고려해본다면, 민주주의라는 이상 속에는 민주주의가 서양 문명의 자연스러운 종착지라는 생각이 담겨 있다. J. G. 프레이저가 미신에서 종교로 그리고 마침내 합리성으로 변화하는 것이라 상정하거나, 영국의 고고학자 존 러벅이 이른바 진보란 수렵채집 경제에서 농경으로, 그리고 국가의 발달로 이어지는 것이라 생각했던 것처럼, 절대적인 군주제, 과두 정치, 또는 신권 정치라는 야만적인 상태는 최종적인 종착지를 향해 가는 길에 반드시 거치는 단계였던 것이다. 바로 문명화된 민주주의라는 종착지 말이다.

민주주의는 본질적으로 문명적인 사회의 핵심 축으로 그려진다. 다른 모든 문명적인 이상들의 바퀴가 떨어져 나가지 않게 붙들어주는 역할을 한다. 자유 시장 경제, 사회적 이동의 자유가 있는 능력주의 사회, 그리고 이 모든 것을 법이 통치하는 법치주의를 말이다. 사회 복지, 보편적인 교육과 정치 참여를 보장하고, 예술 문화 활동 공간을 제공하는 정부 체제다. 민주주의를 실시하지 않는다면, 문명을 제대로 구현하지 못했다는 것이 여전히 공통적인 의견으로 남아 있다. 그렇기에 고등학교 토론 대회에서 민주주의는 이길 수 있는 선택이었다.

앞선 장들에서 살펴보았던 것처럼, 서양 문명을 한데 묶어주는 진정한 이상은 바로 사회적 위계라는 관념이다. 그리고 위계질서는 진정한 민주주의와 정반대되는 것이다. 철학적으로 본다면, 민주주의는 평등과 자유가 교차하는 지점이다. 그렇지만 역사적으로 본다면 민주주의는 이런 사상들이 끊임없이 패배를 겪은 지점이었다. 인종과 계급이라는 사회적 불평등과 더불어, 젠더와 장애 여부를 바탕으로 하는 불평등이 서양 사회에는 너무나 깊이 새겨져 있어, 실제로는 자유도 평등도 전혀 가능하지 않은 수준이다. 그렇다면, 그 연장선상에서 본다면, 서양에서는 민주주의가 원천적으로 불가능하다는 말이 합당하다. 그렇다면 수많은 질문이 생겨난다. 민주주의는 어떻게 해서 계속 이렇게 강력한 브랜드로 유지되고 있는 것일까? 어째서 그렇게나 많은 사람이 실제로는 존재하지도 않는 사상을 계속해서 믿고 있는 것일까? 서양 민주주의라는 브랜드가 지닌 힘은 과연 실제로 어디에서 오는 것일까? 또, 정말로 서양의 통치 체계를 구성하고 있는 사상들은 무엇일까? 이 모든 질문에 대한 답을 찾으려면 처음으로 돌아가야 한다.

야만적인 직접 민주주의

본래 레시피에 따른(즉, 고전적인) 민주주의는 유럽사에서 아주 특정한 시간과 공간으로 거슬러 올라간다. 바로 기원전 5세기

도시국가 아테네다. 20세기에 민주주의가 거둔 승리를 보면 아테네 민주주의자들은 어떤 기분이 들까? 솔직히 얘기하자면, 그 사람들은 이를 알아보지 못할 것이다. 10년이 흐르는 동안 민주주의 지수에서 순위가 조금씩 내려가고 있는 미국이 되었건, 아니면 제2차 세계대전 이래 선거에서 이긴 국무총리들이 거의 똑같은 대학교 출신인 영국이 되었건 간에, 고대 아테네인들은 서양 민주주의에서 정치적인 권력이 끊임없이, 그리고 언뜻 보기에는 불가피하게, 소수의 특권층의 손에만 위임되는 모습을 보고 소름이 돋을 것이다. 이는 아테네인들의 방식이 전혀 아니었다.

고대 그리스의 도시국가 아테네는 본래 언덕에 지어진 도시였다. 기원전 5세기 초 무렵부터 시작해 200년 동안 아테네인들은 그 뒤로는 한 번도 되풀이된 적 없는 방식으로 자신들의 도시국가를 통치했다. 민주주의라는 사상을 발명해냈던 사람들이 실제로 어떤 식으로 민주주의를 실시했는지 경험해보려면, 우리는 2500년을 거슬러 올라가 아테네 도시국가의 전성기로 찾아가봐야 한다. 호메로스의 표현처럼 "장밋빛 손가락을 한" 새벽이 새로운 하루가 찾아왔다고 알리며 하늘과 땅의 경계를 살금살금 기어 오르면, 인파를 따라 도시의 거리를 누벼보자. 오른편을 보면 아테네의 굳건한 성채인 아크로폴리스가 파르테논 신전으로 장식된 모습을 알아볼 수 있을 것이다. 파르테논 신전은 아테나 여신에게 바친 기념비적인 신전으로, 오늘날까지 남아 있다. 그렇지만 지금 관심사는 언덕이 아니다. 왼쪽으로 방향을 틀어, 이보다 덜 유명한 언덕에 지어진 덜 유명한 랜드마크로 향한다. 그러면 아테네 민주주의에서 뛰고 있는 심장이었던 프닉스에 이를 것이다. 프닉스는 언덕 꼭대기에 세운 경기장 겸 투표소였다.

문제투성이인 오늘날의 기준에 비춰보더라도, 아테네식 민주주의는 보완할 점이 많았다는 사실을 짚고 넘어가야 한다. 아테네에서 여성 시민, 노예, 외국인 들은 모두 투표권이 없었다. 그랬음에도 프닉스에는 6000~7000명이 들어올 자리가 있었다는 사실을 고고학자들은 밝혀냈다. 그 당시 투표를 할 수 있었던 인구의 4분의 1정도다. 이와 더불어, 역사적 기록에 따르면 기원전 4세기 무렵에는 이렇게 엄청난 수의 사람들이 9일에 한 번씩 프닉스에서 만났다고 한다. 여기서 이들은 국가가 취할 행동을 놓고 토론을 벌였으며, 국민투표를 거쳐 결정을 내렸다. 오늘날에는 '국민투표'라는 말만 꺼내도 2016년 브렉시트 투표를 겪었던 사람들의 피를 얼어붙게 할 정도지만, 그 당시 아테네에서는 국민투표만이 결정이 필요한 사안들을 정하는 유일한 수단이었다. 전쟁에 나가는 일부터, 해군의 장비를 갖추는 일, 그리고 항구인 피레에푸스 거리의 개똥을 깨끗하게 치울 사람을 임명하는 일에 이르기까지 모든 일이 해당되었다. 아테네인들에게 정부란 평범한 사람들이 거의 매일 실행하는 일상적인 일들이 이루는 체제였다.

아테네 사람들도 시민들의 정치적인 대표자를 선출하기는 했지만, 오늘날 대표자를 대하는 것과는 아주 다른 방식으로 대우했다. 그 사람들에게는 호화로운 집도, 전용차나 전용기도 없었다. 아테네의 대표들은 추첨, 또는 복권을 이용해 정해졌다. 장차 대표가 될 후보자들은 스스로 입후보를 했고, 선별 기계가 이들의 청동 토큰을 뽑으면 일을 맡게 되는 것이었다. 임명된 사람들이 일을 수행하지 못하거나, 부패하거나, 심지어는 전반적으로 별로 쓸모가 없다고 판단되면 추방이라는 벌을 받았다. 도시국가 전역에서 10년 동안 추방되는 것이었다. 통치자들 역시도 잘못된 행동이나 나쁜 결정을 내리면 배심원단에게 재판을 받을 수도 있었으며, 유죄라고 확정될 경우 사형을 선고받을 수도 있었다. 아테네 민주주의는 확실히 200년을 이어져온, 대단히 참여적이고 효과적인 정부 체제였다. 이 방식이 멈춘 것은 아테네라는 도시가 이웃 도시인 스파르타의 제국주의적 열망에 희생되었을 때였다.

민주주의의 '승리'는 결코 따놓은 당상이었던 적이 없었다. '민중'과 '권력'을 뜻하는 그리스어를 결합한 이 말은, 이 관념이 터무니없다고 생각했던 사람들이 가장 먼저 사용했다. 역사 속에서 민주주의의 적들은 줄곧 단 한 가지 비판을 제기하고 또 제기했다. 자신들이 보기에 민주주의의 치명적인 결함이라 생각하는 것에 매달리면서 말이다. 이들의 논지는 간단히 얘기하자면 정치에 참여하여 스스로를 통치하려는 사람들이 최악이라는 점이었다. 플라톤의 『국가』에 나온 소크라테스는 평균적인 고대 그리스 시민에게 그 어떤 신뢰도 품고 있지 않았다.

> 그 자는 때로 플루트 소리를 들으며 거하게 술을 마신다. 또 어떨 때는 물만 마시며 식단을 조절한다. 어떨 때는 몸을 단련하러 간다. 또 어떤 때는 게으르게 지내며 모든 것들을 무시한다. 그리고 때로는 자신이 철학이라 생각하는 것에 골몰한다.

소크라테스는 민주주의가 미화된 중우정치와 다를 바 없다고 바라보았다. 집합적이고, 교육을 제대로 받지 못했고, 가난한 시민들이 부유하고 잘 교육받은 소수를 통치할 힘을 지닌다는 것은 세상이 거꾸로 뒤집힌 꼴이고, 야만인이 문명화된 사람들을 통치하는 것과 같았다. 이런 점을 잘 알고 있던 고대 그리스인들, 그러니까 플라톤과 아리스토텔레스처럼 부유하고 교육을 많이 받은 유한계급 엘리트들은 어떻게 가난한 다수가 부유한 소수를 통치할 수가 있냐며 괴로워했다. 이들의 의문은 이것이었다. 대체 왜 민중이 통치하는 정부를 원한단 말인가? 그보다 몇백 년이 흐른 뒤 헤겔은 민주주의야말로 가장 합리적인 형태의 정부라고 이야기했지만, 민주주의의 역사 전반에서 주된 걱정거리는 민중이 합리적일 것이라고 믿을 수 없다는 사실이었다는 점이 만회되지는 않았다. 수천 년 동안 지배계급 엘리트의 공통적인 의견은 바로 유권자들은 본질적으로 무언가 위험하다는, 심지어는 야만적이거나 미개하다는 것이었다.

그 시기에, 그리고 아마도 우리의 시기에도 가장 위대한 철학 사상가들에 따르면, 훌륭한 도시는 학식이 있는 소수가 이끌어야 했다. 고대 아테네가 잊혀 있던 기억에서 모범적인 문명으로 탈바꿈하는 이성의 시대(계몽주의 시대라고도 알려져 있다)에 이르렀을 때에도, 사실상 바뀐 것은 거의 없었다. 피비린내 나는 프랑스혁명의 여파 속에서 글을 쓰던 (자신들의 미국 식민지 일부를 잃었다는 불명예에 시달리던) 영국 사상가들은 민주주의란 문명화된 사회라면 피해야 할 그저 위험한 사상일 따름이라고 생각했다. 그렇다면 고대 그리스 도시를 통치하는 실험에 바탕을 두고 있는 이렇게 논쟁적인 사상이 어떻게 해서 서양 문명의 수호자로 자리 잡은 것인가?

초기 미합중국의 민주주의 활용법

아테네의 직접 민주주의 실험이 그 뒤로 반복된 적이 없다면, 서양에서 '민주주의'라고 할 때 정확히 어떤 뜻인 걸까? 이번에는 몇 세기만 되돌아가면 답을 찾을 수 있다. 우리가 지금 민주주의라 여기는 정부 체제의 개척자들이 동료 시민들에게 권력을 맡기고 공유해야 한다는, 문제를 해결하는 손쉬운 차선책을 떠올렸을 때로 말이다. 투표자들이 직접 일을 꾸려나가는 대신, 민주주의 체제는 그 일을 대신해줄 사람들을 투표로 선출한다.

서양에서 민주주의적인 이상으로 돌아간 것은 18세기 말에 미국의 기틀이 세워졌을 때다. 또는 적어도 그렇게 돌아간 것처럼 보였다. 이 모든 일은 1776년 독립 선언을 준비하던 중에, 북아메리카에 있는 13개 영국 식민지에 살던 혁명가들이 난관에 맞닥뜨리면서 시작됐다. 본래는 열렬한 군주제 지지자들이었던 이 혁명가들은 영국 국회가 새로운 세금을 부과하려 해서 저항했을 때에 왕 조지 3세가 자신들을 위해 개입하지 못하자 무척 실망했다. 영국 국회에는 이들 중 어느 누구도 직접 대표되지 않았으며, 국회는 이들이 건드릴 수도 없는 곳이었다. 왕의 배신으로 "대표 없이는 과세도 없다!"라는 투쟁의 외침이 높아졌다. 이와 더불어, 여기서 필요한 것은 완전히 새로운 정부 체제라는 생각도 피어올랐다. 이 체제는 군주제의 횡포를 막아야 할 것이며, 또한 식민지의 내부적인 사안들을 뜻대로 처리할 수 있도록 개별 식민지의 상대적인 자유를 유지해주어야 할 터였다. 이들이 알아낸 해결법은 민주주의였다. 힘과 권위는 왕이 아니라 국민에게 돌아가는 것이었다. 이들은 고대 세계의 또 다른 위대한 수호자에게서 영감을 얻었다. 바로 로마였다.

미국인들은 자신들의 민주주의를 건설하면서 그리스어인 민주주의로 브랜드를 만들었으나, 이를 어떻게 실행할 것인가라는 세부적인 사항들은 로마 공화국을 참고했다. 시작은 거의 같았으나, 내용물은 꽤나 달랐다. 자체적인 신화를 통해 로마 공화국 역시 폭압적인 지도자를 거부하며 생겨났다고 주장했다. 로마의 역사학자인 리비우스에 따르면, 로마 공화국은 루키우스 유니우스 브루투스가 귀족 여성이었던 루크레티아가 사망한 데 대한 징벌로 로마의 왕인 루키우스 타르퀴니우스 수페르부스를 도시 바깥으로 쫓아내며 기원전 509년에 세워졌다. 루크레티아는 대외적으로는 왕의 아들이 자신을 강간한 뒤에 자살을 한 것으로 알려져 있었다. 브루투스는 왕을 내쫓으며 다음과 같이 맹세했다고 얘기된다. "저자들도, 또는 다른 그 어떤 자들도 로마의 왕이 되도록 하지 않을 것이다!" 이 이야기는 사회적인 혁명보다는 가족의 불화 때문에 공화국이 형성되었다는 것을 보여준다. 브루투스와 루키우스 타르퀴니우스 콜라티누스(루크레티아를 잃고 혼자 남은 남편)가 로마 최초의 영사가 된 것을 정당화하는 데 쓰이면서 말이다. 이 두 영사들은 왕을 대신했고, 폭정을 막기 위해 딱 1년 동안만 임무를 수행하며 제한된 기간에만 일을 했다. 영사를 임명한 것은 치안 판사들이었는데, 이들은 '파트리키patrician'라고 알려진 로마 귀족의 일원이자 로마 정계 고위직을 맡고 있었다. 이쯤 되니 마그나 카르타와 남작 25명의 영역으로 들어선 느낌이 물씬 풍긴다. 공화국이 완전히 새로운 정부 체제를 갖춘 것처럼 보이지만, 실상은 여전히 똑같이 오래되고 부유한 가문들이 권력을 쥔다는 점에서 말이다. 몇 세기가 흐르는 동안 이 체제는 귀족이 아닌 평민들도 정부 일을 맡을 수 있도록 바뀌었지만, 대체로 권력은 기존과 정확히 같은 곳에 머물렀다. 이렇게 놓고 보면, 로마 공화국은 대의제 정부라는 사상을 새롭게 뽑아내어 만들었던 것이다. 로마인들은 SPQR이라는 깃발을 내걸고 움직였다. 이는 'Senatus Populusque Romanus', 즉 '원로원과 로마 민중'이라고 해석할 수 있는데, 연합을 이루기는 하지만 궁극적으로는 분리되어 있는 사람들의 집합이라는 뜻이었다. 로마 공화국의 역사 500년 내내 권력을 담당한 것은 이렇게 제한된 집단이었다.

로마 공화국에서 실시한 대의제 정부라는 사상은 이제 막 생겨난 미합중국의 헌법 제정자들의 큰 문제를 해결해주었다. 대의제 정부는 군주는 두지 않으면서도, 그와 동시에 이들이 보기에 직접 민주주의라는 중우정치를 막아주었다. 미국은 로마 공화국을 떠오르게 하는 다른 양상들과 더불어 바로 이 모델을 채택했다. 미국에서 정부 업무는 캐피톨Capitol이라 부르는 건물에서 처리하는데, 이는 토머스 제퍼슨이 강력하게 주장한 이름이자, 도시국가 로마의 언덕 일곱 개 가운데 하나인 카피톨리누스 언덕에 있던 주피터 옵티무스 막시무스 신전의 모습을 불러일으킨다. 로마인들이 그랬던 것처럼, 미국은 자체적인 상원을 두고, 대통령은 군대의 수장을 맡는 등, 권력을 공유하고, 또 서로의 제안을 거부할 권리를 지닌다. 미국인들은 새로운 정부에 또 하나 더 꼭 갖춰야 할 것이 있었다. 앞서 얘기했던 것처럼, 이들은 개별 식민지들이 원하는 대로 내부적인 사안을 처리할 수 있는 상대적인 자유를 유지하고 싶어 했다. 공교롭게도, 딱 이런 체제가 가까이에서 운영되고 있었다.

'하우데노사우니' 민주주의의 또 다른 이름

'하우데노사우니Haudenosaunee'(정착형 식민주의자들은 이로쿼이 연합 Iroquois League이라고 불렀다)는 공통의 정치적 이해관계를 위해 함께 모인 북아메리카 지역의 다양한 토착민족 연합이었다. 처음에는 세네카족, 카유가족, 오논다가족, 오나이더족, 모호크족이 있었고, 나중에는 투스카로라족도 합류했다. 대평화법률Great Law of Peace에 따라 살던 하우데노사우니 구성원들은 스스로를 통치할 새로운 방식을 찾던 영국 식민주의자들에게 영감을 주었다. 하우데노사우니도 대의제 정부였다. 족장이라 부르는 여러 임원이 각 부족을 대표했으며, 이 대표자는 총 50명이었다. 이들은 의회에서 만나 협동해서 결정을 내렸는데, 결정을 내릴 때는 만장일치가 되어야 했다. 대법률Great Law은 추가조항 117개로 이뤄져 있었고, 그 가운데 많은 조항이 의회의 권력을 제한하며, 보다 중요하거나 시급한 사안은 대비책으로 총투표를 거쳐 결정을 내린다는 내용을 담고 있었다. 남성 족장들은 여성인 씨족 우두머리들이 선정했으며, 같은 가족 안에서 다음 세대로 역할을 물려줄 수 있었으나, 새로운 족장이 만족스럽지 않을 때는 얼마든지 간단히 철회할 수 있었다. 전통적으로 보존되었던 기록과 고고학적 조사를 결합해 살펴보면, 하우데노사우니 연합은 아무리 못해도 서기 1150년부터 시작되었던 것이라 분명하게 말할 수 있다. 이는 현존하는 의회 가운데 세계에서 두 번째로 오래된 것이다(서기 930년부터 시작된 아이슬란드 국회에 뒤이어 두 번째다). 1642년에 새로운 정착지인 뉴암스테르담으로 이주한 네덜란드 변호사 아드리안 반 데르 동크에 따르면, 하우데노사우니는 "본질적으로 모두 자유로우며, 그 위에는 어떤 지배 권력도 없다"라고 한다.

하우데노사우니는 실용적이고도 실제로 기능하고 있는 민족 연합의 사례를 미국인들에게 보여주었다. 그전에는 정치철학만 지니고 있던 이들이었다. 영국 철학자 존 로크가 모든 사람에게 태어나면서부터 특정한 권리를 보장하는 자연법이 있고, 또 사람들은 이 권리를 유지하기 위해 정부와 사회적인 계약을 맺는다고 말하기는 했지만, 이것이 실제로 어떤 모습인지에 관해서는 아무것도 적어두지 않아 도움이 되지 않았다. 정부의 사법부, 입법부, 행정부를 분리해 권력의 균형을 유지해야 한다고 주장했던 프랑스의 철학자 몽테스키외도 마찬가지였다. 유럽의 실천이 참고로 삼을 만큼 현실화된 이론은 없었다. 반역을 일으키며 새롭게 등장한 유럽계 미국인들에게 큰 영향을 끼친 것은 하우데노사우니였다.

그렇지만 이 새로운 체제가 문명적인 것인가가 문제였다.

실질적인 차원에서 본다면 확실히 실현 가능한 체제라고 여겨졌다. 1751년, 벤저민 프랭클린은 이렇게 적었다. "무지한 야만인 민족 여섯 곳이 그런 연합을 만드는 계획을 세우는 능력이 있다고 하면 이상한 일일 것이다. (…) 그렇지만 이런 연합이 필요한 영국 식민지가 열 개쯤 된다 하더라도, 영국 식민지에다 이런 연합체를 만들어서는 안 될 것이다." 이는 어떻게 하면 새로운 정부가 과거에 비해서 발전한 것으로 여겨지도록 만들 수 있을 것인가라는 문제를 남겼다. 프랭클린, 토머스 제퍼슨, 존 애덤스 같은 정착형 식민주의자들이 보기에, 이들을 둘러싸고 있는 사회는 당연히 덜 발전된 곳이었다. 정착민들에게 아메리카 원주민들은 군주제가 발달하기 이전 정부가 어떤 모습이었을지를 보여주는 살아 있는 표본이었다. 미국 독립혁명에 가장 큰 영향을 끼친 사상가 가운데 한 명인 토머스 페인은 이렇게 말했다. "사회의 상태가 어떻게 되어야 하는지를 이해하려면, 인간의 자연스럽고 원초적인 상태를 어느 정도 파악해야 한다. 오늘날 북아메리카 인디언들에게서 볼 수 있는 바로 그 모습 말이다." 토착민들의 정부 체제와 생활 방식은 거부할 수 없이 매력적이었지만, 여기에는 한계도 있었다. 페인은 자신이라든가 동료 정착형 식민주의자 같은 진보한 유럽인들이 "문명화된 상태에서 자연 상태로 가는 것"은 불가능하다고 생각했다.

현대적인 서양의 민주주의가 이 진퇴양난을 해결한 것은 철학적인 타협안을 통해서였다. 모든 사람이 관여해야 한다는 점 때문에 직접 민주주의가 목적에 적합하지 않다면, 자유 민주주의가 그 역할을 대신 맡을 수가 있었다. 미국 헌법 제정자들은 자신들이 보기에 하우데노사우니의 '야만적인' 양상이라 여겼던 것들 상당수를 떼어놓을 수 있어 달가워했다. 이들은 여성의 권력과 책임과 연계를 맺고 있던 씨족 기반 시스템을 무시하고 고전적인 모델을 따랐다. 이들이 하우데노사우니에서 취해 온 딱 한 가지는 연방제였다. 하나의 국가 안에 있는 독립적인 자치주들이 집합적인 의사결정이 필요할 때면 자신들의 대표들로 중앙정부를 구성하는 방식 말이다. 그렇지만 여기서도 이들은 교묘한 속임수를 부린다. 이들이 얘기하는 '대표의 기적miracle of representation'을 이용해서 말이다. 이런 식이다. 국민의 의지가 대표된 것은 국민의 실제 의지와 동일하다. 그리고 이는 합당하다고 느껴진다. 아테네식 모델과 비교해본다면 미국은 민주주의가 아니라 연방공화국이라는 사실을 알기 전까지는 말이다. 개별 주의 정부는 이를 지배하는 국가 차원의 정부를 동반했다. 국민은 이 두 정치체 가운데 어느 한 쪽에 직접 권력을 행사하지 않고, 임원을 선출해 자신들 대신에 권력을 행사하도록 한다. 미국의 정부 모델은 유권자들이 스스로 권력을 지니는 골칫거리가 없게끔, 즉 유권자들이 스스로 진정한 권력을 지니는 이득을 누릴 수 없게끔, 모든 의사결정을 가로막았다.

영국 민주주의의 발전은 다른 이야기이긴 하지만 거의 똑같은 결과로 끝이 난다. 영국은 자신들이 혁명을 거쳐 민주주의에 이른 것이 아니라, 서서히 일어난 일련의 개혁들을 거쳐 이르렀다는 점에서 자신들이 민주주의 역사 속에서 특별한 자리를 차지하고 있다고 주장한다. 이 이야기는 앞에서 살펴보았다. 마그나 카르타에서 시작해, 19세기의 영국 권리장전과 여러 개혁을 거치며, '자유로운 사람'의 정의가 점점 넓어져 여성까지 포함하게 되었고, 그렇게 1928년에 보편적인 투표권에 도달한 것이다. 그 결과, 영국이라는 국가는 일종의 키메라가 되었다. 서로 다른 시기에 다양한 방식으로 끼워 맞춘, 서로 다른 우선순위와 이데올로기에 얽혀 있는 법과 개혁이 한데 모여 민주주의라는 형상을 이루는 것이다. 이번에도 역시나 실제로는 민주주의가 아닌 채로 말이다. 설령 영국이 실제로 군주제를 유지하고 있다는 사실은 차치하더라도(그리고 왕과 민주주의가 섞이지 않는다는 것은 잘 알려진 사실이다. 심지어는 로마인들도 알고 있었다), 영국은 미국과 마찬가지로 아테네식 모델보다는 공화국 모델에 더욱 가깝다.

아테네식 정부 모델은 직접 민주주의라고 불리는 것이었다. 이는 사람들이 선거를 거쳐서 정부에서 자신들을 대표해줄 정치적 지도자를 임명하는 대의제 민주주의와는 반대된다. 현대 서양에서는, 그리고 보다 광범위하게 본다면 서양식 민주주의에서는, 바로 이런 대의제 민주주의 모델이 장악을 하고 있었다. 우리가 직접 모든 결정을 내리지 않고, 크고 중요한 결정을 내려달라며 맡기는 선출된 소수의 손에 권력을 양도하는 것이다. 자유 민주주의에서는 정부의 서로 다른 구성 요소들 사이에 권력이 분리되어 있어 균형을 유지한다. 이런 구성 요소들이 어떤 것인지는 해당 시대와 민주주의가 어떤 것인가에 달려 있다. 미국에서는 권력이 입법부(법을 만드는 곳), 사법부(법을 집행하고 해석하는 곳), 행정부(대통령) 사이에 나뉘어 있다. 반면, 1688년 명예혁명 이후 영국의 민주주의가 시작할 무렵에는 군주와 의회 사이에 권력이 나뉘어 있었다. 의회는 상원에 있는 귀족과 하원으로 대표되는 나머지 사람들로 이뤄져 있었다.

군주의 힘이 예전과는 확연히 다르다 할지라도, 영국이 국회와 정부를 운영하는 방식을 슬쩍 보기만 해도 고대 아테네 사람들은 못마땅해할 것이다. 사실 권력은 꾸준하게도 그리고 냉혹하게도 훨씬 더 제한된 소수의 사람에게만 양도되어 있음에도, 국민에게 권력이 있는 정부라는 말을 들으면 고대 아테네 사람들은 깜짝 놀랄 것이다. 우리가 하원의원들을 선출하는 것은 사실이지만, 유권자 전반은 정부의 나머지 절반을 이루는 상원에 임명되는 사람들에게 아무런 직접적인 영향을 끼칠 수가 없다. 그리고 의회 안에서만 놓고 보자면, 권력은 여당에게 있으며, 다시 그 안에서 내각과 궁극적으로는 총리에게 권력이 위임된다. 고대 아테네 사람들은 선거를 못 미더워했다. 애초에, 그리고 내재적으로, 분열을 일으킬 수밖에 없으며, 사회적인 엘리트나 이미 권력을 쥐고 있는 사람에게 유리하다고 생각했기 때문이다. 다시 말해, 서양식 대의제 정부를 놓고 본다면, 고대 아테네들은 우리가 겪는 문제가 일어나리라는 사실을 2500년

전에 이미 알고 있었으며, 이런 문제를 피하고자 갖은 노력을 다
했다.

민주주의는 없다

고대 아테네 사람들이 선거에 의구심을 품었던 것은 무척 일
리가 있어 보인다. 선거에서 당선되어 관청에 들어가는 사람들
의 면면을 보면 말이다. 오늘날에는 '과두제 집권층oligarch'이라
는 말 앞에 '러시아'가 붙는 일이 가장 일반적이지만, 실상을 살
펴보면 이는 러시아에서만 일어나는 일이 아니다. 지금이든 옛
날이든, 제한된 소수가 통치한다는 관념은 보편적이었다. 선거
에 이겨서 지배력을 독점한다고 해서, 그 소수의 지배층이 훌륭
한 통치를 선보이는 것은 결코 아니다. 선거에서 이길 수 있는
능력과 실제로 국가를 운영할 수 있는 능력은 서로 다른 능력이
라는 사실이 점점 더 명확해지고 있다. 최근 우파 정당들은 만
약에 선거에서 이기는 데에 도움이 될 수만 있다면 더욱 극단적
인 입장들도 포용할 수 있다는 뜻을 분명하게 밝혔다. 또, 체현
된 정치 계급이라는 확실한 증거도 있다. 자신이 받은 교육 덕분
이라든가 특정한 직업에서 거둔 성공 덕분에 더 좋은 자리에 올
라 성공을 거두는 정치인들 말이다. 서양의 민주주의는 왕조 권
력에도 아주 능통하다. 존 애덤스와 존 퀸시 애덤스, 조지 H. W.

부시와 조지 W. 부시 같은 미국의 아버지와 아들 대통령부터, 케네디가, 루즈벨트가, 트뤼도가 같은 정치적인 왕조들까지 말이다.

당연한 얘기겠지만, 평범한 사람들이 이성적으로 적합한가에 관한 철학적인 우려는 바로 이런 평범한 사람들을 억압하는 데에 유용하게 쓰였으며, 반대하는 사람들을 진압하는 데에도 활용되었다. 특히 몇 세기 내내 인간 이하라고 여겨진 사람들을 상대로 말이다. 미국에서는 이것이 지능과 문맹률 시험이라는 형태를 띠게 되었다. 이는 사람들, 특히 아프리카계 미국인과 아메리카 원주민들의 투표권을 박탈하기 위해 설계한 것이었다. 여성에게도 똑같은 효과를 내기 위해 다양한 주장들을 활용했다. 여성은 오랫동안 선거권을 거부당했다. 선거권을 행사하기에는 사회적으로나 지적으로나 필요한 요소를 제대로 갖추지 못했다고 여겼기 때문이었다. 신분증을 제시해야 한다거나, 접근이 어려운 투표소라거나, 제한적인 투표 시간 같은 다른 요소들과 결합함으로써, 19세기 프랑스의 외교관이자 학자였던 알렉시 드 토크빌이 밝혔던, 억압적인 다수결주의가 통치할 수 있다는 우려는 정말로 현실이 되었다. 대의제 민주주의 체제는 자기 복제를 위해 설계된 것으로만 보일 정도다. 여기에는 기존의 불평등을 재생산하고 강화하는 것도 포함된다.

이 모든 것들은 우리를 존재론적인 질문으로 이끈다. 민주주의는 내재적으로 결함이 있는 것일까?

윈스턴 처칠이 다음과 같이 얘기했던 건 순전히 실질적인 이유에서였을지도 모른다. "어쩌다 한 번씩 시도했던 그 모든 다른 형태를 제외하고 본다면, 민주주의가 최악의 통치 형태라는 말이 있다." 만약에 통치라는 차원에서 봤을 때 이것이 우리가 할 수 있는 최선이라면 어떻게 될까? 인생은 이상으로만 살아갈 수 없고, 어느 정도의 실용주의도 필요하다면 말이다. 정말로 던져야 할 질문은 이것이다. 현대 서양에서, 구체적으로는 영국과 미국에서, 과연 애초에 민주주의가 존재했던 적이 있는가? 그리고 본래 민주주의라는 사상을 떠올렸던 사람들에게 이 질문을 던진다면, 답은 분명히 '아니다'일 것이다.

현대적이고 문명적인 이상이라고 추켜세우며 과도한 인기를 얻고 있지만, 서양식 민주주의가 지닌 문제는 바로 한 번도 실제로 존재했던 적이 없다는 사실이다. 모든 현대적인 민주주의가 채택하고 있는 대의제 민주주의에서 우리가 내리는 선택은 누가 권력을 지닐 것인가를 결정하는 데에 국한된다. 그 사람들이 그 권력으로 실제로 어떤 행동을 하는지는 결정할 수 없다. 민주주의의 효과에 관한 모든 우려는 국민이 올바른 결정을 내릴 능력이 없는 경우와 관련이 된다. 그렇지만 이런 우려는 대의제 민주주의에서 우리가 내릴 수 있는 결정이란 누가 우리를 통치할지를 고르는 것으로 제한되어 있지, 본래 취지처럼 어떤 방식으로 우리를 통치할 것인가와는 무관하다는 사실을 간과하고 있다. 우리는 대표자와 지도자를 고르면서, 그렇게 고른 결과로 일어날 수 있는 어떤 결정에 대한 결정권도 내려놓는다.

대의제 민주주의는 부패하기 쉽다. 고대 아테네인들도 예외는 아니었다. 아테네의 위대한 지도자 가운데 한 사람인 페리클레스 장군이, 뇌물을 받지 않는다는 사실이 널리 알려져 평판을 얻었다는 점을 떠올려본다면 말이다. 물론 이 사실이 지닌 함의는 바로 다른 수많은 아테네 정치인들은 뇌물을 받았다는 뜻이다. 시간을 빨리 돌려서 오늘날로 와보면, 선출직이 아닌 정치 고문, 로비스트, 정실 인사 들이 우리가 선출한 대표자들에게 과도한 영향을 끼치고 있다는 이야기가 넘쳐흐른다. 그런 대표자들 자체도 민주주의자라기보다는, 자신의 카리스마를 이용해 개인적인 이익을 챙기는 선동적인 정치가 쪽에 확실히 더 가까운 사람들도 많다. 이런 모든 일이 벌어지고 있다 보니, 유권자들이 관여하지 못하도록 막는 것, 특히 정치적 개혁을 충분히 일으켜서 스스로 통치하게 될 정도로 관여하는 일을 막는 것이 단순히 쉬운 선택지이기만 한 것이 아니다. 이는 권력자들에게 절대적으로 중요한 일이다. 그와 같은 권력을 유지하고 싶다면 말이다.

이런 시나리오에서 책임은 전혀 중요하지 않다. 선거를 조작해서 승리했을 때 부과할 수 있는 벌금의 최대치는 20,000파운드일 뿐이다. 우리의 정부 체제는 가장 취약한 사람들을 위해 안전과 정의를 보장해주는 것이 아니라, 책임자들이 다른 사람들의 생명을 희생시키면서까지 자신들의 이익을 유지하도록 만들어졌다. 민주주의가 세계적으로 퍼져 나갔을지는 몰라도, 그렇다고 해서 민주주의가 모두를 위한 것은 아니다.

지정생존자 제도의 의미

제2차 세계대전의 여파 속에서 민주주의와 공산주의 사이에 정치적 긴장이 이어졌던 냉전 이래로 줄곧 미국 정부는 정치적인 행사가 열릴 때마다 특이한 의식을 치러왔다. 대통령 취임식이나 국정 연설이 벌어질 때면, 정부 구성원 가운데 딱 한 사람은 행사가 진행되는 내내 비밀 장소에 머무른다. 이 사람은 연설을 듣거나 뉴스 카메라 앞에서 맞장구를 치지 않고, 보안과 관련된 세부적인 사항들을 전달받으며 축제가 끝나고 안전해질 때까지 기다린다. 이 사람은 '지정 생존자'라고 알려져 있다. 이렇게 정치적인 신데렐라가 연회장에 갈 수 없는 이유는, 모든 동료가 한 번의 사고나 공격으로 모두 제거되었을 경우에 정부 일을 모두 도맡아 하는 것이 이들의 역할이기 때문이다. 냉전 시기에 이와 같은 전통이 탄생했다는 점은 별로 놀랄 일도 아니다. 핵전쟁이 일어날 가능성도 있는 미국의, 그리고 사실은 전 세계 모든 정치체제의 위태로운 속성을 고려한다면 말이다.

지정 생존자라는 개념은 대의제 민주주의라는 거짓말이 만들어낸 자연스럽고도 우스꽝스러운 결론이다. 대의제 민주주의에서 정치적 권력이란 유동적인 재산이다. 우리는 이 권력을 우리가 선출한 공직자들에게 넘겨줄 수 있으며, 그러면 그 어느 때보다도 소수의 사람 손에 권력이 집중된다. 지정 생존자 개념은이 절차를 유지하는 일이 얼마나 중요한가를 보여준다. 적어도 표면적으로라도 말이다. 단 한 번의 기습으로 미국 정부 전체가 제거된다면, 누가 권력을 쥘 것인가와는 비교도 되지 않을 큰 문제가 일어난 것인데, 그 와중에도 그들은 권력을 지킬 생각을한다.

민주주의는 퍼뜨릴 가치가 있는 사상 가운데서는 최고일지모르지만, 그렇게 퍼져 나간 사상은 사실 민주주의가 아니었다. 단 한 번도 국민에게 권력이 주어진 적이 없다. 언제나 남작들이 권력을 쥐고 있었다. 마그나 카르타를 만들어낸 왕과 남작들부터, 오늘날 엘리트 정치 계급에 이르기까지, 정부는 늘 있던 바로 그 자리를 유지해왔다. 국민을 위하는 국민에 의해서가 아니라, 소수가 수많은 사람에게 행사하는 권력을 통해서 말이다.

6장

시간은
돈이다

— 시간

Time is money

시간이라는 덫

고고학 석사 과정 때 시간을 주제로 세미나가 열렸다. 지도 교수
는 고고학자들에게 시간은 배꼽과도 같다는 말로 세미나를 시
작했다. 시간은 고고학의 한가운데에 자리 잡고 있다. 우리가 하
는 모든 일은 시간을 중심으로 돌아간다. 미래에 더 좋은 영향을
끼치고자 현재에서 과거를 해석하는 일이다. 그렇지만 우리는
시간에 거의 관심을 두지 않는다. 교수는 이렇게 물었다. 이런
점을 염두에 둔다면, 시간이란 정확히 무엇일까? 그렇게 자리에
있는 모두에게 질문을 던지는 대학교 세미나의 전통적인 의식
이 시작되었다. 일 분쯤이 흘렀는데도 아무도 말을 꺼내지 않았
다. 빽빽한 침묵이 이루는 영원 같은 시간이 흐른 뒤, 내가 침묵
을 깨고 머릿속에 떠올랐던 첫 번째 생각을 말했다.

"시간은 일어나는 것의 척도입니다."

단언컨대 나는 셰익스피어가 아니지만, 그 문장에 들어 있는 한 단어를 주의 깊게 고르기는 했다. 고고학을 배우다 보면, '사물things'이라는 말을 부주의하게 던져서는 안 된다는 사실을 터득하게 된다. '것stuff'이라는 말은 왠지 어려 보이기 위해 노력한다는 느낌이 들긴 하지만, 그래도 기본적인 대상들을 모두 아우른다. '것'에는 시간이라는 맥락에서 일어나는 수많은 일이 담긴다. 사물, 그러니까 물리적인 대상들은 만들어지고, 사용되고, 파괴된다. 그 너머에서 사건이 일어나고, 사람들이 달라지고, 생명이 시작하고, 성장하고, 죽고, 또 견해에 따라서는 다시 태어나기도 한다.

첫 번째 시도치고는 꽤 괜찮았다고 생각했다. 알고 보니 신학자이자, 철학자이자, 로마가 관할하던 북아프리카 지역에 있던 누미디아(현재의 알제리)의 베르베르족 주교였던 히포의 성 아우구스티누스도 비슷한 생각을 했다. 『고백록』으로 가장 잘 알려진 그의 생각은 당연히 훨씬 더 섬세하기는 했지만 말이다. 아우구스티누스는 어떻게 해서 우리가 시간을 외부적이고 물질적인 것이 아니라, 사람들이 경험하는 체화된 관념으로 여기게 되었는지에 관해 쓴 서양 최초의 인물들 가운데 한 명이었다.

아우구스티누스는 이렇게 적었다. "시제 또는 시간은 세 가지가 있다. 과거 사물들의 현재, 현재 사물들의 현재, 그리고 미래 사물들의 현재다." 아우구스티누스가 보기에, 세상에 대한 경험은 마음속을 가로지르며 지나간 자리에 인상을 남겼다. 그는 이렇게 결론을 맺었다. "시간은 바로 이 인상이거나, 아니면 내가 측정하는 것은 시간이 아닌 것이다." 이렇게 생각한 사람은 아우구스티누스 혼자만이 아니었다. 서양 역사 속 상당 기간, 시간의 실체는 논쟁거리가 되었다.

이 모든 얘기가 쓸데없이 소수만 즐기는 주제처럼 느껴지겠지만, 이는 시작에 불과하다. 지난 몇백 년 남짓한 시간 동안, 우리가 이해하는 시간은 아주 다양했다. 물론 추상적인 것은 매한가지였지만 말이다. 20세기 초, 알베르트 아인슈타인이 상대성 개념을 내놓았을 때, 시간은 물리적인 삶에 실제로 영향을 끼친다고 여기게 되었다. 그전에는 시간이란 우리와는 별개로 일어나는 일이었다. 시간은 흘러갔으며, 그게 전부였다. 아인슈타인을 통해서 시간은 관측하는 사람에 따라 상대적인 것이 되었다. 아인슈타인에 따르면 시간 전체가 상대적이다. 갑자기 세계가 3차원이 아니라 4차원으로 시야에 들어오게 되었다. 우주라는 직물 안에 공간과 시간이 함께 짜이면서 말이다.

그렇기는 하지만, 물리학이라는 체현된 현실은 매일매일 일상을 살면서 떠올릴 수 있는 것들을 훌쩍 넘어선다. 예를 들자면, 의자 위에 앉는다고 할 때, 실제로 벌어지는 일은 바로 그 의자와, 의자가 놓인 바닥과, 그 바닥이 놓여 있는 행성이 모두 공간 속에서 빠르게 이동하면서, 그에 따라 몸을 밀어내는 동시에 제자리에 붙들어두는 것이지만, 대부분은 이런 식으로 바라보지 않는다. 단순히 의자에 앉아 있다는 점만 느낀다.

그렇지만 인간의 경우를, 그리고 우리가 시간을 경험하는 방식을 따져본다면, 시간이란 구성된 것이다. 그리고 예상할 수 있겠지만, 이러한 구성물의 속성은 장소에 따라, 또 사람에 따라 다양하다. 이 장에서는 서양의 계몽주의가 틀에 맞춰 구성한 시간이 어떻게 해서 덫이 되었는지를 살펴본다. 우리가 오늘날까지도 여전히 갇혀 있는 그 덫 말이다.

시간 개념의 구성과 통일

런던의 과학박물관 1층의 남동쪽 구석에는 시계 전시장이 있다. 본래는 길드 집회소에 전시해두었던 시계 장인 협회 컬렉션이었던 이 전시는 1600년부터 오늘날까지 이어지고 있다. 전시장을 거닐다 보면, 18세기가 흐르는 동안 서양에서 시간을 기록하는 기술이 어떻게 발달했는지, 또 이런 발전이 탐험 시대 대영제국의 성공에 얼마나 핵심적인 역할을 했는지를 알 수 있다. 이를 보여주는 좋은 사례는 바로 그 유명한 1769년의 항해(3장에서 간략하게 다뤘다)에서 쿡 선장이 맡았던 임무다. 쿡 선장과 선원들은 금성의 움직임을 측정하러 항해에 나섰다. 이들은 영국의 시계 제조공 존 셸턴이 설계하고 제작한, 예술의 경지에 올랐다고 할 수 있는 최첨단 천문시계를 사용해 이 임무를 수행했다.

이 관측 내용이라든가 또 이와 유사한 측정 내용들은 태양계의 크기를 확정하는 데에 도움이 되었고, 이는 다시 지구 위에서 항해술을 통제하는 데에 도움이 되었다. 길을 잃지 않고 드넓은 대양을 항해하는 기술은 물론 서양에서만 발명한 것이 아니었다. 쿡과 선원들은 여러 세대에 걸쳐 오세아니아를 성공적으로 항해해온 수많은 폴리네시아인을 만났다. 그런 폴리네시아인 가운데는 항해사 투파이아도 있었는데, 이름이 붙어 있는 섬 70개가 포함된, (러시아까지 포함해) 유럽 크기만 한 지역의 지도를 그릴 줄 아는 항해사였다. 그렇지만 19세기가 흐르는 동안 시간에 대한 집착을 완전히 다른 차원으로 이끌고 간 것은 서양인들이었다.

전시실을 조금 더 걸어가다 보면 그 결실을 볼 수가 있다. 아무런 배경지식도 없는 내 눈에는 톨케이스 시계, 괘종시계, 휴대용 시계, 손목시계, 회중시계 모두 똑같아 보인다. 물론 이 시계들은 단순한 외양 이상의 이야기를 지니고 있는데, 대체로 점점 더 정확성이 높아졌다는 주제를 담고 있다. 시간 측정의 발전은 인류 역사 전반에 걸쳐 있다. 뼈에 새겼던 달력부터 시작해서, 해시계, 물시계, 모래시계, 그리고 현대에 이르러 가장 익숙하게 여기는 기계 시계까지. 기술이 발전하며 중력으로 돌아가던 시계들이 스프링과 평형바퀴를 이용하게 되었고, 이는 다시 전류를 이용해 진동하는 수정에게 자리를 내주었다. 20세기 말이 되자 원자시계가 무척이나 정확해져서, 시계를 지구의 움직임에

런던 과학 박물관의 시계 전시장

맞추는 것이 아니라, 지구의 움직임을 시계에 맞추게 되었다.

시간이 구성된 것인 이상, 우리가 시간을 측정하고 배분하는 방식은 우리의 우선순위가 변화한다는 사실을 반영한다. 역사적으로 보았을 때는 기도 시간을 구분하는 일이 중요했다. 그리고 샤하리트, 라즈, 파즈르와 마아리브, 베스퍼스, 마그립을 꼭 알아야 했다(각각 유대교, 기독교, 이슬람교 전통의 아침과 저녁 기도들이다). 근대로 접어들면, 공공장소에 있는 시계들이 예를 들어 도시로 가는 문을 언제 열 것인지, 시장을 언제 열고 닫을 것인지, 그리고 언제 경매를 끝낼 것인지를 알려주었다. 해군은 종을 울리는 시스템을 바탕으로 삼는 신비한 자체적인 시간 기록 체계를 갖추고 있었다. 해군 선박에 탄 장교와 선원은 특별한 훈련을 받았는데, 그래서 첫 저녁 당직 시간에 종이 다섯 번 울리면 곧 밤 10시 30분이라는 의미라는 사실을 거의 직관적으로 알 정도였다.

철도가 발달하고 장거리 철도 여행의 가능성이 커지면서 표준화된 시간을 향한 요구가 점점 늘어났다. 점점 더 많은 사람이 기차를 타고 더 멀리 여행을 가는 시대가 되었고, 기차 스케줄이 발전하면서 시간도 점차 체계화되었다. 처음에는 국내에서, 그다음에는 여러 지역들 사이에 체계가 갖춰졌다. 이렇게 커다란 사회적인 진전이 일어났지만, 기차 여행을 할 때 말고는 사람들은 허락되는 한에서는 여전히 자체적인 지역 시간을 유지했다. 역사학자 데이비드 루니가 짚어주었듯이, "지역적인 시간이 역사의 일부가 된 까닭은 철도에서 사용했기 때문이 아니었다. 1870년대의 음주 반대 개혁가들이 시계를 이용해 도덕 개혁 운동을 수호했기 때문이다." 빅토리아 시대의 이 공상적 개혁가들은 정말로 할 일이 많았다. 이들은 허가 시간을 위해 로비를 벌이며, 사람들이 시간을 정확히 알 수 있도록 했다. 그래서 언제 술을 그만 마셔야 하는지를, 또는 어쩌면 더 중요하게는 언제부터 마실 수 있는지를 알 수 있도록 말이다. 이후 1883년 11월 18일에 미국의 시간대를 그리니치의 시간을 기준으로 맞추면서, 오늘날 모두가 따르는 전 세계적이고 보편적인 시간을 만드는 길에 올라섰다. 그리고 우주의 중심에다 편리하게도 런던 자치구를 가져다 놓은 그리니치 표준시는 이듬해인 1884년에 만들어졌다.

돈과 시간의 만남

이처럼 시계 제조 분야에서 일어난 그 모든 기술적인 발전과 더불어서, 런던 과학 박물관의 시계 제조 전시관에는 시간 측정의 역사를 그려볼 수 있게 해주는 역사적인 물건들이 여럿 있다. 우리가 살펴보려는 것은 그 가운데 하나다. 1794년에 만들어지고 1943년에 박물관에 기증된 이 물건은 크고 단단해 보이는 은제 회중시계다. 문자판은 깔끔한 하얀색이고, 가장자리를 따라 우아하고 길쭉한 로마 숫자들이 둥그렇게 늘어서 있다. 제조사인 존 아놀드 앤 선 오브 런던을 따서 'Mr. 아놀드'라는 이름이 붙은 이 시계는 본래 서식스 공작을 위해 제작했던 것이다. 공작은 이 시계가 마음에 들지 않아서 그리니치 천문대로 보냈고, 거기서 존 헨리 벨빌의 손에 들어왔다. 원래는 기상학자이자 천문학자였던 벨빌은 자신이 Mr. 아놀드를 손에 넣으면서 새로운 일을 시작할 수 있는 특별한 위치에 들어섰다고 생각했고, 자신이 시장에서 발견했던 간극을 메웠다.

천문대에 있던 벨빌의 상사들은 런던에서 생활하던 시계 제작자, 크로노미터 제작자, 출항할 준비를 갖추고 템스강에 계류하던 배의 선원들, 그와 더불어 이상한 아마추어 천문학자들에게 끊임없이 시달렸다. 모두들 그리니치 천문대로 몰려들어 시간을 최대한 정확하게 기록하려고 했다. 시간 기록 분야에서는 그리니치 천문대가 진짜배기였다. 그리니치 시계는 세계에서 가장 발전된 시계 가운데 하나로 꼽혔으며, 천문대에서 벌이는 천문 관측에 발맞춰 매일 눈금을 조정하며 정확도를 유지했다. 가장 먼저 몇 시인지를 결정하는 관측이었다. 이는 사람들이 일상적으로 사용하는, 매일 시간이 빨라지거나 느려지는 시계보다 확연히 앞서 나가는 것이었다. 존 헨리 벨빌은 Mr. 아놀드의 도움을 받아 그 사람들에게 시간을 가져다주었다. 벨빌은 매일 그리니치 시계에 회중시계를 똑같이 맞춘 다음, 200명 가까이 되는 고객 가운데 누구라도 만나러 갔다. 이 덕분에 천문대는 짐을 덜 수가 있었고, 존 헨리는 고유한 가족 사업 모델을 확립했다. 존 헨리가 세상을 뜨자 그의 아내인 마리아 엘리자베스가, 그다음에는 딸인 루스가 "시간을 파는 여자"라는 낭만적인 이름으로 이 일을 이어받았다.

박물관에 전시된 Mr. 아놀드 뒤에는 1908년 3월 9일 월요일에 찍은 흑백사진이 확대되어 걸려 있다. 일주일 중에 월요일은 그리니치 표준시의 기준이 되는 천문대의 마스터 시계와 Mr. 아놀드의 시간을 맞추러 루스가 메이든헤드에 있는 집에서 천문대를 찾아가는 날이었기 때문이다. 그러고 나면 루스는 천문대에서 발행한 확인증과 함께 Mr. 아놀드를 가지고 런던을 오밀조밀하게 누비면서, 정확한 시간 기록에 이윤과 생계가 달려 있는 사업체들에게 시간을 팔았다. 그 가운데는 기차역, 은행, 신문사, 공장 들이 있었고, 영업이 가능한 시간을 잘 지켜야 하는 펍과 선술집 들도 있었다. 그리고 당연히 런던의 모든 시계, 크로노미터 제조업자들도 있었다. 이들이 만든 결과물은 이제 과학박물관에 Mr. 아놀드와 나란히 놓여 있다. 루스는 자신의 사진을 찍는 데에 별로 관심이 없었던 것 같다는 느낌을 받는다. Mr. 아놀드를 루스에게 다시 건네주고 있는 제복 입은 직원은 잔뜩 신이 난 것 같지만, 루스는 카메라를 거의 등지고 있어서 그늘진 옆모습 정도만 사진에 나와 있기 때문이다. 어쩌면 시간을 파는 일을 하는 사람이라면, 스스로를 어느 순간 속에 가두는 일이 달갑지 않을지도 모른다.

과학 박물관에서 Mr. 아놀드를 보고 있으면 박물관들이 너무나 잘 부리는 주술이 벌어지고 있음을 깨닫게 된다. 과거와 현재를 한 점으로 모아서 유리 케이스 안에 조심스럽게 담아두는 것이다. 벨빌 가문과 이들의 특이하고 유별난 직업은 현대적인 우화다. 이는 우리가 비유적으로 사실이라 여겼던 것을 문자 그대로 체현하고 있다. 바로 벤저민 프랭클린의 말처럼, 서양에서는 '시간은 돈'이라는 것이다.

더 많은 노동과 이윤을 위해

우리에게는 시간이 상품이라는 말이 상식처럼 느껴진다. 이런 생각은 평소에 쓰는 말 여기저기에 흩뿌려져 있다. 우리는 시간을 쓰고, 시간을 낭비하고, 시간을 아끼고, 시간을 잃고, 여분의 시간을 남겨둔다. 이런 종류의 시간은 우리 바깥에 존재한다. 독립적으로 진전하지만, 그래도 이 시간을 목적에 맞게 움직이고 조작할 수가 있다. 지난 200년 동안 이 목적이란 거의 똑같은 것이었다. 바로 부를 일구고 유지하는 것이다. 시간이 단순히 돈이기만 한 것은 아니다. 시간은 덫이기도 하다.

시간을 읽는 방식을 정확하게 다듬고자 너무나 많은 에너지를 쏟는 사회인지라, 우리는 시간을 얼마든지 쥐락펴락할 수 있는 것처럼 여기게 되었다. 처음에는 시간을 아끼려는 생각으로,

그다음에는 돈을 벌려는 생각으로 시간을 이리저리 가지고 놀았고, 지금도 여전히 그렇게 하고 있다. 1784년, 널리 인용되는 바로 벤저민 프랭클린이 파리 시민들에게 양초를 절약할 수 있도록 수면 주기를 바꿔보라고 제안했던 것은 풍자적인 뜻으로 한 말이었다. 그렇지만 100년이 흐른 뒤, 영국령 인도의 광활한 차밭에서 그 생각은 현실이 되었다. 당시 인도에서는 "차이 바간 타임" 또는 "차밭 타임"을 적용해서, 아삼주 북부의 시간을 나머지 지역보다 한 시간 앞당겼다. 오로지 낮에 차를 따는 시간을 최대화하려는 심산이었다. 봄에는 시계를 한 시간 앞당기고 가을이 되면 다시 한 시간을 되돌리는 일광 절약 시간제는 이제 현실의 당연한 부분이 되었다.

이런 제도를 시작한 건 1916년에 처음에는 독일인들이었고, 그다음에는 영국인들이었다. 제1차 세계대전 중에 연료를 아끼려는 목적이었다. 몇 년 뒤 미국이 이 개념을 받아들였을 때는, 표면적으로는 마찬가지로 절약을 이유로 내세웠지만, 실제로는 사람들이 깨어 있는 낮 시간을 늘려서 쇼핑을 하든 스포츠를 하든 여가 시간에 돈을 더 많이 쓸 기회를 만들기 위해서였다. 일광 절약 시간제는 더 많은 사람이 골프를 치게끔 불러오는 놀라운 일을 해냈다고 한다. 이게 과연 좋은 일인지 나쁜 일인지 고민스러울 수도 있겠지만, 골프를 치면 심지를 굳게 만드는 데 도움이 된다고들 하면서 말이다.

'국가'나 '민주주의' 같은 관념과 마찬가지로, 시간을 쥐락펴

락할 수 있는 대상이라고 여기는 것은 비교적 최근의 사고방식이다. 이는 발전이 일어났던 산업혁명 시기로, 특히 19세기로 거슬러 올라간다. 예를 들어 영국에서는 수많은 사람이 농업과 시골 마을의 생활을 버리고, 도시적인 삶과 공업 분야 일자리를 택했다. 무엇보다도 벌이가 훨씬 좋았다. 산업화는 서양 역사에서 핵심적인 발전이었다. 이것이 가능했던 까닭은 노예 노동과 전 세계 식민지에서 얻은 이익의 공이 크다. 식민지 주민들은 먼저 제조업에 필요한 원자재에 접근하도록 해주는 노동력 구실을, 그다음에는 완성품을 판매할 수 있는 시장 구실을 했다. 이윤과 발전을 끝없이 가져다주는 괜찮은 방법이었다. 당연한 얘기겠지만, 식민지가 사라지지만 않는다면 말이다(그리고 우리가 뒤늦게야 인정하게 되었지만, 원자재가 다 떨어지지만 않는다면 말이다).

공장 시스템의 형태를 갖추고 등장한 제조업은 단순히 경제를 혁명하는 정도가 아니었다. 이 제조업은 사람들이 일하는 방식을 완전히 뒤바꾸었다. 산업화 이전에는 사람들은 노동을, 그리고 그 연장선상에서 여가를 어느 정도 융통성 있게 관리할 수가 있었다. 일은 계절에 따라 이루어지며, 날씨, 수확물, 일광 시간에 따라 좌우되었다. 사람들은 원하는 대로 시간을 쓸 수가 있어서, 심지어는 밤 시간도 쪼개어 두 번 잠을 자면서 그사이 몇 시간을 깬 채로 보내고는 했다. 공장을 바탕으로 삼는 제조업 시스템이 자리를 잡아감에 따라, 사람들은 말하자면 24시간 내내 일해야 한다는 기대를 받았다. 혹사당하면서 노동을 하고, 손가락과 팔을 잃고, 이윤을 향한 갈망과 기계에 희생되었던, 이 시스템 속에서 착취를 당한 사람들, 산업 노동자들, 특히 많은 아동 노동자들의 역사는 우리에게 익숙하지만, 노동자들은 여기서 또 다른 것도 잃게 되었다. 자신들의 시간을, 그리고 그 연장선상에서 자신들 스스로를 다스릴 수 있는 자유와 능력을 잃은 것이다.

과학적 경영의 함정

19세기 말부터 20세기 초에 접어들 때까지, 서구 사회는 노동자들과 이들의 노동 시간을 효율과 이윤을 위해서 훨씬 더 쥐어 짰다. 이것이 가능했던 이유는 1920년대에 처음에는 미국에서, 그다음에는 산업화된 서양 전역에서 공장 소유주들을 자신의 손아귀에 거머쥐었던 한 남자의 공이 컸다. 그의 이름은 프레더릭 윈즐로 테일러였다. 역사상 최초의 경영 컨설턴트 가운데 한 사람이었다. 고용주들은 그에게 '스피디 테일러Speedy Taylor'라는 별명을 붙였다. 그는 존 헨리 벨빌과 마찬가지로 시계의 도움을 받아서 새로운 직업을 스스로 만들어냈다. 그는 공장에 나와 노동자들이 일과를 보내는 모습을 주의 깊게 지켜보았다. 테일러가 사업에 썼던 주된 도구는 스톱워치였다. 그는 사람들이 업무를 이루는 개별적인 요소를 완수하는 데에 들이는 시간을 아주 까다로울 정도로 측정했다. 작업 과정의 그 어떤 물리적인 요소도 그의 눈을 벗어날 수 없었다. 테일러는 효율성이라는 제단을 숭배했다. 가능한 한 적은 시간을 들여서 업무를 완수하는 최고의 방법을 찾아내는 것이 목적이었다. 노동을 조사하고 관리하는 영역에서 그가 일군 혁신 덕분에 "과학적 경영의 아버지"라는 명성을 얻게 되었다.

간단히 얘기하자면, 과학적 경영이란 노동자의 생산성과 효율성을 측정하는(그리고 측정을 바탕으로 향상하는) 합리적인 접근법이다. 테일러의 작업은 그 유명한 20세기 초의 '시간 동작 연구' 가운데 '시간'이라는 요소를 형성했다. 남편과 아내로 이뤄진 과학자 팀인 프랭크 길브레스와 길리언 길브레스가 '동작'이라는 요소를 제공했다. 이들은 특정한 업무를 완수할 때 가장 효율적인 동작을 찾아내고 적용하기 위해 노동자들을 촬영해 움직이는 방식을 잘게 나누어 살펴보았다. 테일러가 시간에 집중했던 경우와 마찬가지로, 여기서도 목적은 불필요한 움직임을 없애고 제일 효율적으로 결과물을 산출할 수 있도록 업무를 배치하는 것이었다. 시간 동작 연구의 영향력은 제조업을 훌쩍 넘어서서, 병원 업무로도, 그리고 은행업 같은 이른바 화이트칼라 산업으로도 무시무시할 정도로 뻗어 나갔다. 20세기에 테일러가 경영 컨설턴트의 신으로 추앙받았다고 해도 과장이 아니다. 그가 1911년에 펴낸 책『과학적 관리의 원칙』은 20세기 전반 비즈니스 분야의 베스트셀러였다. 경영계의 원로 피터 드러커는 이 책이 "『연방주의자 논집』(미국 헌법 제정자들이 미국 헌법을 비준하도록 설득하고자 쓴 논문 모음집)에 필적할 만한 책이며, 『연방주의자 논집』이래로, 미국이 서양 사상에 가장 강력하고도 지속적으로 영향을 끼치게 해준 책이다"라고 말했다. 그리고 테일러의 사상은 그 당시부터 오늘날에 이르기까지 은유적인 차원에서 모든 경영대학의 기반이 되었다. 여느 수많은 경우와 마찬가지로, 그 어떤 문제건 간에 해결책은 과학인 것이다.

제국주의는 식민지 주민들을 원자재의 원천이자 새로운 시장으로 취급했던 한편, 테일러의 효율성 패러다임은 모든 곳에 있는 노동자들을 기계처럼 취급했다. 노동자들은 이런 점을 금세 알아챘다. 책이 출간되었던 해, 테일러가 보스턴 중앙 노동조합에서 연설을 하는데, 한 조합원이 그를 따로 불러냈다. 그는 이렇게 말했다. "당신은 그걸 과학적 경영이라고 할지 모르지만, 저는 그걸 과학적 몰아가기라고 불러요." 테일러의 방법은 효율성과 생산성을 높였을지는 모르나, 사람들을 만신창이가 되도록 혹사시켰다. 노동자들이 이런 식으로 착취를 당하지 않도록 나서야겠다고 마음을 먹었을 무렵에는 이미 때가 너무 늦었다. 과학적 경영은 서양의 주류적인 사고방식에 스며들었고, 지금도 계속 스며들고 있다. 더 높은 효율성을 추구하려는 것이건, 효율성을 거부하려는 것이건, 또는 효율성에서 벗어나려는 것이건 간에, 우리는 끊임없이 효율성에 집착한다.

식민화된 지역 전반에서 나타나듯이, 테일러의 사상 속에도 일부 노동자가 다른 노동자들보다 우월하다는 생각이 내재적으로 자리 잡고 있었다. 결함도 있고 착취를 일삼는 시스템이었으나, 이 시스템에 적합하지 않은 사람들은 아예 부적합한 인간으로 취급되었다. 서양 문명의 역사 속에서 이 사상은 공간과 시간을 넘어 확장되었다. 더 많은 이야기를 찾아내려면 우리는 200년 정도 시간을 거슬러서, 지구 반대편으로 가야 한다.

서구 시간 개념의 한계

찰스 다윈 이전에도 최초의 오스트레일리아인First Australians에 관해 썼던 유럽의 탐험가와 정착형 식민주의자들은 많았다. 그렇지만 찰스 다윈의 생각이 향후에 얼마나 중요해졌는지를 감안한다면, 그가 무어라 말했는지 살펴볼 만한 가치가 있다. 다윈은 HMS 비글호를 타고 세계 일주를 하던 중에 최초의 오스트레일리아인들을 만났다. 비글호는 영국의 탐사선으로 지도 제작이 주된 업무였다. 특히 남아메리카 해안선 지도를 더욱 정확하게 그리는 임무를 띠고 있었다. 다윈은 비글호 선장의 동반자로 승선하게 되었으며, 언제든 가능할 때마다 해안에 내려 동물과 식물을 직접 관찰하며 시간을 활용했다. 다윈에게 이는 본래의 서식지에 살고 있는 동식물을 관찰하는 활동이었다. 수많은 동물을 죽이기도 했다. 이렇게 관찰한 내용들과, 영국으로 가져온 표본, 화석, 광물 수천 개는 자연 선택에 따른 진화라는 그의 이론의 기반이 되었다.

비글호는 1835년 말에 뉴질랜드를 방문한 다음, 1836년 1월에 오스트레일리아의 시드니만에 닻을 내렸다. 다윈을 비롯해 상륙한 사람들은, 이제는 시드니의 교외 지역이 된 파라마타에 들러 배서스트로 갔다. 1836년 1월 16일, 다윈은 일지에 이렇게 적었다. "석양 무렵에 운이 좋게도 오스트레일리아 흑인 원주민 수십 명이 지나갔다. 저마다 창과 다른 무기 더미를 익숙하게 들고 가고 있었다." 다윈은 원주민들이 창을 던져 백인 방문객들을 즐겁게 해주었다고 설명하며, 이들의 능력과 추적 기술에 감탄했다. 어찌나 감명을 받았던지 이런 말을 할 정도였다. "내가 보기에 이들은 조금 더 앞선 문명에 서 있는 것 같다. 조금 더 정확하게 얘기하자면, 푸에고섬 사람들보다 야만적인 정도가 조금 덜한 것 같다." 푸에고섬 사람들은 남아메리카 남쪽 끝에 있는 티에라델푸에고 주민들로, 다윈이 몇 달 전 여정 중에 만났던 사람들이었다. 이는 다윈이 장차 의견을 남기게 된 또 다른 토착민 집단이었다.

다윈의 연구는 과학적 사고에 혁명을 불러일으킬 자질을 갖추고 있었지만, 서양 과학자들이 다른 '인종' 사람들을 바라보는 많은 위계적이고 환원주의적인 방식들에 순응했다. 특히 아프리카, 남아시아, 오스트레일리아에서 온 피부색이 어두운 사람들은 인류의 사다리에서 제일 낮은 단계에 놓여 있다는 생각을 받아들였다. 이는 간단한 얘기는 전혀 아니었다. 다윈은 노예제 폐지를 지지하는 가정에서 성장했으며, 노예 제도에 강력하게 반대한 것으로 유명했다. 사실은 이것이 모든 인간은, 겉모습이 달라 보이더라도 공통의 조상을 두고 있으며, 똑같은 인간의 일원이라는 점을 입증하려는 주된 동기 가운데 하나였다. 다윈에 따르면, 노예 제도는 자연스러운 질서에서 한참 벗어나 있었다. 그럼에도 다윈은 인종에 관한 사상을 활용해 자연 선택을 주장하고 지지했다. 그가 일지에서 언급했던 푸에고섬 사람들은, 다윈의 시선에서는 생명체들을 배열했을 때 오랑우탄과 별로 멀리 떨어지지 않은 지점에 있어, 인간이 유인원에서 유래되었다는 관점을 정립하는 데에 도움이 되었다.

다윈은 모든 인간이 공통 조상에서 시작되었다고 믿기는 했었으나, 그런 한편으로 몇몇 인간 집단은 다른 집단보다 덜 발달되었고, 그에 따라 다른 집단보다 열등하다는 생각을 아주 기꺼이 받아들였다. 또한, 영국의 제국주의적인 계획이 중요하다고 생각했으며, 유럽의 서양 문명은 세계의 다른 지역보다 훨씬 더 발달한 단계에 이르러 있다고 믿었다.

비글호가 그 당시 '반 디멘의 땅'*으로 알려져 있었던 태즈매이니아에 갔을 때, 다윈은 이곳이 "원주민이 없다는 크나큰 이

---

* 현재의 태즈매이니아 지역을 가리킨다. 네덜란드령 동인도 총독이었던 반 디멘의 지휘를 받던 항해사를 통해 유럽인들에게 처음 알려지게 되어, 그의 이름을 따서 부르게 되었다. —옮긴이.

점을 누리고 있다"라고 적었다. 그랬던 까닭은, 앞서 5년 동안 영국인들이 얼마 남지 않은 지역 주민들을 인근 배스해협에 있는 섬으로 이주시켰기 때문이었다. 이들 대부분은 자연 면역을 갖추고 있지 않았던 새로운 질병에 무너져 내리거나, 쏘아 죽일 수 있는 지역 주민들 수에 따라 보상금을 받았던 영국인들에게 살해당했다. 다윈의 이론은 수많은 서양인이 한 세기도 넘게 주장할 사회적 다윈주의의 암묵적 가정이 탄생할 만한 바탕을 만들어주었다. 사회적 다윈주의자들의 주장이란 바로 뉴질랜드에 있는 마오리족과 더불어, 최초의 오스트레일리아인, 그리고 전 세계의 다른 토착민들은 너무나 원시적이고, 비문명적이고, 후진적이어서, 안타깝게도 멸종할 운명이었다는 것이다.

1836년 1월부터 다윈이 남겼던 일지에 우리의 흥미를 끌 만한 또 다른 점이 있다. 최초의 오스트레일리아인이 예상보다 덜 야만적이라는 사실을 알게 된 다윈은 이렇게 적었다. "그렇지만 이들은 땅을 경작하거나, 심지어는 자신들이 제공받은 양들을 군이 치거나, 집을 짓거나, 정착하지도 않을 것이다." 시간상으로는 아니더라도 공간상으로 정착하는 일은 문명으로 향하는 사다리를 한 칸 더 올라가는 중요한 단계였다. 반면에 옷을 별로 걸치지도 않고 돌아다니며 기껏 내어준 양에게 코를 들이대는 행동은 그 어떤 나은 곳으로도 데려가 줄 수가 없었다. 다윈과 유럽인들이 오스트레일리아를 처음 보았을 때 모르고 있던 사실은(솔직히 얘기해서 이들이 전혀 헤아리지조차 못했던 사실은) 바로 땅에서 산물을 얻는 방식은 한 가지만이 아니라는 점이다.

정착형 식민주의자들은 무엇이 농업인가에 관해 아주 특수한 시각을 지니고 있었다. 구체적으로 말하자면, 작물을 심고 기르고, 또 동물을 지키고 방목하는 일에 관해서 말이다. 자신들은 문명화된 사람이라 여기고, 최초의 오스트레일리아인은 야만적이라 보았던 식민주의자들의 시각은 곧 이들이 바로 눈앞에 있는 것들을 놓쳤다는 의미였다. 최초의 오스트레일리아인을 시간 속에 갇혀 있는 과거의 존재로 바라보는 관념은 다윈 본인이 다른 곳에서도 언급했다. 다윈은 푸에고섬 사람들에 관해 "본질적으로는 동일한 생명체라고는 하나, 이들의 정신은 교육을 잘 받은 사람의 정신과 닮은 면이 얼마나 적을 것인가. 푸에고섬의 야만인들과 아이작 뉴턴 경 사이에서 얼마나 큰 폭으로 진전이 일어났던 것인가"라고 썼다. 물론 시간의 본성을 이해하는 데는 뉴턴이 아닌 아인슈타인의 이론이 필요하다. 뉴턴은 중력이 당기는 힘 때문에 사물이 지구로 떨어진다는 결론을 내렸다. 아인슈타인은 물건이 전혀 떨어지지 않는다고 밝혔다. 우주란 모든 사물이 시공간이라는 구조를 통해 움직이는 곳이며, 시공간은 바로 그 사물들의 질량과 에너지에 따라 형성되고 뒤틀린다고 보았다. 한없이 복잡한 시간은 수없이 다양한 방식으로 생각할 수 있는 대상이었다.

'드리밍' 시간에 관한 새로운 개념

최초의 오스트레일리아인에게 시간은 돈이 아니었다. 시간은 재화가 아니라, 가장 효과적으로 공동체를 구성하고 주변 환경을 관리하는 방식이었다. 이와 같은 세계관에 붙인 영문 명칭은 드리밍Dreaming으로, 인류학자 W. E. H. 스태너가 1953년에 만들어낸 어휘였다. 유럽 계몽주의 사상가들에게 시간은 고정되고 선형적인 대상, 다시 말해 한 방향으로만 흘러가는 대상이었다. 결정적으로 이런 틀로 보면 시간은 측정 가능한 대상이 된다. 그리고 개별 생산 단위에서 측정한 시간이라든가, 인간의 기술 또는 사상의 진보의 척도라는 시간이라는 측면에서 본다면, 이런 시간은 확실히 서양의 구성물이다.

반면에 드리밍은 오히려 시간에 저항하거나 심지어는 시간을 거부하는지도 모른다. 사물이 변하지 않도록 막는 관념이라는 점에서 말이다. 드리밍은 동시에 모든 것이자 모든 곳이다. 이름에서 드러나는 것과는 반대로, 드리밍은 사실 아주 현실적이다. 드리밍은 시간이 시작되었을 때부터 최초의 오스트레일리아인들을 공간에, 즉 오스트레일리아 대륙에 고정시켰다. 드리밍은 장소, 이야기, 노래로 이뤄진 실천으로, 이 모든 것들은 동물과 식물과 인간의 탄생, 이들 사이의 아주 구체적인 연결과 관계, 여기에 더불어 역사적인 사건들을 설명한다. 드리밍은 서로 다른 가족, 씨족, 민족에게 특정한 동물과 식물을 토템으로 부여하는 분류학적 체계다. 사람들은 이렇게 정해진 토템과 직접 연결되며, 이들을 보살필 책임을 진다. 서양인들은 삶에 사용 설명서가 함께 따라오지 않는다며 애석해하곤 한다. 오스트레일리아에서는 드리밍이 이 부분을 어느 정도 채워준다.

드리밍은 770만 제곱킬로미터 범위를 아우르며 오스트레일리아 대륙 전체, 태즈매이니아섬, 그리고 토레스해협 제도를 하나의 총체로 연결한다. 이를 두고 오스트레일리아의 역사학자 빌 감마주는 "지구에서 제일 큰 단지"라고 칭했다. 감마주는 '1788년'이라는 말을 이용해 드리밍을 바라본다. 미국의 1492년에 상응하는 말이다. 1492년에 콜럼버스가 푸른 바다를 가로지르며 문명, 식민주의, 집단 학살을 이끌고 왔듯이, 1788년 1월에 아서 필립 선장은 열한 척으로 이뤄진 영국 함대를 이끌고 와서, 동료 식민주의자들이 뉴사우스웨일스라고 불렀던 지역을 식민지로 만들어 죄수 유형지를 세운다. 이 날짜들은 해당 장소에 유럽 식민주의자들과 정착민들이 없었던 때를 드러내는 동시에, 사상, 세계관, 생활 방식도 함께 아우른다. 최초의 오스트레일리아인과 유럽인들이 맞닥뜨렸던 1788년이라는 해, 그리고 드리밍의 이야기와 노래들은, 모두 이 커다란 단지를 이루는 땅을 어떻게 적극적으로 관리했는지를 이해하는 데 필요한 틀이다.

이 관리 기술의 핵심은 불의 사용, 그리고 오스트레일리아의 수많은 나무 가운데 어떤 종류가 불이 잘 붙거나 안 붙는지를 자세하게 이해하는 능력이다. 최초의 오스트레일리아인들은 제일 큰 효과를 보려면 한 해 중에 어느 시기에 불을 피우고, 얼마나 오래 피우고, 또 얼마나 뜨겁게 태워야 하는지를 알았다. 그들은 전략적으로 불을 피우면서 대지에 어떤 종류의 덩굴을 얼마나 퍼뜨릴 것인지를 관리하고, 새로운 풀이 돋아나도록 만들 수가 있었다. 새 풀은 캥거루처럼 풀을 뜯어먹는 동물들을 유인할 수 있다는 장점이 있었다. 그렇게 이끌려 오면 사냥할 수 있는 동물들이었다. 먹잇감으로 향하는 길을 닦을 수가 있고, 심지어는 더 편리하게도 먹잇감이 직접 찾아오도록 만들 수가 있는데, 먹잇감을 왜 굳이 쫓아다니겠는가? 이렇게 대단히 효과적이고 효율적인 시스템은 몇 세기에 걸쳐 만들어졌다. 오스트레일리아 대륙 인근 지역 모두를 드리밍으로 관리하던 1788년의 시점에서 본다면, 야생 같은 것은 없었다. 모든 땅은 관리가 필요한 곳이었으며, 사람들은 오랜 세월 동안 바로 그렇게 관리를 해왔다.

이 모든 지식은 복잡한 구술 전통을 거쳐 수집되고 전달되었다. 남아메리카 대륙의 잉카 키푸와 마찬가지로, 서양인들은 문자로 남지 않는 의사소통 양식은 원시적이고 부정확하다며 일축하려 했다. 전혀 그렇지 않았다. 드리밍 지식은 특수하면서도 보편적이어서, 오스트레일리아 대륙을 종횡으로 가르며 노랫길이 뻗어 있다. 전통은 아주 잘 발달되고 섬세해서, 대륙을 제일 잘 관리하는 방법을 담은 이런 노래들은 공간과 시간을 넘어 전달되면서도 정확성을 유지했다. 심지어는 대륙을 가로지르며 다른 언어로 번역이 되어서도 말이다.

설령 '스피디 테일러' 프레더릭 윈즐로가 자신이 굳게 믿는 스톱워치를 가지고 오지를 들쑤셨더라도, 이 오래된 땅 관리 시스템의 놀라운 효율성에 놀랄 가능성은 별로 없었을 것이다. 감마주는 드리밍에 들어 있는 방법과 기술에는 모두 땅을 적극적으로 관리하는 일이 들어가지만, 전혀 노동집약적인 방식도 아니고, 또 시간집약적인 방식도 아니라고 주장한다. 테일러식 시간 경영이라는 측면에서 본다면, 드리밍은 자연스럽고 원활하면서 아주 효율적이었기 때문에 서양인들은 무슨 일이 일어나는지 거의 알아채지조차 못했을 것이다. 혼란스러운 면도 거의 없었다.

서양인들이 드리밍을 이해하지 못한 또 다른 이유는 문명화된 사람들과 비교해서 야만인들이 할 수 있는 일에 관한 이들의 관념이 너무나 제한적이었는지라, 이 틀을 넘어서서 주변을 둘러싼 현실을 인정할 수가 없었기 때문이었다. 이들은 자신들이 눈으로 직접 보는 것들을 믿지 않으려 거부했다. 몇몇 유럽 과학자들이 인종차별적인 유형 분류 체계를 고안했을 때와 마찬가지로, 이번에도 역시나 정착형 식민주의자들은 자신들 주변의 세상은 인간이 발명해낸 것이 아니라 자연스러운 결과로만 바라보았다.

쿡 선장부터 시작해서 오스트레일리아를 찾은 사람들은 이 땅에서는 나무 아래가 깨끗하고, 나무 자체만 봐도 의도적으로 배치가 되어 있고 서로 간격도 넉넉하다는 사실을 발견했다. 오스트레일리아 내륙을 설명하며 로버트 다우슨이라는 영국 정착민은 이렇게 썼다. "오스트레일리아에서 여행객들이 가는 길은 보통 숲 사이로 나 있다. 여기서는 나라가 원경으로 보인다. 원시적인 사회와 문명적인 사회가 유쾌하게 뒤섞여 있는 모습이다." 다우슨과 같은 유럽인들은 오스트레일리아의 풍경을 꾸준하게 "공원park"이라 설명했다. 인클로저 운동이 증가하던 시기에는 오로지 한 가지 의미만 지니는 말이었다. 바로 의도적으로 관리를 하고, 관습적으로 부유한 사람들이 소유하는 땅이라는 뜻이었다. 호화롭고 부유한 생활을 영위하는 사람이 소유한 곳이 아닌데도 공원이 있다는 사실은 유럽인들이 상상할 수 있는 수준을 넘어선 것이었다. 또한 이루 말할 수 없이 편리하기도 했다.

앞서 살펴보았던 것처럼, 계몽주의의 합리적인 원칙에 따르면 오로지 '적극적으로' 관리가 되는 곳이어야 땅을 소유한다고 할 수가 있었다. 그렇다면 오스트레일리아에서는 백인 정착민들이 대륙 전체를 마음대로 할 수가 있었다. 유럽인들의 눈에는 땅에 아무런 관리 활동도 이뤄지지 않아 보였기 때문이다. 또 이들의 눈에는 자신들의 식민지 정착지를 가로막을 진짜 사람들이 없었기 때문이었다.

이처럼 최초의 오스트레일리아인들을 인간 이하로 바라보는 관념은 땅과 사람 모두에게 파괴적인 결과를 낳게 되었고, 이는 지금도 여러모로 이어지고 있다. 다윈에 이어서 고고학자들과 인류학자들은 최초의 오스트레일리아인들, 특히 태즈매이니아 섬에 살던 사람들은 살아 있는 인간보다는 화석에 더 가깝다고 여겼다. 어떤 사람들은 태즈매이니아 사람들이 진화의 사슬을 이루는 미싱 링크라며, 현생인류와 과거 조상들을 이어준다고 바라보았다. 그렇게 해서 이들은 서양이 만든 틀 속에 가만히 얼어붙어, 시간이 흘러도 변치 않는 일종의 민속학적 현재가 되었다. 바로 이것이 몇몇 학자들이 얘기하는 인간의 역사화다. 즉, 한 집단을 특정한 시기에 갇혀 있는 것으로 보고, 또 이와 동일한 맥락에서 문명화의 척도 중에서 특정한 단계에 머물러 있다고 여기는 것이다.

고유한 시간이 묵살된다는 것

그 뒤로 한 세기 동안 최초의 오스트레일리아인들을 바라보는 서양의 시각은 그 당시에 지배적인 학문적 사상에 따라 달라졌다. 20세기 초에 우생학의 인기가 높아지자, 최초의 오스트레일리아인들은 "하프 카스트half-caste• 문제"의 초점이 되었다. 간단히 얘기하자면, 오스트레일리아 원주민과 백인 정착민 식민주

• 여러 인종의 혈통을 지닌 후손들을 가리킨다. 오스트레일리아 정부가 동화 정책을 펼칠 때 사용하거나, 대영제국의 식민지 관료들이 토착민 집단을 분류할 때 사용한 용어다. ―옮긴이.

의자 모두를 부모로 둔 최근 세대들을 어떻게 하면 좋을 것인가라는 문제였다. 정착민들의 태도는(어차피 중요한 것은 이 사람들의 관점이었다) 둘로 나뉘어, 백인 인구에 포함해야 한다고 보는 이들이 있었고, 독립적인 공동체로 만들어 정부 지원금으로 도와야 한다고 생각했다. 결국은 인종적인 퇴보에 관한 우려가 우세해져, 아이들을 가족한테서 떼어내어 고립된 학교와 캠프에서 기르는 결과를 낳았다. 이 모두 "흑인을 번식 과정에서 제거한다"라는 의도였다.

2020년대 초, COVID-19 팬데믹이 일어나기 전, 가장 큰 자연재해는 통제할 수 없이 오스트레일리아 대륙에 퍼지는 산불이었다. 이런 산불은 상당 부분 정착형 식민주의자들과 서양의 농업 활동이 끼친 피해 때문이었다. 콕 집어 얘기하자면 이제는 오스트레일리아 대륙의 광활한 지역들이 양을 방목하는 데에 쓰이기 때문이었다. 양은 문명적인 선택지였을지는 몰라도, 전통적인 불 관리 체제가 사라졌다는 점과 더불어서 바로 이 양이 땅을 망치는 데에 한몫했다.

그 결과로 방대한 양의 지식이 손실되고 사라졌다. 오리너구리가 정말로 알을 낳는다는 사실을 서양 과학자들이 받아들이는 데에는 85년이 걸렸다. 최초의 오스트레일리아인들이 처음부터 서양인들에게 얘기했던 사실이었다. 공동 연구를 통해 오랜 옛날에는 최초의 오스트레일리아인들이 지금은 멸종한 고대 동물들과 함께 살았다는 사실이 이제는 일반적으로 받아들여지게 되었다. 최초의 오스트레일리아인들이 온전한 시민권을 얻은 것은 1984년이 되어서였다. 그들을 지역의 식물상과 동물상의 일종으로 분류해야 한다는 근거 없는 생각이 오랫동안 자리 잡고 있었다. 이는 사실은 아니었지만, 이런 생각을 너무나 많은 사람이 믿고 되풀이한다는 사실은 폭넓은 진실을 잘 보여준다. 오스트레일리아에서 제일 존경받는 토착민 학자 가운데 한 사람인 마샤 랭턴은 이렇게 얘기한다. "우리는 식물상과 동물상 법의 적용 대상이 되지는 않았지만, 동물처럼 취급을 받았습니다."

대영제국의 권세를 떠올리게 하는 정착형 식민지 가운데 하나인지라, 현대 오스트레일리아는 확실히 서양의 일부라 할 수 있다. 거북할 정도로 느린 과정을 거치며 백호주의 같은 이데올로기는 더 큰 사회적 평등을 위한 통합에 자리를 내어주고 있다. 그렇지만 현대 오스트레일리아는 찰나에 불과하다. 최초의 오스트레일리아인들은 그 땅에서 천 년 동안을 살았고 큰 영향을 끼쳤다. 전 세계의 수많은 토착민들과 식민 지배를 당한 사람들과 마찬가지로, 결코 문명화될 수 없는 사람들이라고 여겨지는 바람에 최초의 오스트레일리아인들이 지니고 있었던 시간, 우주, 그리고 그 모든 것에 관한 관념은 폄하되거나, 묵살당하거나, 무시당했다. 이들의 관념은 물론 문자로 기록되지 않은 것들이다. 3장에서 살펴봤던 것처럼 말이다. 이 점이 서양인들 앞에서 이들의 존재를 훨씬 더 작아지게 만들고는 한다.

앞부분에서 나는 시간이 어떻게 해서 구성되었는지를 이야기했다. 시간이 구성되었다고 한다면, 시간이라는 관념이 지닌 정치적 함의를 염두에 두어야 한다. 인도의 역사학자 디페시 차크라바르티는 우리가 경험하는 현실에서 시간이란 누가 이를 구성하는가에 따라 좌우된다고 말했다. 오스트레일리아 대륙을 가로지르고 세대를 내려오며 전해진 땅 관리 원칙은 있는 그대로의 모습을 지키는, 그 안에서 살아가는 사람들을 편안하게 지탱해줄 수 있는 시스템을 유지하는 복합적인 방법이다. 진보라는 합의에 의존하고 있던, 그리고 나아가서는 진보는 오로지 서양의 권한이라 여겼던 시각에 의존하고 있던 서양의 문명화 사명이라는 맥락 속에서는 이런 사실이 전혀 말도 안 된다고 여겨졌다. 자신들이 만든 틀 안에 둘 수 없는 것이었다. 일단 다른 집단을 열등하다고 취급해야, 그들에게 자신의 우월함을 보여줄 수가 있다. 그 대가로 우리는 좁고 옹졸한 시간 너머의 세계를 떠올리는 능력, 그리고 다른 비서구적 세계관과 그 밖의 시각들도 가치가 있다고 인정할 수 있는 능력을 잃고 말았다.

걷잡을 수 없이 조여오는 덫

현대, 말하자면 산업화 이후의 서양에서는 산업혁명 시기에 재화가 되었던 시간이 무언가 다른 형태로 탈바꿈했다. 이 역시도 우리 사회의 구조에 거의 똑같이 해를 입힌다. 바로 바쁨이다.

우리는 너무 바쁘다.

바쁨이란 존재 상태이자 지위의 상징이다. 바쁨은 영광의 휘장이다. 딱히 대단한 일을 하지는 않더라도, 바쁘다는 것은 좋다. 활동은 성취를 대신할 수 있으며, 효율성을 대신 표현하는 의미에서 직장에서 과도하게 오랜 시간을 보내는 일은 성공을 위해서라면 꼭 필요한 길이다. 처음부터 이랬던 것은 아니었다. 경제학자 존 메이너드 케인스는 기술이 발전하면 사람들은 하루 세 시간만 일해도 될 것이라고 예상했다. 1964년, 잡지『라이프』는 과도한 여가 시간이라는 재앙이 슬금슬금 닥쳐오는 데에 초점을 맞춰 두 번에 걸친 시리즈 기사를 발표했다. 기사는 노동하지 않는 쉬운 삶에 대처하는 전략을 소개했다. 그래서 현재는 어떠한가? 간단히 답하자면 우리는 옴짝달싹할 수가 없어졌다. 최초의 오스트레일리아인들을 시간 속에 얼어붙어 있는 살아 있는 화석이라며 오해했던 것처럼, 우리는 시간이라는 구성물 안에 갇혀 있다. 이 구성물은 스스로를 재생산한다. 그래서 우리는 기진맥진할 지경으로 일을 해야 한다고 느낄 정도다. 서양의 관념이라는 측면에서 보면 노동은 필연적으로 계급과 결부된다. 기술이 필요한 일이든 그렇지 않은 일이든 육체 노동을 하는 블루칼라 노동자들이 있다(이렇게 구분하는 방식 자체가 일이 된다). 여기에다 책상, 서류 작업, 회의, 관리를 맴돌며 일하는 화이트칼라 노동자들이 있다. 은퇴할 나이를 넘기고 일을 하는 그레이칼라 노동자들도 있고, 심지어는 전통적으로 여성들이 하는 일을 하는 핑크칼라 노동자들도 있다.

그렇지만 칼라 색이 어떻든, 우리는 진이 빠질 정도로 일을 할 가능성이 크다. 제로아워 계약*의 위험성이나 화장실 갈 짬도 없는 공장 노동자와 배달 노동자에 관한 뉴스가 간간이 들려오고, 여기에 덧붙여서 일자리를 잃을까 두려워 일터 화장실에서 출산을 하고 곧바로 조립 라인으로 돌아가는 사람들에 관한 헤드라인은 충격적일 정도로 많다. 보수를 넉넉히 받는 중간관리직이나 전문직도 예외는 아니다. 『뉴욕 타임스』에는 책상을 뺄까 봐 두려워하거나, 예고 없이 해고를 당해 사색이 되었거나, 업무 시간에 이메일 답신을 하지 않았다고 질책을 받거나, 이 모든 스트레스 때문에 키보드에 대고 고함을 지르는 아마존의 화이트칼라 노동자들의 모습이 담긴 기사가 자주 실린다. 프리랜서 직군에도 노동은 최고의 덫이다. 시간은 돈이기 때문이다. 잊어서는 안 된다. 올리버 버크만은 자신의 책 『4000주』에서 인간의 삶의 길이가 평균 4000주라는 이 단순한 계산이 지닌 진정한 인생의 함의로 정곡을 찌른다. 특히, 돈을 벌겠다는 생각으로 효율성에만 초점을 맞춘다면 우리가 무엇을 잃고 놓칠 것인지 얘기한다. 우리는 이렇게 생각하는지도 모른다. 대체 왜 취미생활,

* 고용주가 고용인에게 최소한의 업무 시간을 보장해주지 않아도 되는 계약을 가리킨다. 고용인은 고정급을 보장받지 못하며, 실제로 일한 시간만큼 보수를 받는다.—옮긴이.

친구들, 가족에게 시간을 쏟아야 하지? 왜 파티에 가거나, 일생에 한 번쯤 가볼 만한 세계여행을 떠나야 하지? 귀중한 일 분 일 초를 차곡차곡 모으면 곧바로 은행 계좌로 들어가는데, 정말이지, 대체 왜 일이 아닌 다른 활동을 해야 하지?

시나리오야 어떻든, 이 모든 것들이 우리 스스로 만든 덫이라는 것을 쉽게 파악할 수 있다. 이렇게 지내오는 동안 우리는 시간을 놓치고 말았다.

"벽에 붙어서 너희를 비웃는 시계는 너네 상사라는 사람들 소유일지도 몰라. 그렇지만 친구들아, 시간은 너희들 거야." TV 드라마 〈세브란스: 단절〉에 나오는 가상의 자기계발서, 『있는 그대로의 당신*The You You Are*』에 나오는 경구 가운데 하나다. 이 작품은 오늘날 화이트칼라 노동자들의 일터를 그 논리적 귀결이라 할 수 있는 디스토피아적 차원으로 끌고 간다. 그 세계에서 노동자들은 자신들의 의식을 노동하는 페르소나와 노동하지 않는 페르소나로 나누는 데에 동의한다. 각 페르소나는 상대방의 존재를 알지만, 둘 중 어느 쪽도 상대방이 같은 시간에 무슨 행동을 하는지, 언제 출퇴근을 하는지는 모른다.

우리가 노동 생활을 할 수 있도록 이끌어주는 자기계발서가 필요하다는 생각은 너무나도 일리가 있다. 평일이면 내 받은편지함에는 나의 노동 페르소나가 누구인지, 이를 어떻게 활용해야 제일 이득을 볼 수 있는지, 번아웃을 예방하거나 번아웃에서 회복하는 방법은 무엇인지, 그리고 내가 우리 사회의 쓸모 있고 생산적인 일원이라는 점을 보여주려면 어떤 옷을 입어야 하는지를 알려주는 글이 가득 담긴 뉴스레터가 넘쳐난다. 나는 그 글들을 꼼꼼히 읽는다. 받은편지함에 들어온 것들은 으레 그렇게 다뤄야 하니까. 설령 실제로 하는 일과는 아무런 관련이 없더라도 말이다.

서양 세계에서 노동을 바라보는 방식의 특징은 노동하는 자아를 거의 완전히 분리된 페르소나로 취급하는 내 사고방식과 꼭 들어맞는다. 나는 하루를 마치며 일을 끝내고 노트북을 덮을 때면, 잠시 동안 완전히 어리둥절한 상태가 된다. 마치 꿈을 꾸다가 깰 때처럼, 이 질문을 던질 수밖에 없다. "그래서, 나는 누구지?" 그러고는 나를 조각조각 끼워 맞춘다.

디스토피아적인 대체 우주에 나오는 가상의 안내서일지언정, 안내서가 존재한다면 사무실을 관념적으로 폭파하는 데에 도움이 될 것이라는 생각은 마음을 홀가분하게 만드는 동시에 우울하게 만든다. 나는 정말로 그렇게 하고 싶다. 다만 어떻게 해야 하는지를 모를 뿐이다. 사무실을 부숴버린다는 것은 문명화된 삶의 그럴싸해 보이는 요소들을 포기한다는 뜻이다. 노트북부터 시작해서 그 안에 든 복잡한 생각들까지 모두 말이다. 시간은 일어나는 것들의 척도일지 모르나, 내가 제자리에 머무르기 위해서 할 수 있는 전부이기도 하다. 우리에게 필요한 것은 사용설명서가 아니라 드리밍 같은 것이다. 세상에 관한 유용한 관념과, 세상 속에서 의미 있게 살아가는 방법 말이다.

몰타의 수도인 발레타에서 1580년대에 건설된 역사적인 궁전인 카사 로카 피콜라를 관람하던 중, 벽에 그림처럼 걸린 골동품 시계가 눈에 들어왔다. 매끄러운 직사각형 틀에 넣어둔 시계 문자판에는 목가적인 풍경이 그려져 있었고, 그 둘레에는 양식에 따라 그린 꽃으로 장식되어 시간을 알려주는 로마 숫자가 쓰인 원이 둥글게 늘어서 있었다. 이 시계에는 눈에 띄는 특징이 있었다. 이 시계에는 시침만 있었다. 가이드에게 이 점에 관해서 물어보자, 가이드는 그 시절 이 집에 살았던 부유한 사람들에게는 시계가 시만 알려주면 충분히 정확했던 것이라고 설명해주었다. 하루 중에 대강 몇 시인지만 알면 되었다. 그러면 다음 기도 시간이나 식사 시간이 언제인지 알 수 있었던 것이다. 그 사람들은 참 좋았겠다고 생각했다.

7장

국가는
당신을 원한다

— 국민

Your country
needs you

'인도'계 '영국'인

어느 날의 영국 이민국 대기 줄. 나와 함께 인도 재외 시민Overseas Citizen of India이 되기 위한 여정에 나선다고 상상해보자. 인도 재외 시민은 인도 밖에 살고 있고, 현재 인도 시민권이 없는, 인도 출신인(즉, 본인이 인도 국민으로 태어났거나 부모님이 인도 국민으로 태어난) 사람들에게 부여하는 정치적인 지위다. 여기서 마음이 저미는 동시에 짜증이 나는 점은, 타고난 나 자신이라는 사실을 공식적으로 인정받기 위해서 이미 상당한 노력을 들였으며 또 상당한 비용을 들일 예정이라는 점이었다. 인도 국적의 시민임을 인정받기 위해서 말이다. 그렇지만 인도는 영국과의 이중 국적을 허락하지 않는다. 그래서 영국 시민으로 귀화했을 때, 인도 여권을 포기해야 했다. 그러다 보니 나는 이민국 대기 줄에서 있느라 부당하다 싶을 정도로 많은 삶을 할애했고, 이렇게 대기하는 일은 이루 말할 수 없이 끔찍하다. 앞으로의 삶과 행복이 국가의 요식 체계에 따라 좌지우지될지 모른다는 상황은 썩 유쾌하지 않다. 여러분이 어디 소속인지를 여러분 자신이나 친구, 가족이 아닌 다른 누군가가 말할 권한을 지닌다는 점은 유쾌하지 않을 것이다. 그런 한편으로 나의 이런 상황은 엄청난 특권이기도 하다. 나는 목숨이 위험해서 고국에서 도망치는 것도 아니고, 모든 절차를 거치려면 돈이 많이 들기는 하지만, 그래도 부담할 수 있는 수준이기 때문이다. 그렇지만 여전히 다리는 마치 전혀 다른 생물인 것처럼 제멋대로 움직이고, 강박적으로 서류를 살피고 이를 간다.

가방 안에는 신청서를 작성하는 데 필요한 서류들, 공증을 마친 사본들, 그리고 내 주장대로 나는 내가 맞다고 증명하는 신청 양식이 들어 있다. 오늘은 갑자기 기억상실증이나 해리성 둔주에 걸리는 드라마 속 등장인물이 되기 좋은 날일지도 모른다. 지금 나는 내 정체성을 증명하는 확실한 증거를 모두 가지고 있으며, 내 존재가 가방 속에 담겨 내 어깨에 달려 있다. 이 모든 이야기는 아마 3분 안에 끝날 것이다.

어쩌다 보니 인도에 가기 위해 여행 비자를 신청하러 온 호감 가고, 참을성 많고, 젊은 영국 남자와 얘기를 나누게 되었다. 지금은 은퇴해서 인도에 사는 우리 어머니를 방문하기 위해 나도 몇 달 전에 똑같은 절차를 거친 적이 있었다. 비자를 받아서 입국을 해야 하지만, 막상 그 나라에 들어가면 누군가가 내게 도로 꺼지라고 말할 수도 있다는 아이러니는 내게 너무나 강력하게 작용한다. 솔직히 이런 점 때문에 넌덜머리가 날 지경이다. 그는 인도 북부 음악을 연구하는 역사학자였다. 19세기 벵골 지역의 고전적인 음악이 전문 분야였다. 벵골어를 유창하게 구사했고, 읽을 줄도 알았다. 내가 벵골어를 읽으면 다섯 살짜리 아이가 소리 내어 읽는 것 같았지만, 그는 평생 벵골어를 써왔던 사람처럼 자신 있고 유창하게 읽었다. 그는 벵골의 역사를 풍성하게 알고 있었고, 영국과 인도 양쪽에 인도 친구들이 많았으며, 인도 곳곳을 많이 돌아다녔다. 그에게 내 신청 양식을 건네주며 "저기 말이에요, 이거 받으세요. 당신이 가지고 있어야 해요. 그 어떤 미래의 제 모습보다도 당신이 훨씬 더 인도인이네요"라고 말하고 싶은 생각이 들 정도였다. 나는 내가 갈색 피부인 사람 가운데 제일 백인스러운 사람이라고 종종 얘기하는데, 이 말이 정말로 딱 맞아떨어지는 경우는 바로 이런 때다.

영국을 향한 나의 사랑은 어릴 때부터 시작됐다. 교육의 영향이 가장 컸다. 유명 어린이 도서 『톱시와 팀이 바닷가에 갔어요*Topsy and Tim Go to the Seaside*』부터 『악동 오총사*Famous Five*』 시리즈와 『지브스 앤드 우스터*Jeeves and Wooster*』 시리즈까지, 중동에 있는 영국 학교의 도서실에 있던 그 모든 책은 정말이지 순수한 영국다움이라는 명예롭고 매력적인 그림을 그려냈다. 나는 그 영국다움에 푹 빠졌다. 이는 오늘날까지도 이어지는 감정이다. 새로운 곳을, 이를테면 코츠월드나 노스 노퍽 해안이나 웨일스 접경지대를 찾아간다고 쳐보자. 책에 묘사되었던 모습과 정확히 똑같다는 점 때문에 아찔해서 스스로를 꼬집어야 할 것이다. 정말이지 너무 영국적인 모습이니까.

런던에서 20년을 넘게 살았는데도, 헝거퍼드 다리에 서서 템스강과 사우스뱅크를 바라보면 성공한 삶이라는 기분이 든다. 영국, 특히 검은 택시, 토마토처럼 빨간 이층 버스, 녹음이 우거진 대로가 있는 런던은 한때 꿈의 장소였다. 그곳에서 산다는 것은 꿈 그 이상인 것만 같았다. 내 꿈이 이뤄졌다는 사실은 기적 이야기나 다름없다.

영국에서 오랜 시간 거주하고, 엄청난 양의 행정 업무를 거친 후 나는 영국 시민이 되었다. 다양한 비자에 신청서를 냈고, 시민권 시험을 통과했고, 귀화를 신청했고, 인도 여권을 반납했다. 하운슬로 시청에서 열리는 기념행사에 갔고, 시장은 여왕을 향한 나의 충성 맹세를 들은 후 기념 티스푼을 내게 선사했다. 여기서 일어났던 일은 비유적으로 보면 한 국가의 행정적인 망토를 걷어내고, 다른 망토를 두를 수 있도록 하는 것이었다. 물리적으로는 아무런 차이도 못 느꼈지만 실질적으로는 모든 것이 바뀌었다.

영국인이 되기로 마음먹었던 주된 동기는 누군가가 언제라도 나를 내쫓을 수 있다는 낮은 차원의 두려움을 끊임없이 느끼는 일 없이 영국에 머무르고 싶다는 바람이었다. 영국인이 되자 생각지도 못한 권리가 생겼다. 예전보다 훨씬 더 쉽게 여행을 할 수 있게 되었다(영국 여권 소지자는 189개 국가에 갈 수 있다). 영국인이 되고 난 뒤로 내가 방문한 국가의 수는 11개에서 57개로 급증했다. 물론 이는 나이가 많아지면서 여유가 생겼기 때문이지만, 그와 동시에 다른 나라로 가고 싶을 때마다 비자를 신청할 필요가 없어 여행이 완전히 식은 죽 먹기가 되었기 때문이기도 하다. 알고 보니, 영국 여권은 세계를 보는 티켓이었다. 이는 누구를 들일 것이고 누구를 내쫓을 것인가에 관한 나라 사이의 협약에 대영제국이 끼친 영향 탓이 크다.

베네딕트 앤더슨의 국민 개념

여기서 핵심 질문은 이것이다. '국민'이란 무엇인가? 국민의 본질은 무엇인가? 우리 부모님 모두 영국 국민으로 태어났는데, 나는 왜 부모님과 똑같은 곳에 오기 위해 이 모든 복잡한 절차를 거쳐야 했는가? 일단 국민이 어떤 의미인지, 그리고 어쩌면 이보다 더 중요하게는 국민이 어떻게 이렇게 많은 의미를 지니게 되었는지를 이해하려면, 국민 개념의 역사를 살펴볼 필요가 있다. 역사적으로 살펴본다면, 공통의 정체성으로 묶인 사람들을 뚜렷한 경계 안에 담고 있는 장소라는 의미의 국가 개념은 상당히 현대적인 것이다. 국가의 발전, 그리고 다양한 국가들이 고유한 의미의 국민을 발전시킨 과정은, 앞서 살펴보았던 민주주의가 전 세계에 꽃을 피우는 과정과 시간이나 공간 측면에서 상당히 동일한 패턴을 따르고 있다. 1914년, 제1차 세계대전이 발발하기 이전, 주권국가의 수는 50개였다. 오늘날에는 거의 200개에 이른다. 물론 이 과정을 서양 사회의 합리적인 진보의 핵심이라 개념화하는 주장의 비중은 여전히 크다. 민주주의와 마찬가지로, 국민을 형성하는 일은 문명화 과정의 자연스러운 종착지처럼 여겨진다. 국민은 현대성을 향한 문명적인 사람들의 여정의 마지막 단계인 것이다.

1830년에 독일의 철학자 게오르크 빌헬름 프리드리히 헤겔은 이렇게 선언했다. "인간의 존재에서 중요한 목적은 국가를 이루고 그 상태를 유지하는 것이다. 국가를 이루지 않는 사람들에게 (…) 진정한 역사란 없다." 자기를 존중하는 사회라면 자신의 존재에 대한 자각도 커야 한다는 논리다. 여기서도 다양한 인간 집단이 다양한 자각과 자치의 단계를 거치며 진보할 것이며, 문명을 이룰 수 있는 집단이라면 자신들의 국민국가를 지배함으로써 문명을 이룩할 것이라는 생각이 등장한다. 그렇지만 국민이라는 개념은 우리가 지금까지 만났던 것보다 훨씬 복잡하다. 서양의 국가들이 모양새를 갖추는 데는 합리주의와 더불어 낭만주의도 상당한 역할을 했기 때문이다.

정치학자 베네딕트 앤더슨의 책 『상상된 공동체』를 언급하지 않고 서양의 국민 개념을 살펴보기란 거의 불가능하다. 앤더슨의 삶은 범세계적이었다. 앤더슨의 아버지는 영국계 아일랜드인이었고, 어머니는 영국인이었으며, 앤더슨 본인은 중국 윈난성의 성도인 쿤밍에서 1936년에 태어났다. 그는 이튼 스쿨에 진학한 다음 케임브리지대학교와 코넬대학교에서 공부를 이어갔으며, 인도네시아어, 태국어, 타갈로그어(필리핀의 공용어)를 비롯해 여러 동남아시아 언어를 구사했다.

앤더슨은 1983년에 펴낸 이 책에서는 국민국가란 실제로 존재하지 않는 장소에 관한 소속감으로 연결된 커다란 인간 집단들이라고 얘기하고 있다. 부모님의 문화권과 다른 문화권에서 태어나고 자란 내가 보기에는 완벽하게 납득이 가는 말이다. 우리는 정치적이고 문화적인 연대를 바탕으로 하는 통일체라는 생각을 품고 사회적 구성물이라는 영토에 다시 발을 들여놓게 된 것이다. 달리 얘기하자면, 평범한 영국인인 나는 이렇게 공유하고 있는 국민적인 소속감을 통한 연결고리 빼고는, 길거리에서 마주치는 (나와 아무런 관계가 없고, 내 친구도 아닌) 사람들과 전혀 연결고리가 없다는 의미다. 『상상된 공동체』는 학술적인 책이지만, 이 책에서 언급하는 것은 많은 사람에게 강력한 현실이다. '영국다움'을 규정하는 포장지는 단순히 영국 제도의 해안선과 아일랜드 공화국의 국경이 이루는 물리적인 공간이 아니다. 그 모든 아일랜드, 웨일스, 스코틀랜드, 잉글랜드의 정체성, 역사, 전통, 여기에 악용과 오해까지 전부 뒤섞여 '영국다움'을 이룬다.

피쉬 앤 칩스, 끝없이 마시는 차, 줄서기, 빨간색 공중전화 부스, 초콜릿 상자 모양 마을, 둥글게 감싸고 있는 초록빛 언덕들, 교회 첨탑들, 모리스춤, 레드 에로우즈Red Arrows, 글래스턴베리, 버드나무에 부는 바람, 엘가의 수수께끼 변주곡, 몬티 파이튼, 더 클래쉬, 아, 목동아Danny Boy, 스코틀랜드의 꽃Flower Of Scotland, 브레드 오브 헤븐Bread of Heaven, 이점비드 킹덤 브루넬, 산업혁명, 영령 기념일의 양귀비, 서프러제트 운동, 엠파이어 윈드러시 호, 진주로 장식한 왕과 여왕의 전통 자선 행사, 국민 의료 보험NHS, 여왕(또는 왕), 제임스 본드, 아크람 칸, 불의 전차, 미스터 빈, 디 아처스, 마법의 빗자루, 네 번의 결혼식과 한 번의 장례식, 펫 샵 보이즈, 폴 매카트니, 데이비드 보위, 그리고 본보기라 할 수 있는 2012년 런던 올림픽에서 개막식 행사에 등장했지만 미처 옮기지 못한 수많은 것들이 있다. 상상된 공동체를 구축하는 과정은 지형도를 친구와 가족으로 뒤바꾸는 과정이다.

앤더슨의 국민 개념은 세 가지 전제를 바탕으로 상상된 것이다. 앤더슨은 국민이란 경계가 있고, 주권을 지니며, 공동체라고 말했다. 앤더슨에 따르면, 국민이 경계가 있는 이유는 유한하기 때문이다. 그 경계는 유연하고 시간이 흐르면서 바뀔 수는 있지만, 본질적으로 특정한 국민 개념이 결코 인류 전체를 아우를 수가 없다. 경계 바깥에는 언제나 다른 국민들이 있다. 주권과 관련해서는 국민국가의 부상은 계몽주의 시대로 거슬러 올라간다고 말했다. 그리고 이는 종교적인 권위가 지닌 위계적인 성질을 타파하는 것을 목표로 삼았던 혁명이었다고 주장했다. 주권이 있는 국민은 자율성과 스스로 결정을 내릴 권리를 지니고 있다. 또는 역사적인 차원에서 조금 더 구체적으로 얘기하자면 교회가 무얼 하라며 명령을 내릴 수가 없다. 마지막으로 국민이 공동체라는 관념은 공통적인 문화적 가치로 묶인 박애를 통해 사람들이 맺고 있는 상상된 연결을 바탕으로 삼는다. 2012년 올림픽 개막식 행사는 이를 보여주는 한 가지 사례다.

국민을 상상된 공동체로 바라보는 앤더슨의 관념은 엄청난 영향력을 발휘했지만, 그렇다고 해서 결함이 없는 것은 아니다. 특히 제국주의와 식민주의에서 국민이 한 역할을 따져본다면 말이다. 앤더슨이 떠올린 국민의 경계를 대영제국은 고려하지 못했다는 점은 흥미롭다. 대영제국은 제국주의의 손에 닿는 것들은 모두 취득하고 자신의 일부로 삼는 데에 열을 올리는 것 같았기 때문이다. 앤더슨의 인종주의에 관한 사상도 기준에 미치지 못했다. 자칭 민족주의자였던 앤더슨은 민족주의와 인종주의는 각자 목적이 다르다며, 민족주의는 인종주의를 포함하지 않는다고 고집했다. 그의 시각에서 인종주의라는 꿈은 혈통의 순수성과 위계라는 관념과 결부되어 있었다. 또, 인종주의는 국민 외부에서 일어나는 일이라고 생각했다. 다시 말해, 한 국민이 인종을 바탕으로 다른 국민을 경멸할 수가 있다는 생각이었다. 민족주의처럼 내부적으로 일어나는 일이 아니라 말이다. 이러한 입장은 국민을 인종적으로 일관된 것으로 바라보았던 앤

더슨의 가정을 드러낸다. 그가 보기에, 국민 안에서는 인종주의
가 없었던 것이다. 국민에 포함되는 모든 사람이 이미 똑같은 인
종으로 분류되었으니 말이다. 적어도 앤더슨이 바라보는 국민
은 인종적 동일성을 대신할 수 있는 개념이다. 물론 현실은 사뭇
다르다. 그리고 핵심을 들여다본다면 서양에서 국민국가란 '인
종'을 바탕으로 삼는 프로젝트라는 사실을 알게 된다고 해도 지
금쯤이면 여러분은 그리 놀라지 않을 것 같다.

대영제국과 유색인종

공동체로서의 국민을 어떤 식으로 상상하든 간에, 국민국가로
서의 물리적인 경계는 감시 대상이 되어야 한다. 문화이론가인
스튜어트 홀이 얘기했듯이, "영국의 제국주의적이고 식민주의
적인 차원을 이해하지 않고서는 영국다움을 이해할 수 없다." 대
영제국이 1707년에 정치적 프로젝트의 일환으로 공식적으로 형
성되었을 때를 살펴보면, 이는 애초부터 제국주의적인 프로젝
트였기 때문이다. 이렇게 새롭게 형성된 국민적 정체성은 스코
틀랜드와 잉글랜드가 맺은 연방을 통해서 구축되었다. 서로 차
이점은 있었지만, (웨일스를 포함하는) 잉글랜드와 스코틀랜드의
정부는 모두 이 연방을 위한 단 하나의 명확하고 공통적인 동기
가 있었다. 바로 제국이 부상하는 시대에, 더욱 강력하게 결합된

정치적 칼날을 벼르겠다는 동기였다. 두 국가 모두 연방을 형성하기 이전에 각자 식민지를 소유하고 있었으며, 함께 뭉치면서 역사상 가장 강력한 제국주의적 권력으로 나아갔다. 대영제국은 절정에 이르렀을 때 지구상에 있는 인구의 4분의 1을 아우르며 지구 구석구석에 세를 뻗쳤다. 이는 영국 지도층에게는 괜찮은 일이었다. 그 모든 인간 군상이 제국의 통치를 받되, 본래 있던 자리에 머물렀으니 말이다. 20세기 중반에 진입하며 대영제국이 점점 무너져가고, 제국을 관리하는 비용이 지나치게 커지고, 과거의 식민지들이 독립을 향해 싸우면서, 이대로 지속할 수는 없다는 사실이 분명하게 드러났다. 전쟁 이후 영국 본토로 이주하는 사람들의 수가 증가하고 있었기 때문이었다. 행동에 나서야 했다.

영국 이민법의 역사는 그 어떤 것보다도 제약이 강력한 입법 과정을 보여준다. 구체적으로 얘기하자면, 이는 백인 인종으로 취급되지 않는 영연방의 시민들과 안전한 거리를 유지하기 위해 설계된 것이다. 이런 관점에서 본다면, 1948년 영국 국적법British Nationality Act은 재앙이었다. 본래 제2차 세계대전의 여파 속에서 구상된 이 법의 목적은 캐나다, 오스트레일리아, 뉴질랜드라는 영국의 정착형 식민지들과 모국 사이에 더 가까운 유대 관계를 쌓아서, 영연방의 백인 시민들이 영국과 과거의 영연방 자치령 사이를 최대한 쉽게 오갈 수 있도록 만드는 것이었다. 영국 정부의 관료 조직에서 미처 고려하지 못했던 점은 바로 영연방의 모든 시민은 어떤 인종으로 분류되는지와는 무관하게 모두 동일한 법에 따라 완전히 똑같은 권리를 지닌다는 점이었다. 자메이카인 300명가량이 '엠파이어 윈드러시' 호라는 배를 타고 영국으로 오고 있다는 소식이 들리자, 영국 정부는 충격에 빠졌다. 국무총리 클레멘트 애틀리는 이 자메이카인들이 '급습했다'고 표현했다. 정부는 배가 다른 곳으로 가거나 돌이기도록 만들고자 온갖 조치를 취했지만 결국 실패했다. 법을 바꿔야 한다는 사실이 분명해졌다.

그 뒤로 수십 년 동안 영국을 백인의 나라로 유지하려는 일련의 정부 정책들이 이어졌다. 제2차 세계대전 직후에 펼쳐진 이 정책 가운데는 노동력을 보충하고자 폴란드 난민들을 비롯해 발트해, 발칸반도, 유고슬라비아, 이탈리아 출신의 유럽인 난민들, 여기에 더불어 과거의 전쟁 포로들을 적극적으로 데려오는 일도 포함되어 있었다. 다시 말해, 영국 정부는 실제로 영국 군대에서 복무하며 자국을 위해 싸운 흑인과 갈색 피부의 영국 국민들을 위한다고 하면서 백인 이민자들을 기꺼이 받아들였다. 그 이민자들 가운데는 인류 역사상 가장 큰 갈등 현장에서 최근까지 상대편 군대에 있었던 사람들이었다. 적어도 영국 정부는 이렇게 유럽에서 온 사람들이 여기에 머무를 것이고, 영국인과 결혼을 할 것이며, 영국 인구 속으로 매끄럽게 흡수될 것임을 확실하게 알고 있었다. 노동부의 정무차관인 해럴드 와일즈 경은 1948년에 동료 공무원에게 보낸 편지에서 이와 같은 유럽의 자발적인 노동자들에 관해 다음과 같이 적었다.

이들은 영국인들과 결혼을 하고 우리의 노동 인구로 완전히
흡수되려는 전망을 품고 이곳에 영구적으로 정착하고자 오
는 것이 확실합니다. 영국 시민권에 관한 정책을 어떤 식으
로 세우건 간에, 유색인종을 받아들이면 유색인종이라는 요
소가 우리 국민에게 영구적으로 흡수된다는 의미라는 점을
완벽하게 이해하지 않고서는, 영구적인 거주를 도모하는 유
색인종 식민지 주민들을 받아들이는 계획에 착수해서는 안
된다고 생각합니다.

반면에 다른 지역, 특히 카리브해 지역에서 온 이민자들은
손쓸 수 없이 다른 존재들이라, 영국의 인종적인 순수성을 위협
하는지라, 유일한 해결책은 이들이 들어오지 못하도록 막는 것
이라 여겨졌다.

대서양 건너편 미국에서는 노골적으로 인종차별적인 이민
법을 익숙한 솜씨로 제정했다(오늘날까지도 이어지는 전통이다).
예를 들어, 존슨 리드 이민법이라고도 알려진 1924년 이민법은
'아시아 금지 구역Barred Asiatic Zone'을 설정해서, 수십 년 동안 아시
아인들이 미국으로 이민 오는 것을 효과적으로 막은 것으로 악
명이 높다(눈에 띄는 예외로는 과거에 맺은 조약에 따라 입국자 쿼터
를 제한했던 일본, 당시 미국의 식민지였던 필리핀, 앞서 제정된 중국

인 퇴출법 때문에 이미 입국이 거부되었던 중국이 있다). 영국은 자신들이 이와 똑같은 행동을 한다고 공공연하게 여겨져서는 안 된다고 생각했다. 문명적이고, 자유롭고, 정의롭고, 열린 사회라는 명성을 유지해야 했다. 상황이 이렇다 보니, 1957~1963년 해럴드 맥밀런 보수 정부의 접근법은 관련된 이민자들의 상대적인 기술력에 바탕을 둔 이민 체계를 점검하는 것이었다. 잠재적인 이민자들은 세 가지 범주로 나뉘었다. 숙련자, 보장된 직장이 있는 숙련자나 비숙련자, 그리고 비숙련자였다. 이런 범주에 포함되어 있는 가정은 바로 마지막 항목, 즉 비숙련 노동자들은 대체로 흑인과 갈색 피부를 지닌 사람들일 것이며, 법에 따라 훨씬 엄격하게 규제해야 한다는 것이었다. '영연방 이주민'에 관한 제안서에서 당시의 내무 장관이었던 랩 버틀러는 다음과 같이 썼다.

> 이 계획의 커다란 장점은 인종과 피부색에 따른 구분을 두지 않는 것처럼 선보일 수 있다는 점입니다. (…) 이 계획은 오로지 고용 상태에만 관련이 있고, 차별적이지 않은 것처럼 보이겠지만, 사회적인 목표가 가장 주된 것이며, 이것이 지닌 제재 효과는 유색인종에게만 거의 배타적으로 작용하는 것을 의도한다는 점을 우리는 인식해야 합니다.

겉으로는 차별하지 않는 것처럼 보이기만 한다면야, 사람들을 원하는 만큼 차별할 수 있다는 것이 영국의 방식인 것 같다.

이런 식의 노골적인 제도적 차별은 과거의 유물이니, 안전하게 역사 속으로 보내버릴 수 있다고 생각해도 될까? 애석하게도 이런 상황은 오늘날에도 완전히 똑같은 방식으로 지속된다. 브렉시트가 일어나기는 했어도, 영국과 같은 편에서 싸웠던 국가의 후손들보다는, 제2차 세계대전 중에 영국에 맞서 싸웠던 나치 군인들의 (사상적인 후손까지는 아닐지언정) 생물학적 후손인 독일인들이 영국에 들어오기가 여전히 훨씬 더 쉽다. 내 얘기를 믿어도 좋다. 나도 영국과 같은 편에 섰던 사람들의 후손이니까.

최초의 영국인은 흑인?

앞서 영국 국적이 어째서 전이가 되지 않는 속성을 지니는가라는 질문을 던졌다. 우리 부모님 둘 모두가 영국 국민으로 태어났다면, 왜 내게는 동일한 국적이 적용되지 않는 것인가? 답은 이렇다. 만약 부모님이 백인 영국 국민이었다면, 자식에게도 동일한 국적이 적용되었을 것이다.

내가 처음으로 영국 텔레비전에 출연할 기회를 얻었던 것은 채널4 뉴스 인터뷰에 초대를 받았을 때다. 작가이자 저널리스트인 아푸아 허쉬와 함께 출연했고, 진행자는 국보급 방송인 크리슈난 구루 무르티였다. 우리 중 어느 누구도 말을 꺼내기 전이었는데도, 갈색 피부인 세 명의 얼굴이 카메라에 함께 비춰지니 영국인이란 어떤 의미인가에 관해 뚜렷한 주장을 하는 셈이 되었다. 우리는 체다인의 DNA에서 새롭게 추출한 데이터를 이용해 만든, 새로 공개된 체다인의 모형에 관해 얘기를 나누려고 함께 모였다. 체다인은 1903년 체다 협곡의 고호의 동굴 배수 공사 중에 발견된 1만 년 전 인간 화석에게 붙인 이름이다. 체다인은 그렇게 발견된 뒤로 이제껏 알려진 가운데 가장 오래된 영국 제도 주민이라고 널리 받아들여졌다(이 사람들은 영국인이라고 불리기 몇천 년 전에 이곳에 살았다). 빅뉴스였다. 새로 만든 모형은 전통을 크게 깨뜨렸기 때문이다. 알고 보니, 체다인은 흑인이었으니까. 또는, 조금 더 핵심을 짚어서 얘기하자면… 체다인은 확실히 백인은 아니었다.

체다인 모형은 일란성 쌍둥이인 아드리 케니스와 알폰스 케니스가 이끄는 케니스 & 케니스 리컨스트럭션스라는, 고대 인류를 재현하는 데에 특화된 네덜란드 회사가 만든 것이었다. 이제껏 가장 진보한 고대 DNA 분석법을 사용한 최근의 연구 프로젝트의 영향을 받아 만든 이 모형은 어두운 갈색 피부에 어두운 머리카락, 살짝 먼 곳을 바라보는 날카로운 푸른 눈, 그리고 우리는 모르는 무언가를 알고 있다는 듯이 은근하고 삐뚜름한 미소를 짓는 사람의 흉상이었다. 그리고 실제로도 체다인은 우리가 모르는 것을 알고 있었다. 20세기 동안 만들어왔던 지난 모형들과 재현들을 모두 살펴보면, 시간이 흐르고 유행이 달라지면서 그림 스타일과 얼굴에 난 털 스타일은 바뀌었지만, 체다인은 백인이라는 것이 언제나 공통된 견해였다. 이제 최신 모형과 DNA 증거 사이에서 영국 대중의 마음속에는 새로운 의식이 터져 나왔다. 이들의 역사와 이들의 자의식은 그동안 내내 생각해오던 것과는 전혀 달랐다.

크리슈난 구루 무르티는 어떨 때 영국인이라고 느끼는지를 물었고, 나는 내 국적은 공식 기록의 문제라고 분명하게 답했다. 나는 몇 년에 걸쳐 비자를 신청하고, 시험을 보고, 맹세를 하고, 티스푼을 받았다. 물론 이렇게 탄탄대로이기만 한 건 아니었지만 말이다. 실제로 딱히 어디에서 온 사람이 아닐 경우에는, "어디서 오셨어요?"라는 질문이 다르게 들린다. 나는 인도인이라고 답할 수는 있겠지만, 대부분의 인도인은 그런 내 대답을 우습다고 여긴다. 어쨌건 나는 인도에 2주 넘게 머물렀던 적이 없었으니 말이다. 아부다비에서 태어났다고 답할 수도 있겠지만, 나는 아랍에미리트 사람도 아니고, 아랍에미리트에 가지 않은 지도 벌써 몇 년이 되었다(이제는 비자 없이 쉽게 갈 수 있게 되었지만 말이다). 요즘에는 이 질문이 선을 넘는 질문일 수도 있다는 사실이 많이 퍼져 있어서, 보통은 이런 질문을 내게 던지지 않는다. 그리고 내 억양을 듣고는 내가 영국에서 태어났을 거라고 짐작하는데, 인정하기는 머쓱하지만 내게는 이쪽이 편하다. 물론 나는 수많은 요소를 지니고 있지만, 이를 모두 속에다 품고 있다.

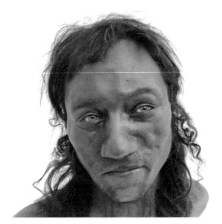

체다인 모형 | 런던 자연사 박물관 소장

국민인가 불법 이민자인가

체다인에 관한 뉴스가 불러일으켰던 놀라움의 파장이 보여주었듯이, 잉글랜드인English의 정체성에 관한 핵심적인 가정은 바로 잉글랜드인은 백인일 것이라 예상된다는 점이었다. 그러니 내가 영국인British이라는 데에는 아무런 문제가 없다. 영국인이란 제국과 영연방을 바탕으로 삼는 광범위하고 국제적인 정체성을 가리키니 말이다. 그렇지만 내가 잉글랜드인이 될 수 있을까? 글쎄, 이건 좀 까다롭다. 잉글랜드인의 정체성을 이루는 한 가지 특징은 바로 이 정체성이 백인의 전유물이라는 점이다. 그리고 셰익스피어나 셸리를 얼마나 들먹이든, 또는 얼마나 서류를 제출하거나 여권을 발급받든 간에, 내가 백인 인종으로 분류되지 않는다는 사실은 바꿀 수 없다. 나는 처음 영국에 왔을 때 마치 고향에 돌아온 기분이었지만, 이 고향은 응당 그래야 할 정도만큼 나를 환영하지는 않았다. 그 뒤로 시간이 흐를수록 상황은 악화될 뿐이었다.

2022년, 이 책을 쓰고 있을 때 영국은 국적 및 국경법을 통과시켰다. 커다란 논란을 불러일으킨 이 법은 대부분 난민과 망명자를 겨냥한 것이었다. 여기에 더불어 숱한 질타를 받은 정책도 따라왔다. 이들을 르완다로 보내서 요청을 처리해야 한다는 정책이었다(이 정책은 불과 1년 뒤인 2023년 6월에 최고 법원에서 불법이라는 판결을 받았다. 법은 여전히 그대로 남아 있으며, 정부는 이 판결에 대한 항소를 대법원에 제기해둔 상태이기는 하지만 말이다).

이렇게 충격적인 일을 차치하고 보더라도, 현재는 내무 장관이 아무런 경고 없이 개인의 영국 시민권을 박탈할 권한을 지니는 것이 사실이다. 물론 내무 장관은 영국 시민권을 박탈하면 곧바로 무국적자가 되는 사람에게는 이런 권한을 행사할 수 없다. 이런 경우에는 시민권을 박탈하는 행동이 법으로 금지된다. 그렇지만 누군가가 다른 나라의 시민권을 얻을 수도 있다고 여겨지기만 한다면, 그 사람은 무국적자가 되지 않는 안전장치가 있다는 취급을 받는다. 이런 경우에 해당하는 사람들은 많다. 그러니 사실상 까딱하면 누구든 영국 시민권을 박탈당할 수 있는 것이다. 잠시 멈춰 서서 이 새로운 법이 어떤 종류의 사람들에게 적용될 수 있을지를 생각해보자. 내게는 거울 앞으로 가서 거울을 들여다보는 일도 포함된다. 그 모든 서식을 작성하고, 그 모든 비용을 지불하고, 이민국 줄에서 그 모든 시간을 보내고 나서도, 사실 나는 아직도 전혀 안전하지 않았던 것이다.

더 나은 표현법이 있다면 좋았겠지만, '윈드러쉬 스캔들'은 모든 것을 명백히 원상 복귀했다. 이 사건은 충격적이고 더러는 파괴적이라 할 정도의 폭로의 연속이었다. 영국 국민 수백 명이 부당하게 구류되고, 강제 추방되고, 법적 권리를 부정당했다. 그 가운데 많은 이들은 아동이었던 1950~1960년대에 영국에 왔으며, 이들을 통칭하는 이름, 즉 윈드러쉬 세대는 1948년에 패닉에 빠진 클레멘트 애틀리가 절박하게 항로를 바꾸려고 했던 그

배의 이름에서 따온 것이다. 불법 이민자들에게 '비우호적인 환경'을 조성하고자 집합적으로 설계된 법들이 서서히 제정된 일은 영국 내무성에서 수십 년 전 도착한 사람들의 기록을 제대로 남겨두지 않았다는 사실과 결합하면서, 이들은 언제부터 이곳에서 살게 되었는지를 증명할 수 없게 되었고, 자신의 나라에 있는 자신의 정부를 전혀 의지할 수 없게 되었다.

여러분은 원래 일이 그렇게 흘러갈 수밖에 없다고 생각할지도 모른다. 나라를 고르는 사람이 위험도 감수해야 한다고 말이다. 그렇지만 이는 문명적인 모습과는 거리가 멀다. 더군다나 국적 문제에서는 고려해야 하는 또 다른 중요한 요소가 있다. '국민'이란 무엇인가에 관한 우리의 관념이 문화와 정체성이라는 공유된 관념에(대체로 다른 사람들을 밀어내는 데에 쓰이는 개념이다) 기대고 있다면, 이곳 서양에서는 또 다른 공통의 가치가 있다는 점을 기억해야 한다. 이 책 속에서 여러 번 거듭 살펴보았듯이, 규칙이란 충분히 합당한 이유만 있다면 깨질 수 있도록 만들어둔 것이다. 그리고 최고의 이유는 바로 돈이다.

유고슬라비아가 된 영국 호텔

유럽에서는 제2차 세계대전이 1945년 7월 무렵에 끝났지만, 유고슬라비아의 왕 페테르 2세와 알렉산드라 왕비에게는 또 다른 문제가 있었다. 4년 전, 페타르 2세는 독일이 침공하자 고국에서 달아나 클레리지스에 이르렀다. 망명 중인 왕족들을 위한 런던의 제일가는 호텔이었다. 독일의 민족주의적인 열망으로부터 연합군이 지켜주는 한편으로, 이제는 공산주의가 유고슬라비아를 통치하게 될 것처럼 보였다. 고국으로 돌아갈 수는 없지만, 여전히 확실한 왕족이기는 했던 왕과 왕비는 미잖아 태어날 아이의 안전과 적법성을 어떻게 확보할 수 있었을까? 유고슬라비아 왕위의 예상 후계자이자 청구인인 아이를 말이다. 잘 확립된 브랜드답게, 영국의 국무총리 윈스턴 처칠이 개입해 곤경을 면했다. 처칠은 불가사의한 외교술을 구사하며 단 하루 동안은 클레리지스 호텔의 스위트룸 212호가 유고슬라비아의 영토가 되도록 명했다. 심지어 처칠은 유고슬라비아의 흙을 런던으로 운송해와서 왕비가 아이를 출산할 침대 밑에 깔아두기까지 했다. 그 결과, 1945년 7월 17일, 알렉산다르 왕세자는 자신의 고국 땅에서 안전하게 탄생했다고 선언할 수 있게 되었다.

이 재밌는 이야기를 망치는 것 같아 아쉽지만 사실관계를 확실히 하는 게 역사학자인 나의 임무다. 클레리지스 호텔의 스위트룸이 하루 동안 유고슬라비아가 되었다는 사실을 입증하는 기록은 아무것도 없다. 내가 보기에 이 이야기는 기껏해야 희한한 동화 정도로 보인다. 난관에 부닥친 왕족이라는 전형적인 등장인물들이, 국민적인 영웅이자 요정인 대부의 너그러운 변덕 덕분에 외교술이라는 마법을 통해서 구원받았다는 동화 말이다. 그렇지만 이 모든 얘기 외에도 클레리지스 호텔 스위트룸 212호 이야기 속에는 우리가 흥미를 품을 만한, 그리고 지금 논의하고 있는 주제와 관련된 또 다른 요소가 있다. 바로 국민이다. 알렉산다르 왕세자의 탄생에 얽힌 신화가 아니라 실제 삶과 관련된 얘기다. 외국인으로 태어나기는 했지만, 알렉산다르 왕세자는 다른 그 무엇보다도 단연코 영국인에 가장 가깝다고 할 수 있었다. 대부는 왕 조지 6세였고, 대모는 엘리자베스 공주로, 이후에 여왕 엘리자베스 2세가 되었다. 그는 런던의 호텔방에서 태어났고, 현재 왕 찰스 3세가 된 웨일스 공과 같은 스코틀랜드의 중등학교에 다녔으며, 샌드허스트에 있는 영국 육군사관학교에서 훈련을 받았고, 영국 군대에서 장교로 복무를 했다. 여기에 덧붙여 유고슬라비아 왕족은 1947년에 딱 한 사람만 빼고 유고슬라비아 시민권을 취소했으니, 정말이지 영국인이라는 점 외에 무엇이 더 남아 있었겠는가?

왕자는 귀화했다. 말하자면, 18세기에 만들어진 법에 따라서, 십대 시기에 법적으로 영국 시민이 된 것이다. 마치 영국에서 태어난 것처럼 말이다(물론 실제로 이곳에서 태어나기는 했지만). 소피아 귀화법이라고 하는 이 법은 1705년에 왕 제임스 1세의 손녀인 팔츠의 조피가 영국 국민이 되도록 허락해주었다. 이 법은 조피의 후손에게도 모두 전용되었는데, 조피의 8대째 후손이 제2차 세계대전이 끝날 무렵 망명 중에 태어난 유고슬라비아 왕세자였던 것이다. 왕세자 입장에서는 다행스러운 일이었다.

2011년에 과거의 유고슬라비아 정부를 이어받은 세르비아와 몬테네그로가 자국 시민권을 다시 회복해주며, 운명은 다시 한번 알렉산다르 왕자에게 미소를 지어주었다. 시민권 복원 행사는 진기하게도, 그리고 직감적으로 떠오르는 이미지와는 정반대로, 클레리지스 호텔 스위트룸 212호에서 거행되었다. 왕자와 그 가족들이 왕세자의 56번째 생일을 맞아 베오그라드에 있는 왕궁으로 들어갔을 때, 왕세자는 기자들에게 이렇게 말했다. "저는 망명자로 삶을 시작했는데요, 우리 가족이 시민이 되어 고향으로 돌아올 수 있어서 정말 기쁩니다."

동화에 등장하든 다른 곳에서 보든 간에 내가 왕자에게 동정심을 품는 일은 그리 흔하지 않지만, 유고슬라비아의 알렉산다르 왕세자 이야기 속에는 사무치는 무언가가 있다. 다시 말해, 뇌를 그냥 건너뛰고 곧바로 뱃속으로 들어오는 무언가다. 내가 살아오면서 품은 희망과 꿈, 특히 내가 살고 싶은 곳과 연결이 된다.

학생 비자부터 미혼 동반자 비자, 영주권, 영국 시민권 시험, 그리고 귀화까지, 나는 영국인이 되고자 새로운 단계를 거칠 때마다 굽이굽이 이어진 줄에 서서 하루를 보냈다. 끊임없이, 한결같이, 꾸준히 끔찍한 일이다. 여러분이 어디를 갈 수 있고 갈 수 없는지, 그리고 어디서 살 수 있고 살 수 없는지를 결정하는 힘을 전혀 모르는 사람들이 쥐고 있다는 사실에서 벗어날 수가 없다. 설령 그 사람들에게 먼저 물어보지 않고 이미 그렇게 살아왔다 하더라도 말이다. 삶은 그렇게 굴러가기 마련이니까. 이렇게 신청한다고 해서 결과가 보장되는 것도 아니다. 그 끝에, 딱 보기에도 요식 체계의 동전 던지기에, 여러분의 운명이 걸려 있다. 여러분은 모든 것을 해볼 수 있다. 조건에 맞추고, 서식을 작성하고, 비용을 지불하고, 시험을 보고 나서도 언제라도 이 모든 일이 수포로 돌아갈 수 있다는 기분을 여전히 느낄 것이다. 그렇지만 내게는 나름의 중요한 비장의 카드가 있었다. 우리가 태어나지 않은 장소에 소속되고 싶다는 열망 외에도, 이민을 향한 여정에 도움을 주는 또 다른 공통점이 알렉산다르 왕세자와 나 사이에는 있었다. 우리 둘 다 부자라는 사실이었다.

부자들은 여권이 필요 없다

여러분이 엉뚱한 생각을 품기 전에, 나는 왕족 같은 부자나 수퍼 리치가 아니라는 점을 확실히 밝혀둬야겠다. 언젠가 한번 재미 삼아 클레리지스 호텔의 애프터눈 티를 마시러 갈까 생각해본 적이 있지만, 순전히 비용 문제로 단념했던 적이 있는 그런 사람이다. 그렇지만 내가 영국인을 향해 가는 길에서 돈이 걸림돌이 되었다고는 할 수 없다. 물론 이민 시스템에다가 거의 도박 수준의 확률을 위해서 수천 파운드를 쏟아붓게 될까 봐 걱정하지 않은 것은 아니다. 그렇지만 외국에서 이민자로 살면서 안정적인 수입을 벌었던 너그럽고 지원해주는 부모님 덕분에, 그 위험을 감수할 수가 있었다. 수퍼리치들에게는 이런 일은 전혀 고려할 수준이 아닐 것이다. 이들은 돈으로, 그리고 그 돈이 가져다주는 권력과 영향력으로 우리 같은 사람들이 꿈꾸는 것을 살 수가 있다. 바로 자유다. 위풍당당하게 늘어선 개인 전용기, 개인 요트, 이제는 심지어 개인 우주선 덕분에 이들은 내키는 대로 성층권 안을, 심지어 성층권을 넘어서까지도 오갈 수가 있다.

수퍼리치들의 삶을 조사해본 연구자들은 정말로 부유한 사람들은 거의 다른 종이라고(결코 가벼운 마음으로 이런 비유를 드는 것이 아니다) 할 정도로 다르다는 사실을 밝혀냈다. 수퍼리치에게 국경, 비자, 국제법은 모두 다른 사람들에게나 일어나는 일이라고 할 정도다. 브룩 해링턴은 자신의 책『국경 없는 자본』에서 그들이 가장 신뢰하는 사람들과 이야기를 나누며 수퍼리치에게 접근했다. 바로 자산관리전문가다. 이들은 돈을 움직이고, 세금 징수관의 위협에 맞서 돈을 안전히 지키고, 또 많은 경우 수퍼리치가 신뢰하는 유일한 사람들이다. 슈퍼리치의 삶을 가까운 곳에서 관찰하는 그들은 국민국가가 극단에 이르면 어떻게 작동하는지에 관해 많은 이야기를 들려준다. 해링턴은 다른 나라에서 열릴 회의에 참석하려고 공항에 도착했다가, 집에다 여권을 놓고 왔다는 사실을 깨닫게 된 어느 자산관리전문가의 이야기를 들려준다. 이런 상황을 고객에게 얘기하자, 고객은 걱정할 필요 없다고 얘기했다. 알고 보니 여권은 전혀 필요하지 않왔다. 그들은 개인 전용기를 타고 다른 나라로 가서, 참석하려던 회의에 참석하고, 다시 비행기를 타고 돌아왔다. 그 누구도 여권을 보여 달라며 귀찮게 하는 일 하나 없이 말이다.

이 작은 일화 한 편은 우리가 사는 세상에서 돈이, 그리고 돈을 많이 지니고 있다는 사실이 어떻게 작동하는지를 보여주는 우화다. 우리는 지구상에 사는 사람들은 모두 똑같은 법과 국경에 따라 산다고 생각하겠지만, 사실 수퍼리치는 규칙이 적용되지 않는 전혀 다른 장소에 사는 것이다. 이들은 돈을 가지고 역외에서 산다. 작가이자 저널리스트인 올리버 벌로우가 머니랜드Moneyland라고 부르는 장소다. 벌로우는 수퍼리치들은 법 너머에서 움직이며 우리 사회에 무임승차를 하고 있다고 주장한다. 벌로우는 자신의 책 『세계의 집사Butler to the World』에서 대개 정부 관료인 유럽의 엘리트들이 할리 스트리트 클리닉에서 최첨단 의료 서비스를 받기 위해 영국으로 얼마나 쉽게 이동할 수 있는지를 설명한다. 마찬가지로, 이들은 영국이 제공하는 호화로운 장점과 발전을 모두 즐기기 위해 런던의 벨그라비아 같은 배타적인 지역에 집을 살 수도 있다. 벌로우는 수퍼리치가 본인들은 막대한 규모의 순수한 재산과 더불어 의료 보장이나 해외 부동산 같은 자원을 지키는 반면에, 국민들은 똑같은 이득을 누리지 못하도록 만든다고 지적한다. 당연한 얘기겠지만, 이들은 영국 시민들의 권리도 부정한다. 그래서 복지국가가 응당 우리 모두에게 제공해야 하는 것과 정반대되는 이중적인 의료 체계를 유지한다. 그래서 말인데, 처음에 꺼냈던 주제로 돌아가보자면, 영국에서 민주주의라고 여기는 것을 보호할 수 있는 한 가지 방법은 러시아인들이, 또는 정말이지 그 어떤 과두제 집권층도 자유롭게 도망가지 못하도록 만드는 것이다.

점점 더 배타적이고 인종차별적으로 바뀌어가는 영국의 이민법 뒤에 자리 잡은 생각은 바로 흑인과 갈색 피부를 지닌 이민자들은 이득을 얻어내기 위해 혈안이 된 사람들이며, 이들은 복지국가가 제공하는 문명적인 관대함을 누리기 위해 야만적인 고국을 떠나 영국으로 온다는 생각이다. 이런 생각 속에는 결핍에 대한 위협이 자리 잡은 것으로 보인다. 어려운 시기고, 자원은 제한적이며, 할 만한 일들이 충분치 않고, 영국은 꽉 찼다고 말이다. 실상을 따져보면 이는 가치판단의 문제이며, 이런 생각이 담고 있는 메시지는 간단하다. 이들이 어느 것도 누릴 자격이 없다는 것이다. 여기 있을 자격이 없다는 것이다. 이는 아프리카, 아시아, 카리브해 지역 국가의 이민자들이 영국에 온 이유라고 밝히는 것들과 완전히 상반된다. 노동하고, 적당히 생계를 꾸리고, 또 핵심적으로는 영국 국민이라는 공동 프로젝트에 기여하기 위해서 말이다. 이들은 집과 가족을 뒤에 두고 떠났을지 모르나, 한편으로는 모국에서 적극적이고 가치 있는 역할을 하고자 이곳으로 오는 것이기도 하다. 소피아 귀화법은 1948년 영국 국적법으로 대체되었음에도 유고슬라비아의 알렉산다르 왕세자를 귀화하는 데에 여전히 활용되었다. 어떻게 이런 일이 가능했을까? 왕족이라는 지위에 따라서 어떤 법이 어떤 사람들에게 어떤 식으로 적용되는지를 보여주는, 그리고 어쩌다 보니 대모가 여왕이라면, 다시 말해 누군가가 엄청난 특권을 지니고 있다면, 나라와 나라 사이의 물을 가로지르는 여정이 아주 부드러운 항해가 될 것이라는 점을 보여주는 극명한 사례다.

수퍼리치들이 비행기를 타고 전 세계를 자유롭게 오가는 모습을 보면, 세금을 내지 않고 자신들의 돈을 해외 계좌에 안전히 보관해두는 모습을 보면, 그리고 자신들의 돈을 활용해 다른 나라의 의료 서비스와 주거를 구입하는 모습을 보면, 진정한 거지 근성이 무엇인지를 쉽게 알 수가 있다. 이곳 서양에서는 돈을 지불할 수만 있다면 그 사람이 어떤 사람인지, 어디 출신인지, 아니면 무얼 할 수 있는지를 신경 쓰지 않는다. 역사 속에서 돈이 애초에 평등하게 분배되지 않았다는 점을 고려한다면, 지금의 상황이 중세라든가 존 왕과 그 남작들 사이에서 마그나 카르타가 만들어졌던 시절보다 크게 다르거나 진전되었다고 보기란 어렵다. 지금도 여전히 남작들에게 적용되는 규칙과, 나머지 우리 같은 사람들에게 적용되는 다른 규칙들이 있다. 아니, 조금 더 정확히 얘기하자면, 남작들에게는 아예 규칙 같은 것은 없을지도 모른다.

국민 개념이 담을 수 없는 것

근소한 차이로 영국 유권자들의 과반수가 유럽연합이라는, 국가를 넘어서는 꿈을 저버리기로 결정한 국민투표가 치러진 후, 2016년에 열렸던 보수당 회의에서는 새로이 임명된 총리가 연설 중에 내뱉은 한 마디가 논란을 일으켰다. 테리사 메이는 이렇게 말했다. "당신이 스스로를 세계시민이라 생각한다면, 당신은 그 어느 곳의 시민도 아닌 것입니다." 이 표현은 많은 논의의 대상이 되었으며, 많은 비난을 샀다. 메이의 의도는 부유한 자유주의적 기득권층을 일갈하려던 것이었다. 그녀는 이들이 "바로 길거리에 있는 사람들보다 전 세계적인 엘리트들과 더 많은 공통점을 공유하는 것처럼 행동하는" 사람들이라고 주장했다. 그렇지만 이 말이 곧이곧대로 전달되지 않는다. 영국이 이민자들에게 "적대적인 환경"이 되도록 만든 것을 자랑거리로 여기는 신임 내무장관의 감상이라는 틀 안에서 해석할 수밖에 없다. 합법적이든 불법적이든, 승인을 받았든 아니든 간에, 어떤 이민자라도 이렇게 말할 것이다. 이 나라가 애초에 딱히 적대적이지 않았던 것은 아니라고 말이다.

스튜어트 홀은 이렇게 적었다. "제국은 흥망성쇠를 겪는다. 그렇지만 대영제국이라는 형상은 영원히 이어질 운명인 것만 같다. 지구의 수많은 다양한 구석구석에서 제국의 깃발은 내려졌다. 그렇지만 집단 무의식 속에서는 여전히 펄럭이고 있다."

홀에 따르면 이런 집단 무의식이 낳은 결과는 바로 백인 엘리트 계급, 중산층, 노동계급 모두를 본능적인 교훈주의가 더해진 본능적인 애국주의와 연결 짓는 포퓰리즘이었다. 바로 이런 포퓰리즘이 2016년 브렉시트 국민투표 이후에 몇몇 영국인들의 감상 속에 흘렀던 것이다. "우리는 '떠나겠다'고 투표했는데, 당신은 왜 아직 여기 있는가?"라고 말이다.

민족주의자들에게 크나큰 위협은 뿌리 없는 범세계주의자다. 민족주의자들은 이민자들이 충성을 모른다고 여긴다. 그들은 국가의 경계, 법, 또는 비전들이 지니는 신성함을 전혀 존중하지 않는다는 것이다. 설령 그런 비전들이 제아무리 인종차별적이라 할지라도 말이다. 우리는 이런 얘기를 듣는다. 뿌리 없는 범세계주의자들은 얻어낼 수 있는 것만 찾아다닌다고 말이다. 국민적인 충성이라는 문제는 가슴 아픈 문제이며, 다양하고 대개는 비논리적인 형태로 주기적으로 수면 위로 올라오는 문제이기도 하다. 1990년 4월, 보수당 국회의원 노먼 테빗은 이민자와 이민자의 아이들은 크리켓 경기에서 영국을 응원하지 않는 이상, 완전한 영국인이라 여길 수 없다고 주장했다. 크리켓 경기에 대한 입장을 밝히자면, 이런 스포츠를 보느니 차라리 내 치아를 먹는 게 낫겠다는 쪽이어서, 정말이지 내게는 조금 극단적인 주장이었다.

영국인이란 어떤 의미인가라는 관념은 아주 명확하다. 이곳에서 태어나지 않은 사람들은, 또는 그 연장선상에서 영국에서 태어난 것처럼 보이지 않는 사람들은, 민족주의를, 영국이라는 국가와 영국의 공로를 향한 열정을 보여주어야 한다. 이곳에서 태어난 사람들은 할 필요가 없는 방식으로 말이다. 이와 결부되어 나타나는, 민족주의가 전반적으로 긍정적이어야 한다는 요구는, 앞서 살펴보았던 영국의 제국주의적인 과거와 그에 따른 민족주의적인 재앙을 떠올려본다면 일종의 난제라 할 수 있다. 우리는 옳건 그르건 간에 국가를 지지한다고 밝히라는 요구를 받는다. 국가가 잘못을 저질렀던 그 모든 시간을 견디며 말이다. 바로 여기서 나는 선을 긋는다. 국가가 잘못된 일을 한다는 생각이 든다면, 나는 지지하지 않을 것이다. 나는 외국의 위협에 대한 인종차별적인 반응으로 적대적인 환경을 만들어 수많은 동료 영국 시민들의 삶을 망치는 결정을 내린 정부의 행동을 지지하지 않는다. 윈드러쉬 세대라고 알려진, 영국으로 이민 온 초기 카리브해 지역 이민자들의 아이들의 삶을 망쳤으니 말이다. 나의 민족주의는, 또는 혹시 이 표현을 더 선호한다면 나의 애국주의는, 국가의 경계보다 도덕적인 경계를 더 잘 이해한다. 이는 단순히 도덕적 경계가 더 의미 있기 때문이다.

내가 영국에 문제 제기를 하는 것이 위협적이라 여겨진다면, 이는 내가 정말로 이곳에 소속되지는 않았다는 생각에서 기인한 것일지도 모른다. 더 정확히 표현하자면 다른 곳에 소속된 사람이라는 생각 때문일지 모른다. 이는 서양 국가로 이주한 많은 이민자가 겪는 일이다. 시키는 대로 고분고분 따른다면 모든

게 괜찮을 수도 있다. 역사적인 연구와 실제 경험을 종합해서 보자면, 국가라는 정원은 전체가 장밋빛은 아니라는 사실이 드러나며, 그러다 (갑자기) 우리가 왔던 곳으로 돌아가야 하는 때가 찾아온다. 당연히 내게는 곤란한 일이다. 내가 기억할 수 있는 제일 오래전까지 거슬러 올라가 보면, 그 당시 아무것도 없었던 무인도 같은 곳에서 태어나고 자라는 내내, 나는 정말로 언제나 영국인이었다. 나는 뿌리가 있는 범세계주의자라고 말하고 싶다. 나는 이 장소와 연결되어 있다는 기분이 든다. 이는 일련의 관념들, 비전, 그리고 사실상 상상된 공동체를 통해서 내가 길러졌기 때문이다. 또, 이는 20년도 넘게 이곳에서 삶을 일구어 오고 있기 때문이다. 그저 역사와 문명이라는 우연 때문에 어쩌다 보니 내가 알지도 못하는 사람들이 내 소속을 얘기하게 되었을 따름이다.

8장

예술을 위한 예술

— 예술

Art for art's sake

예술의 성공과 실패

예술을 만들어내는 일은 서양 문명의 정점에 자리 잡고 있다. 이는 클라이맥스climax이자, 꼭대기apex이자, 절정acme이다. 그리스어를 어원으로 삼고 있는 말들 가운데 마음에 드는 것으로 아무것이나 골라보시길. 이 표현들보다 더 대단하거나 나은 말은 없을 것이다. 그러다 보니 서양 예술의 역사는 기록이 잘 되어 있으며, 그 이야기 전개는 이미 익숙한 내용 거의 그대로이다. 16세기 이탈리아의 화가이자 작가, 건축가인 조르조 바사리는 오래전 고대 그리스에서 고전 예술이 잠깐 꽃핀 이후, 잠잠하다가, 천 년이 지난 후 고대의 관념이 재발견되고 부활되었다고(르네상스) 적었다. 유럽 사람들은 종교화라든가 문서에 곁들인 삽화라는 형식으로 계속 예술 작품을 만들고는 있었지만, 종교와 직접적으로 연관이 되어 있는 탓에 이런 예술품들은 억울하게도 "나쁜 예술"이라는 평을 들었다.

'나쁜 중세'와 '좋은 르네상스'라는 구분은 중요했다. 르네상스 시대 예술은 유럽 사상가들이 계몽주의적인 이상을 싹틔우고 길러낸 풍요로운 지적인 토양이라 여겨졌기 때문이었다. 그런 점에서 본다면, 예술은 서양 문명의 성장이 만들어낸 결과인 동시에 서양 문명을 성장시킨 배경이었다. 그리하여 중세의 평면적이고 단순한 회화와 성화들은 고전적인 그리스 조각의 형태를 닮은 훨씬 자연주의적인 양식에 길을 내주었다. 갑자기 사람들은 실제 사람 같은 모습을 띠게 되었고, 중력은 이들의 옷자락을 유독 힘차게 잡아당기는 것 같았다. 조토와 라파엘의 빛나는 프레스코화, 조반니 벨리니와 레오나르도 다빈치의 혁신적이고 새로운 초상 기법, 벤베누토 첼리니가 은으로 만든 아름답고 정밀한 조각품, 카라바조가 선보인 도무지 비견할 수 없는 빛과 그림자의 유희, 그리고 두말할 것 없이 미켈란젤로가 만들어낸 그 모든 것들이 있었다. 미켈란젤로는 이 전부를 할 수가 있었으니 말이다. 유럽 북부에서도 고유한 르네상스가 일어나, 알브레히트 뒤러의 회화와 판화, 얀 반 에이크와 브뤼헐 가문의 풍부하고 상징적인 초상화, 여기에 히에로니무스 보스의 복잡하고 초현실적인 엉뚱한 발상까지 모두가 이를 고스란히 체현하고 있다. 꼭 마법이라도 부린 것처럼, 갑자기 예술이 발전한 것이었다.

또한 바사리는 예술가의 노동과 그 노동의 산물에 대해 부유한 후원자들이 자금을 지원하도록 연결고리도 만들어냈다. 이 후원자들에게는 예술품을 사고파는 일이 과시적 소비의 수단이었다. 후원자들은 가톨릭교회거나 유럽 귀족들이었다. 메디치 가문이나 보르자 가문처럼 권세와 영향력이 있는 가문들은 예술품을 단지 그 자체만을 위해 구입하고 주문한 것이 아니라, 자신들의 부와 권력, 지위를 공고하게 만드는 수단으로, 그리고 주변의 문화에 영향을 끼치는 수단으로 삼았다. 후원자들은 초상화라든가 자신들의 얼굴을 그려 넣을 수 있는 다른 작품들을 의뢰했고, 그렇게 해서 자신들에 관해 전달하고자 하는 그 어떤 메시지든 전할 수 있었다. 이들은 한편으로는 선동가이자, 한편으로는 르네상스식 인스타그램 인플루언서들이었던 것이다. 역사적으로 살펴봤을 때, 예술가의 성공은 준수한 후원자를 찾아내는 데에 달려 있었다. 오늘날에는 예술가의 양식이 어떻든 간에, 예술의 성공은 대체로 안전한 구입품이자 확실한 투자로 비치는 일에 달려 있다.

그 어떤 것이든 예술이라 내세울 수가 있는 개념예술이 도래하고 나서도 상황은 거의 그대로다. 오히려 가장 극단적이고 논리적인 종점에 이르게 되었다. 개념예술은 프랑스의 예술가 마르셀 뒤샹이 1917년 뉴욕에서 열린 독립 예술가 전시회에 도자기로 만든 소변기를 출품하면서 탄생했다고 얘기되고는 한다. 소변기는 옆으로 눕혀 있었고, 그 위에 검은색 물감으로 드문드문 서명을 해두었으며, 「샘」이라는 제목이 붙어 있었다. 원본 작품은 남아 있지 않으며(여러분이 전시장에서 본 것이 있다면 이는 원본 사진을 바탕으로 만든 모형이다), 독립 예술가 협회는 너무나 터무니없다는 이유로 이 작품을 전시하지 않겠다고 거절했고(이런 이유로 예술품을 돌려보낼 수는 없다고 공개적으로 밝혀두었음에도 말이다), 뒤샹은 항의를 받았다. 어떤 사람들은 뒤샹의 친구였던 두 여성 가운데 하나가 이 작품을 만들었다고 주장하기도 한다. 그 가운데는 전위적인 행위예술가인 엘자 폰 프라이탁-로링호벤 남작 부인이 거론된다. 그럼에도 뒤샹의 '레디메이드'(그가 예술품으로 탈바꿈시킨 기존의 일상적인 사물로, 대체로 조립식이거나 대량생산한 물건이다)는 1950년대와 1960년대 예술계에서 인기를 얻었다. 2004년, 예술가와 역사학자 500명이 투표를 통해 "20세기 가장 영향력 있는 예술 작품"으로 「샘」을 선정했고, 이로써 개념예술의 지위와 더불어서 수십 년은 써먹을 수 있을 만한, "현대 예술은 오줌을 싼다"라는 식의 농담을 확고하게 만들었다. 「샘」은 예술이 무엇인가라는 정의는, 또는 예술 작품이 좋은지, 획기적인지, 아니면 충격적인지는 사실 상관이 없다는 점을 보여주는 가장 좋은 사례다. 예술은 특정한 사람들이 무엇이라고 하는지, 또 그 사람들이 무엇을 진실이라 여기는지에 관한 문제다.

예술은 우리의 영혼에 말을 걸고…

문명화되었다는 것의 의미에 관한 생각을 발전해나가던 인류학
자들과 고고학자들과, 같은 시기에 수집품을 늘려가고 있었던
19세기 말과 20세기 초의 수많은 예술품 수집가들에게 예술은
더욱 폭넓은 목적을 위한 수단이 되었다. 이 모두는 더 큰 사회
적인 이익을 위한 일이었다. 예술품 수집가 새뮤얼 코톨드는 자
신의 사회적 사명을 분명하게 밝혔다. 코톨드는 영국의 기업가
로, 그의 가문이 운영하는 회사에서 레이온 합성 섬유를 특허받
아 큰 돈을 벌었다. 코톨드는 양심적인 인물이었다는 점에서 이
례적인 자본가였다. 그는 산업자본주의가 노동하는 인구를 줄
이며 세상을 망치고 있다고 생각했다. 그는 이 시스템이 노동자
를 따분한 일이나 하는 수컷 벌 같은 존재로 뒤바꾸며, 자본주의
라는 기계의 단순한 톱니로 만들어버린다고 생각했다. 하지만
코톨드는 자신에게 상당한 수입을 보장해주는 시스템을 바꾸거
나 부를 재분배하는 행동을 하기보다는, 문화적인 책임을 지겠
다고 나서며 다음과 같이 말했다.

> 부유한 사람들은 자신들의 자연스러운 즐거움만을 위해서가
> 아니라, 문명의 흐름을 진전시키는 데에 돈을 써야 한다. 예
> 술은 인류 역사상 가장 한결같이 문명화에 영향력을 끼쳤다.
> 예술은 보편적이고 영속적이다. 인종과 인종을, 시대와 시대

를 연결하며, 모두를 포용하며, 아무런 사심없이 인간을 연합시킨다.

이는 익숙하게 느껴지는 예술의 정의다. 이 글은 다양한 차원에서 예술이 사람들의 내면세계를 다룬다고 주장한다. 예술은 우리의 영혼에 말을 거다 우리를 인간으로 만드는 것이 무엇인지를 얘기한다. 단순히 물질문화의 소비자로서가 아니라, 살아 있고, 숨 쉬고, 생각하고, 느끼는 존재로서의 인간이란 무엇인지를 말이다. 그림의 핵심은 그림 그 자체이고, 예술은 오로지 예술만을 위해 존재한다는 것이다.

코톨드는 자신의 말대로 행동했다. 오늘날에도 런던으로 여행갈 돈과 시간이 충분한 사람이라면 누구든지 코톨드 갤러리에 찾아가서 그가 모아둔 막대하고 인상적인 인상파와 다른 예술가들의 예술품을 볼 수가 있다. 국가복권기금의 자금을 비롯해서 수백만 파운드를 들여 단장을 마친 다음 2021년에 갤러리가 재개장했다는 사실은 예술의 가치에 관한 코톨드의 생각이 오늘날에도 사회적 가치를 유지하고 있다는 점을 보여준다.

이 장에서는 예술이 문명의 정점에 자리 잡고 있다는 생각을, 예술이 문명화라는 영향을 끼친다는 생각을, 그리고 그 무엇보다도 '예술을 위한 예술'이라는 생각을 더 자세히 살펴보려 한다. 내가 특히나 관심이 가는 부분은 예술은 '모든 것을 포용하며', '사심이 없다'라는 코톨드의 생각이다. 나이브하다는 점에서 너무나 그릇되었기 때문이다. 서양에서 예술은 결코 사심 없는 것이 아니었다. 그것과는 한참 멀리 떨어져 있다. 그리고 '모든 것을 포용한다'라는 점을 놓고 보자면, 이 책을 여기까지 읽은 독자라면 서양의 보편주의라는 관념을 믿기보다는 이미 더 많은 내용을 알고 있을 것이라 생각한다. 이상하고도 또 대부분의 사람에게는 불가사의하며 동떨어진 예술가와 큐레이터와 예술품 매매업자들과, 제일 중요하게는 후원자들이 살고 있는 땅인 예술계를 조금만 살펴보면 예술이라는 관념은 내재적으로 물질적이며 분열을 일으킨다는 사실을 쉽게 알 수 있다. 지금 살펴봐야 하는 질문은 예술의 의미를 이루는 것이 무엇인가와는 그다지 관련이 없다. 그보다는 이 책에서 소개한 관념들과 마찬가지로, 누가 예술의 의미를 결정하는가다.

역사상 가장 비싼 그림을 둘러싼 이야기

예술계를 이해하기 가장 좋은 때는 바로 예술계가 흔들릴 때다. 다행스럽게도 예술계는 제법 자주 뒤흔들린다. 내키는 대로 아무 시청 플랫폼이든 찾아 검색해보면, '예술계를 뒤흔든 거대한 스캔들'에 관한 다큐멘터리를 쉽게 찾을 수 있을 것이다. 이는 예술계가 쉽게 흔들리는 곳이기 때문이다. 그 이유는 예술계가 부를 쌓으러 온 고작 몇만 명 정도로 이뤄진, 비교적 좁은 곳이기 때문이다. 그 세계에 살고 있지 않은 사람들에게 예술과 예술사의 세계는 배타적이고 자기지시적인 곳처럼 보일지도 모른다. 그리고 여기에는 그럴 만한 이유가 있는지도 모른다. 여러분이 예술가라면 시장성이 있다는 점을 증명해야 할 것이고, 매매업자나 구매자라면 계급을 증명해야 한다. 익명으로 구입할 수 있는 다른 사치품과 달리, 예술품 매매업자와 구매자들의 부는 이들의 명성에 달려 있다. 돈을 한 푼이라도 주고받기에 앞서 신뢰를 먼저 쌓아야 한다. 거짓 때문에 재산을 잃을 수도 있는 세계에서는 얼마든지 말이 되는 일이다. 그렇지만 한편으로는 돈, 명성, 숭배의 득의양양한 결합을 진품성이라는 제단에 바치는 일이 예술계를 취약하게 만들기도 한다. 이를 보여주는 제일 좋은 사례는 가장 비싼 예술품과 관련된 사례이기도 하다.

2017년, 르네상스의 수퍼스타인 레오나르도 다빈치의 작품으로 밝혀진 그림이 경매에서 4억 5000만 달러에 팔리며 역사상 가장 비싼 그림이 되었다. 너무나 천문학적인 금액이어서, 일부 예술 비평가들은 모욕적이라고 여길 정도였다. 피터 스옐달은 『뉴요커』에 이렇게 적었다. "낡아빠진 옛날 그림이라는 점은 차치하고라도, 차세대 전략폭격기도 아닌 것에 4억 5000만 달러를 썼다는 사실은 지금의 시장에 비춰봤을 때 단순히 말이 안 되는 정도가 아니다. 이는 돈이 무가치해졌다는 사실을 보여준다." 예술품 시장이라는 배경에 비추어 본다면 꽤 강한 주장이다. '그 어떤 것과도 다르다'라고 홍보하면서도, 최신 스마트폰이든, 텔레비전이든, 가구든, 자동차든 간에 다른 사치재 시장과 거의 똑같은 방식으로 작동하는 예술품 시장 말이다. 놀랄 만한 액수를 지불하려는 대상이, 결국 따지고 보면 "낡아빠진 옛날 그림"이라는 의미를 갖춰야만 겨우 특별하다고 느껴지는 정도다.

문제의 그림은 「살바토르 문디Salvator Mundi」로, '세계의 구원자'라는 뜻이다. 예수 그리스도를 정면에서 그린 관습적인 스타일의 초상화로, 침울한 눈과 반쯤 미소 짓는 입의 대비는 '모나리자'를 떠오르게 한다. 레오나르도 다 빈치의 가장 유명한 작품이자, 세상에서 제일 유명하다고 인정받는 그 그림 말이다. 「살바토르 문디」는 구불구불한 갈색 머리와 밝은색 눈을 지닌, 유럽인의 인상이 강한 예수의 초상화다. 왼손에는 수정구를 들고 있으며, 오른손에서는 손가락 두 개를 들어 올려 축복을 내린다. 그 눈빛은 솔직히 말하자면 조금 아둔해 보이지만, 표정에 드러나는 전반적인 평온함은 무척이나 안심을 시켜준다. 느긋한 서퍼 같은 분위기의 그리스도가 여기에 있다. 마치 온 세상의 영혼을 구해주고 나서 여러분에게 꽤 괜찮은 플랫화이트를 만들어줄 것처럼 보인다.

이 그림이 원래부터 이 정도로 비싼 그림은 아니었다. 2005년 뉴올리언스에서 열린 경매에서 어느 예술품 매매업자가 이 그림을 샀을 때는 겨우 1,175달러를 냈다. 이 그림이 복원되고 나서야(과거의 보존 작업을 제거하고, 덧칠한 부분을 긁어내고, 약쑥이 가득한 판을 제거하고, 나무의 부서진 부분을 보수하는, 대단히

살바토르 문디 | Leonardo da Vinci, 「Salvator Mundi」, 1500년경 | 모하메드 빈 살만 소장

공을 들인 과정이었다) 복원가 다이앤 드와이어 모데스티니는 이 그림에 많은 것이 숨겨져 있다고 생각하기 시작했다. 겹겹이 쌓인 물감 아래에 있는 원본 스케치를 발견하며 이 그림이 모조품이 아니라 원본이라고 주장했다. 또한 「살바토르 문디」의 그리스도가 짓는 미소의 완성도가 '모나리자'를 강력하게 떠오르게 만든다는 점에 관해서도 이야기했다. 결정적으로 이 작품이 단순한 원본인 데서만 그치는 게 아니라, 무려 레오나르도 다빈치의 작품이라고 확신했다. 레오나르도 다빈치의 최고 권위자라고 인정받는 다섯 명의 전문가가 런던 내셔널 갤러리의 밀폐된 장소에서 회의하여 모데스티니의 평가에 동의한다는 결론을 내렸다. 바로 이 갤러리에서, 2011년 11월부터 2012년 2월까지 열린 '레오나르도 다빈치: 밀라노 궁정의 화가'라는 전시에서 이 그림은 대중들에게 공개됐다. 대가의 작품이라는 꼬리표를 달고 말이다. 이 전시는 「살바토르 문디」가 레오나르도 다빈치의 진품이라는 명성을 공고히 했고, 2017년 크리스티 경매에서 신기원을 이룬 가격에 팔리기까지 가치가 오르게 해주는 데 핵심 역할을 했다. '남성판 모나리자'로 홍보되었는데, 짐작건대 세계 시장에서 이 그림이 지닌 기독교적 함의를 완화하기 위한 것으로 보인다. 특히 중국과 아랍이라는 잠재적인 시장을 대상으로 말이다.

이 전술은 효과가 있었던 것 같다. 그림을 구매한 사람이 바데르 빈 압둘라 빈 모하메드 빈 파르한 알 사우드라는 사실이 곧이어 밝혀졌기 때문이다. 사우디아라비아의 왕자로, 아부다비의 문화 및 관광부나 사우디아라비아의 모하메드 황태자를 대신해서 나섰다는 추정이 다양하게 제기되었다. 그림이 판매되고 몇 주 뒤, 루브르 아부다비는 이 그림을 전시할 예정이라고 밝혔다. 그러다 4억 5000만 달러라는 뒤흔들림이 찾아왔다.

진품성이라는 임의적인 속성을 냉철한 시선으로 비췄을 때 예술계는 흔들린다. 우리는 무언가가 진짜인지를 어떻게 알 수 있을까? 그렇다고 얘기한 전문가들을 믿기 때문이다. 그렇지만 때로는 전문가들이 실수를 저지를 수도 있고, 그러면 작품의 가치에 심각한 영향을 끼칠 수도 있다. '루니 툰즈' 캐릭터인 와일 E. 코요테가 말했던 것처럼, 절벽 가장자리를 달려갈 때 떨어지지 않는 비법은 바로 아래를 내려다보지 않는 것이듯이, 차라리 진품성에 대해서는 생각하지 않는 게 좋을 수도 있다. 크리스티 경매에서 「살바토르 문디」가 팔리고 그 여파로 벌어진 일은 바로 예술계가 절벽 아래를 보고 만 것이었다. 예술계는 거의 균형을 잃고 추락할 뻔했다.

전문가 다섯 명이 진품이라 인증을 했고, 내셔널 갤러리에서도 승인 도장을 찍어주었지만, 작품의 진위성이 의심을 사게 되었다. 레오나르도 다빈치의 공방에서 그린 작품일 가능성은 크지만, 레오나르도 다빈치가 혼자 그린 작품일 가능성은 없다는 또 다른 의견이 대두됐다. 루브르 아부다비는 계획이 바뀌었으며, 전시가 연기되었다는 트윗을 올렸고, 그림은 사실상 모습을 감추었다. 이 그림이 사우디아라비아의 황태자 소유인 호화 요트에 올라 홍해를 항해한다는 소문이 떠돌았지만, 아마도 스위스에 있는 예술품 보관 창고에 있을 가능성이 크다.

이것은 결코 특이한 일은 아니다. 오늘날 사고파는 예술품의 상당수는 결국 창고로 향한다. 대개는 세금 때문에 돈을 잃어야 하는 일 없이 그림이 소유주의 자산이 될 수 있도록 면세 지역에 목적성으로 지은 창고다. 이치에 밝은 예술품 구매자들은 예술 작품을 박물관에 대여해서 자신의 구매한 예술품의 가치를 확고히 하기도 한다. 이는 보관과 보험에 드는 비용을 절약할 수 있다는 이중의 장점이 있는 데다, 한편으로는 「살바토르 문디」의 경우처럼 박물관에 전시되었다는 이유로 진품성의 빛을 더할 수가 있다.

박물관은 예술계에서 중요한 존재다. 내셔널 갤러리의 경우처럼, 작품이 전시되었다는 사실은 진품성과 검증의 증표로 여겨질 수가 있다. 레오나르도 다빈치가 그렸다는 사실은 「살바토르 문디」를 낡아빠진 옛날 그림에서 전혀 다른 차원으로 격상시켰다. 미켈란젤로라든가 다른 '닌자 거북이'들이 그러하듯이 레오나르도라는 이름은 확실히 사람들의 호감을 사는 특징이다. 빈센트 반 고흐부터 파블로 피카소, 그리고 앤디 워홀에 이르기까지, 학교에서든 TV 다큐멘터리에서든 우리가 모두 들어본 적 있는 예술가들이 동시에 오늘날 예술 시장에서 가장 믿음직하게 팔리는 작가들이라는 사실은 결코 우연이 아니다.

「살바토르 문디」가 레오나르도 다빈치 한 사람의 작품이라고 확인했던 전문가들은 진심 어린 평가를 내렸을지도 모른다. 솔직히 이들이 진심으로 평가했다는 사실을 의심할 만한 이유는 전혀 없다. 예술계라는 시스템이 전문가에 대한 신뢰에만 온전히 의존한다는 사실은 전문가들의 잘못이 아니며, 우리가 어떤 예술 작품이 '진짜'인지를 알 수 있는 유일한 방법은 그들의 얘기를 믿는 것뿐이라는 사실도 이들의 잘못이 아니다. 사기를 당해서 존재하지도 않는 옷을 산 동화 속 황제를 향해 웃는 일은 사회적인 관습을 거스르는 것이었지만, 만약 황제가 새로운 예술 작품을 샀다고 했다면 아무도 깊이 따지지 않았을 것이다.

아랍은 작품을 소유할 자격이 없다

아부다비의 루브르 얘기를 해보자면, 내가 처음 런던에 왔을 때는 아부다비에 관해서 들어본 사람이 거의 없을 정도였다. 아부다비가 아랍에미레이트의 수도라고 이야기를 하면, 돌아오는 것은 텅 빈 눈빛뿐이었다. 나는 이렇게 얘기하게 되었다. "중동에 있는 곳이야. 이라크에 가서 왼쪽으로 돌면 돼." 이웃인 두바이가 스스로를 국제적인 휴가지라고 칭했을 때조차도, 이 나라는 전반적으로나 문화적으로나 문자 그대로나 사막이라는 암묵적인 생각이 남아 있었다. 그렇지만 아랍에미레이트 초대 대통령인 셰이크 자이드 빈 술탄 알 나하얀이 자신의 사막 수도가 번성할 수 있는 기반 시설을 지었던 것과 마찬가지로, 그 후손들도 순전히 이들의 부와 야심 덕분에 세계에서 제일 저명한 미술관의 관심을 얻어낼 수가 있었다. 결코 예술을 위한 예술이 아닌 돈을 위한 예술이었다.

「살바토르 문디」는 여전히 자취를 감추고 있다. 과연 이 작품이 르네상스 시대 천재 한 사람의 작품인지, 아니면 조수들이 그리는 동안에 가끔씩 확인했던 작품인지에 대한 답은 나오지 않은 상태다. 그렇지만 더 흥미로운 부분은 바로 이 상황을 얘기하는 방식이다. 예술계에 남은 식민주의를 살펴보기 위해서는 그리 멀리까지 갈 필요도 없다. 예를 들면, 예술 비평가이자 역사학자인 벤 루이스가 BBC 라디오 4 채널의 예술과 문화 비평 프로그램인 〈프론트 로Front Row〉에 나와서 했던, 아무런 반박도 받지 않았던 얘기를 살펴보자. 루이스는 꼼꼼한 조사를 통해서 레오나르도의 작업실에 있던 「살바토르 문디」가 분실과 복원, 그리고 일련의 경매를 거치며 세계에서 가장 비싼 가격에 판매된 그림이 된 여정을 다루는 책인 『마지막 레오나르도The Last Leonardo』의 저자다. 그림의 행방이 어떻게 되었을지를 묻자, 루이스는 스위스에 있을 가능성이 크다고 답했다. 그는 이어서 이렇게 말했다. "사람들은 보통 사우디아라비아가 그 그림을 소유하고 있다고들 생각합니다. 저는 그 그림이 사우디아라비아의 가장 최근 정치범이라고 말하고 싶은 충동이 듭니다. 사우디아라

비아에서 참수형을 하지 않기를 바라봅시다." 반反 아랍 정서를
노골적으로 드러내는 그의 말은 어떤 면에서 본다면 이 인터뷰
에 담긴 메시지가 너무 명확해 주장을 쉽게 펼칠 수 있다는 점
에서 고맙기도 하다. 루이스에게는, 그리고 다른 사람들에게는,
상황이 아주 간단한 모양이다. 루브르든 아니든 간에, 결국 여전
히 사우디아라비아는 문명화된 예술계의 문門 앞에 선 야만인이
라는 것이다. 이들이 중요한 예술품을 적절하게 보살피리라고
믿을 수는 없다. 설령, 시간이 흐르고 흐를수록 이 그림을 살 수
있는 유일한 이들이 사우디아라비아뿐이라 해도 말이다.

바미얀 석불이 파괴됐을 때

2001년 3월, 탈레반이 다이너마이트를 이용해 아프가니스탄의
바미얀 계곡에 있는 기념비적인 석불 두 개를 날려 보냈다. 그
당시 나는 고고학과 2학년 학생이었는데, 그 일이 벌어졌던 주
에는 마치 아무런 일도 일어나지 않았다는 듯이 조용했다. 손목
관절을 꺾거나 버켄스탁 슬리퍼를 끄는 소리만 들렸다. 대중 고
고학 세미나가 진행되던 중에, 내 인내심이 한계에 이르렀다. 필
수 이수 강의였던 대중 고고학 세미나는 고고학 이해의 역사와
실천에 관한 기초적인 교육을 제공한다는 목적으로 설계된 것
이었다. 인기가 있는 강좌였다. 같은 수업을 듣는 학생들 대부분

이 TV 프로그램 〈타임 팀Time Team〉이나 인디애나 존스 시리즈, 또는 그 둘 다의 엄청난 팬이라는 이유로 고고학을 전공하기로 결정했으니 말이다(나는 1999년에 개봉한 『미이라』 한 편만 보고 이집트 고고학을 배우겠다고 결정할 뻔했다). 고고학의 정치적 측면과, 국가 건설이라는 이해관계에 고고학을 끌어들이는 경우가 많다는 점에 관해서도 배웠다. 독일 문화가 인도유럽 계통에 근원을 두고 있다는 사상으로 나치에 직접적인 영향을 끼친 독일의 철학자 구스타프 코시나부터, 힌두교 민족주의자들이 바브리 마스지드를 파괴했던 사건에 이르기까지, 우리는 상상된 과거를 이용해 현재를 정당화하는 수많은 방식들을 알게 되었다. 이는 상당히 재앙적인 결과를 낳는 경우가 많았다.

사건이 일어났던 그 주, 교실로 터벅터벅 걸어 들어가던 우리는 굳이 언질이 없어도 토론 주제가 무엇일지 알고 있었다. 그 주 내내 기세 좋게 이어지던 바미얀 석불을 향한 유럽의 집착, 절망, 분노는 슬픈 진실을 되새겨주었다. 영국과 미국의 뉴스가 흔하게 헤드라인으로 올라오는 아부다비와 달리, 영국에서는 지난여름 파키스탄에서 일어난 군사 쿠데타에 관한 얘기는 거의 언급조차 되지 않았다. 아프가니스탄에서 앞서 3년 동안 벌어진 일도 마찬가지였다. 그렇지만 바미얀 석불에 관한 뉴스는 꽤나 대대적으로 헤드라인에 올랐다. 서양 저널리스트들이 촬영한 폭발 현장 모습은 뉴스에서 계속해서 방영됐다. 마치 부각시키려는 것처럼 느껴졌다. 여섯 달 뒤에는 똑같은 일이 100배의 강도로 일어났다. 알 카에다가 뉴욕의 쌍둥이 빌딩을 공격한 장면 말이다. 문명이 공격을 받았다고 여겨질 때면 모두의 눈이 문명으로 향한다. 그렇게 나는 깨달았다. 영국에 있는 사람들이 아프가니스탄에서 벌어지는 일을 몰랐던 게 아니라는 사실을. 단지 대개는 상관을 안 하기 때문이었다는 사실을. 영국에 있는 사람들은 대혼란과 무질서 속에 내던져진 아프간 사람들의 일상에 관해서, 자신들의 집에서 달아나거나 아니면 억압적인 새로운 체제 아래에서 살아가야만 하는 사람들에 관해서 상관하지 않았다. 탈레반 치하에서는 아프가니스탄 여성들에 대한 가부장적 제재가 극심해져, 여성들은 공공장소를 돌아다닐 수도 없었고, 일을 할 수도 없었다. 남편과 사별한 여성의 경우 아이들을 먹일 수도 없는 상황이었다.

그렇지만 탈레반이 석불을 파괴하자 모든 이들의 이목이 집중되었다. 나는 그런 모습을 그저 두고 보고 싶지 않았다. 그래서 이 수업에서 바미얀 석불에 관한 얘기를 할 계획이라면 자리를 뜨겠다고 말했다. 세미나 구성원들은 아프가니스탄 사람들이 받는 억압이, 이미 사라져버린, 천 년쯤 된 조각상이 파괴된 일만큼 중요하지는 않다고 생각할지도 몰랐지만, 나는 그에 동조할 생각이 없었다. 교수는 수업이 이런 식으로 전개될 줄은 분명 미처 예상치 못했겠지만, 내 말을 진지하게 받아들여주었다. 그는 이렇게 말했다. "알겠습니다. 그렇다면 파르테논 신전의 대리석 조각상들에 관해서 얘기해봅시다." 이는 훨씬 더 국지적인 문제라는 장점이 있었다. 이 조각상들이 전시되어 있는 대영박물관은 강의실에서 엎어지면 코 닿을 만한 거리에 있었다. 고고학과 건물 지붕에는 중세 투석기가 있었으니, 어쩌면 대영박물관 창문 하나는 깰 수도 있는 정도였을 것이다. 이것이 딱히 큰 변화라고는 할 수 없었겠지만, 그래도 전반적인 정서는 마음에 들었다.

예술계에서 어떤 일이 벌어지건 간에, 내부에서 일어나는 스캔들이든 아니면 바깥에서 던진 다이너마이트든 간에, 한 가지는 확실하다. 서양에서 예술이란 곧 서양이 규정한 틀에 맞는 것이며 예술이 적절하게 보살핌을 받을 수 있는 것은 오로지 서양뿐이라는 점이다. 이와 같은 보살핌에 관한 관념에는 내재적인 폭력이 있다. 이는 서양 문명의 또 다른 보루가 세운 벽 안에서 생겨나는 폭력이다. 바로 박물관이라는 보루다.「살바토르 문디」와 다른 예술 스캔들이 보여주었듯이, 진품성을 추종하는 자들 사이에서는 진품이라 입증하는 자가 왕이다. 박물관은 모조품과 재산을 구분하고, 맞고 틀린 것을 구분하고, 문명적인 것과 비문명적인 것을 구분하는 일에 아주 오랫동안 몸을 담아왔다.

근대적 박물관의 시작

박물관의 기원은 고대 이집트로 거슬러 올라간다. 이를테면 파라오 아멘호테프 III세의 식물군과 동물군 컬렉션처럼 말이다. 중국의 상 왕조부터 고대 그리스와 로마, 또 초기 이슬람 국가를 거쳐 중세와 르네상스 시기 유럽에 이르기까지, 초기의 컬렉션에 관한 기록들이 있다. 르네상스의 컬렉션들은 대개 '웅장한 컬렉션princely collections'이라 불렸는데, 이는 오늘날 예술품을 소비하는 방식과 상당히 닮았다. 왕궁에 특별히 설계한 방을 마련해, 벽에다 회화를 가득 채워 놓는다거나, 갤러리 꼭대기까지 고전적인 조각상들을 꽉 채워두었기 때문이다. 이런 장소들은 문화적인 식견이 있는 여행자들이 휴가 때 찾아와 정신적인 자기계발을 위해 거니는 그런 곳이었다. 이를테면 로마에 있는 보르게세 대저택 같은 곳 말이다. 이름에서 알 수 있듯이, '웅장한 컬렉션'은 부유한 귀족 가문들만의 영역이었다. 이들은 장식적이고 영감을 불러일으키는 물건들을 과시적으로 소비하며 자신들의 부, 훌륭한 취향, 그리고 전반적인 문화적 우월성을 드러냈다.

박물관들이 보는 즐거움을 위해 미적인 이유로 전시품을 수집하는 데에서 보다 과학적인 동기를 띠게끔 변모한 때는 16세기였다. '모든 종류를 하나씩'과 같은 식의 백과사전적 박물관들은 오늘날 가장 익숙한 유형이다. 런던 자연사 박물관에 소장된 표본 컬렉션처럼 과학적인 것, 대영박물관에서 볼 수 있는 것처럼 예술, 고고학, 인류학 분야의 국립 컬렉션 모두 같은 유형이다.

백과사전적인 컬렉션은 분류학에 바탕을 두고 있다. 이런 컬렉션은 모든 생명체를 한 공간에 넣어두고 시간과 공간에 따라 정리하며 질서를 파악하려는 방식이었다. 초창기 분류학적 박물관 가운데 한 곳으로 코펜하겐에 있는 보르미아눔 박물관이 있다. 설립자인 올레 보름의 이름을 따서 만든 곳이다. 보르미아눔 박물관은 비교적 조그만 정사각형 방으로, 바닥에는 검은색과 흰색으로 마름모꼴 패턴이 있고, 맞춤으로 제작한 널따란 선반에는 뼈와 박제 모두를 아우르는 동물학 표본들이 가득하다. 천장에는 보존 처리를 한 거대한 물고기가 매달려 있고, 한쪽 구석에는 속을 채워둔 북극곰이 슬쩍 보인다. 겉으로는 자연사 컬렉션을 표방하는 보르미아눔 박물관의 흥미로운 점은 바로 보름이 민속학적 물건도 함께 수집했다는 사실이다. 보르미아눔은 구체적인 분과로서의 인류학의 초기 버전이었다. 그런 동시에, 비서구의 문화를 '타자'로, 그러니까 근본적인 차원에서 서양과는 어떤 식으로든 다르게 타고났으며 서양보다 열등한 존재로 대상화하는 버전이기도 했다.

19세기 무렵이 되자, 백과사전적 박물관들은 국가적인 프로젝트에 발맞춰 조정된다. 본래 의사이자 노예 소유주이자 식물학자였던 한스 슬론 경의 개인 컬렉션을 기초로 삼아 설립되었던 대영박물관은 최초의 국립 박물관이 되었다. 고대 그리스 신전에서 그대로 떼어온 것만 같은 신고전주의적 디자인은 고전 세계의 힘을 떠오르게 하며 그 힘을 활용한다. 런던의 대영박물관이나 빅토리아 앨버트 박물관 같은 국립 컬렉션은 대영제국의 아카이브로, 대영제국의 힘을 3차원에 구현한 것이었다. 이

보르미아눔 박물관

것은 두말할 필요도 없이 인종 과학을 활용했기에 가능했다.

요즘에는 대부분 무대 뒤편에 안전하게 감춰져 있지만, 전성기 서양의 박물관에는 인간의 두개골이 그득 들어차 있었다. 그 가운데 많은 두개골은 제국의 외곽에 나가 있는 식민주의자들이 박물관에 '기증'한 것으로, 그 가운데 일부는 표본을 찾아 싸움터에 매장되었던 것을 주워온 것이다. 곤충학자들이 그물로 나비를 잡아 핀을 꽂고 전시하듯이, 전 세계 사람들의 유해를 수집했다. 해골들은 문명화되고 도시적인 제국의 중심인 유럽의 본국으로 보내졌으며, 그곳에서 박물관에 보관되었다. 워싱턴의 스미소니언 박물관에는, 런던의 자연사 박물관에는, 그리고 파리의 인류 박물관에는 선반이 차곡차곡 쌓이며 인간의 두개골로 넘쳐났다. 세척하고, 꼬리표를 달고, 이를 훤히 드러낸 채 찡그리고 있는 두개골을 줄 세워 연구할 준비를 갖추었다.

유럽이 고대 이집트의 문화적 후손?

박물관은 강력하면서도 유독 잘 뒤바뀌는 문화적인 분류의 장이었다. 서양이 최고라는 점을 드러내는 장소였다. 실제로 서양이 어떤 일을 하는지와는 상관없이 말이다. 예를 들어, 19세기에 접어들 무렵 나폴레옹의 부대가 이집트에 가서 다이너마이트를 이용해 람세스 II세의 거대한 현무암 조각상을 부숴버렸다는 이야기를 할 때, 우리는 탈레반의 소식을 들었을 때처럼 걱정하지 않아도 된다. 설령 이 부대가 이집트의 조각상을 실제로 폭파했다고 한들, 나폴레옹의 동기는 이 조각상들을 프랑스의 국립 컬렉션에 들여놓으려는 것이었으니 말이다. 그 컬렉션에 들어가면 조각상들은 안전할 터였다. 나폴레옹의 시도는 실패했고, 이후 이집트에 있던 영국 총영사인 헨리 솔트 경이 영국의 명예를 위해 가세한다. 솔트는 괴력사로 활동하다 서커스에서 도망친 이력이 있는, 그러다 프리랜서 고고학자가 된 조반니 벨조니를 고용한다. 벨조니는 천 년 전 고대 이집트인들이 조각상을 그 자리에 가져다 놓을 때 사용했던 것과 비슷한 지렛대와 도르래 시스템을 이용해 거대한 람세스 조각상을 옮겼다.

오늘날 대영박물관의 이집트관을 따라 걷다 보면(파르테논 신전의 대리석 조각상들을 보러 가려면 이곳을 지나가야만 한다) 충격적일 정도로 엄청난 전시품을 보게 될 것이다. 모든 작품이 이보다 한층 더 거대한 궁전과 신전 표면에서 뜯어낸 것처럼 거대한데, 이는 당연히 이 전시품들이 바로 그런 곳에서, 정확히 그와 같은 방식으로 이곳에 오게 되었기 때문이다. 한가운데에는 허리가 잘려나가고 가슴 오른편에 구멍이 뚫린 람세스 II세의 흉상이 있다. 이집트의 유물이 현재 유럽의 박물관에 있다는 사실은 단순히 유럽이 이집트에 행사한 권력만을 보여주는 데서 그치지 않고, 고대 이집트인들의 진정한 문화적 후손은 쉽게 떠올릴 수 있는 것처럼 오늘날의 이집트인들과 그리스인들이 결코 아니라, 지금 이 물건들을 소장하고 있는 박물관을 만들어낸 프랑스인, 영국인, 독일인이라는 서사를 전한다.

유럽 고고학자들과 박물관 연구원들은 이집트 사람들에 관한 해로운 스테레오타입을 만들어내는 데에 중요한 역할을 했다. 일단, 이집트 고고학을 '구출'해야 한다고 얘기하며 이들은 이집트인들이 유물을 관리할 수 있는 능력이 없다는 인상을 만들어냈다. 영국의 고고학자 플린더스 피트리(우생학자이자 프랜시스 골턴의 후배이기도 하다)는 1931년에 펴낸 자서전에서 "이집트에서 일 년 동안 작업을 해보니 마치 불에 타는 집 같다는 인상을 받았다. 너무나 빠르게 파괴되고 있었기 때문이었다. 내 책무는 마치 구조요원과도 같아서, 손에 넣을 수 있는 모든 것들을 빠르게 모으는 것이었다"라고 설명했다.

역사학자 데비 챌리스는 자신의 책 『인종의 고고학The Archae-ology of Race』에서 피트리의 일부 사상을 비롯해 19세기 말과 20세기 초의 인종주의적 이론들이 오늘날의 이집트인들은 몇 세기 전 똑같은 땅에서 살았던 사람들과는 인종적으로 크게 달라서, 사실상 이들의 후손이라 여길 수 없다고 상정했다는 점을 개략적으로 설명한다. 피트리의 사상은 성서적인 역사와 얽혔다. 그는 아마르나 유적지의 벽에 조각된 양식화된 초상화와 다른 작품을 근거로 삼아, 아크나톤 파라오와 그의 어머니인 티이 왕비, 그리고 어쩌면 파라오의 아내인 네페르티티까지도 사실은 시리아 혈통일지 모른다고 주장했다. 아크나톤 파라오는 고대 이집트의 다신론적 종교를 거부하고, 자신만의 새로운 일신론적 종교를 내세운 것으로 유명하다. 피트리는 이 독불장군 파라오를 성지와 엮으면서, 고대 이집트와 현대의 서양 사이에 직접적인 역사적 연결고리를 만들었다. 간단히 얘기하자면, 피트리는 역사상 가장 유명한 파라오 가운데 하나로 손꼽히는 아크나톤 파라오가 아프리카 혈통이 아니라고 주장하면서 이집트이 특별한 지위를 확립했다. 이제껏 할리우드에서 제작한 구약성서를 다룬 장편 영화의 모든 캐스팅과 마찬가지로 말이다. 이집트의 고고학자 헤바 압드 엘 가와드는 이런 관념이 확장되어 현대 이집트인들은 고대 이집트 문화의 정당한 후계자가 아니라는 함의를 품기에 이르렀다고 설명했다. 그리고 이집트의 유물을 이집트인들의 손에서 빼앗아 보호해야 한다는 빅토리아 시대의 인종차별적인 관념을 거부해야 한다고 주장한다.

현대적인 박물관들은 자연과 문화를 구분하는 수준을 훌쩍 넘어선다. 이 박물관들은 서양과 비서양을 구분해서, 이와 같은 구분이 완전히 자연스러운 것처럼 보이도록 만들기에 이른다. 박물관들이 들려주는 이야기는 전시장에서 볼 수 있는 것 그 이상이다. 이는 단순히 물건을 전시한 것이 아니라 권력을 전시한 것이다. 대영박물관이 물건을 전시한 장소와 방식은 많은 의미를 전달한다. 중앙 층에는 그리스, 로마, 이집트에서 가져온 고전적인 조각상이 있는 통풍이 잘 되는 널찍한 갤러리가 있다. 아프리카의 예술품을 살펴보고 싶다면(확실히 이집트는 포함하지 않고 나머지 대륙 전체에서 가져온 예술품들이다), 지하로 내려가야 한다. 우리의 예술 감상 여정의 마지막 단계는 바로 그곳이다. 이곳은 국립미술관이 지닌 또 다른, 어쩌면 훨씬 더 명백한 기능을 보여주는 장소다. 바로 전쟁 약탈품을 저장하는 창고라는 기능이다.

대영박물관의 베냉 장식판

"폭력적으로 강탈하거나, 약탈하거나, 또는 다른 방식으로 도둑질하다"라는 뜻을 지닌 동사 '훔치다loot'는 힌디어 'lut'의 영어 버전이다. 힌디어에서도 의미는 같다. 책에서 이제껏 다뤄왔던 그리스어를 떠올려본다면, 식민주의적인 약탈을 설명하는 단어를 찾아내고 보니 영국인들이 남아시아의 식민지에서 가져온 말이었다는 사실은 참 아이러니한 일이다. 그렇지만 이는 영국인들이 스스로 만들어낸 말이라고 해도 과언이 아니다.

찰스 칼웰 소장은 자신의 책 『작은 전쟁들Small Wars』에서 가넷 월슬리 육군 원수의 말을 인용하며 이렇게 얘기한다. "비문명적인 국가와 전쟁을 치를 준비를 할 때는 (…) 무엇이든 간에 이들이 제일 소중하게 여기는 대상을 사로잡는 것을 첫 번째 목표로 삼아야 한다. 그것을 파괴하고 빼앗는 일이 전쟁을 가장 빠르게 끝내는 방법일 것이다." 군인으로서 경력을 쌓아오며 월슬리는 제국의 화신이 되었다. 그는 크림전쟁, 1857년 세포이 항쟁, 중국, 캐나다, 그리고 수단의 마디스에 맞서는 나일강 원정에서 임무를 수행했다. 1895년, 그는 육군 총사령관이 되며 영국 육군의 우두머리가 되었다. 그리고 영국 군대가 월슬리의 지시를 문자 그대로 수행하면서 식민지에서 단순히 물질적인 자원만 수탈한 것이 아니라는 사실은 슬픈 일이다. 이들은 식민지이 가장 중요한 부분도 망쳐놓았다.

1897년, 영국은 베냉 왕국에 대해 이른바 토벌을 실시한다. 독립적인 국가이자 서아프리카의 주요 세력이었던 베냉 왕국은 영국의 식민지였던 나이지리아에 흡수된다. 토벌을 향한 준비는 영국이 맺고 있는 식민지 관계에 확실한 본보기가 되었다. 강력한 정치적 지도자였던 베냉의 추장인 오본람웬과 맺은 조약 문서의 애매모호한 문구들을 비롯해, 영국이 고무와 팜유와 같은 풍부한 자원을 얻으려고 이 협약을 어긴 것도 그 일부였다.(학교에서 지리 수업을 할 때 단순히 세계에 있는 나라들과 그 위치만 알려주는 것이 아니라, 천연자원과 경제도 다루는 이유가 무엇인지 의문을 품어본 적이 있는가? 식민주의 때문이다.) 추장은 매년 열리는 고립 의례 기간에 베닌시티가 평화로울 수 있도록 영사단의 방문을 연기해달라고 이들에게 이야기했다. 영국 영사인 제임스 필립스가 이 요청을 어기자, 그를 비롯해 일행 대부분은 죽임을 당했다. 이에 대한 보복으로 영국 병사와 아프리카 병사 5000명이 토벌에 나섰다.

베냉 왕국은 완전히 난도질당했다. 볼트 액션 소총들과 맥심 기관총 30대에서 우박처럼 쏟아지는 총알 3만 개 앞에서 모든 도시와 수도가 파괴되었다. 맥심 기관총은 그 당시 최신식 살상 도구였다. 수도를 광범위하게 약탈했고, 다음에는 왕대비의 거처, 행정 업무용 건물, 의례용 건물을 비롯한 왕궁의 내부와 일반 시민들의 집 수백 채를 불에 태웠다. 기록에 따르면 이 공격 중에 영국의 8개 부대가 사살됐다고 나온다. 베냉 쪽에서는 얼마나 많은 사상자가 발생했는지에 관한 영국 쪽 기록은 없다. 이는 의도적인 전술이었을 것으로 보인다. 그 유명한 1879년의 영국-줄루 전쟁을 비롯해 앞서 일어났던 비슷한 충돌에서 아프리카인들을 무차별적으로 학살한 데 대해 뚜렷한 반감이 일었기 때문이다. 영국의 공격을 피할 수 있을지 모른다는 희망으로 추장이 의례적 희생을 명령해 죽임을 당한 사람들 수백 명도 베냉에서 사망한 사람들 가운데 포함된다는 사실을 따진다 해도 별로 의미는 없다.

베냉 왕국이 파괴되기 전에도 약탈은 자행되고 있었다. 몇몇 영국 병사들이 편지와 개인적인 일기 속에 엄청나게 많은 전리품 이야기를 써두었기 때문이다. 당연히 그 뒤로 유럽 전역에 물건 수천 개가 전시되었고, 이 이야기는 박물관의 다양한 기록 보관용 꼬리표와 사진에도 등장한다. 영국 군대는 장식용으로 조각을 새긴 커다란 코끼리 상아부터 장신구, 그리고 의례용 도구에 이르기까지, 실어 나를 수 있는 것들은 모두 가져온 것으로

베냉 장식판 | 대영박물관 소장

세계를 움직인 열 가지 프레임

보인다. 이 가운데 최고봉은 대략 천 개쯤 되는 황동판으로, 유럽 전역의 박물관에 퍼져 전시되었다. 이를 베냉 장식판이라고 총칭한다. 1897년 런던만 따져보더라도, 베냉에서 가져온 약탈품은 왕립 식민 협회, 왕립 지리 학회, 포레스트 힐의 호니먼 박물관, 그리고 당연히 대영박물관에 전시되었다. 이곳에는 오늘도 여전히 100개 정도가 전시되고 있다. 박물관 지하에 있는 아프리카관 소장품의 일부다. 판에 끼워져 가로 여덟 줄과 세로 일곱 줄로 이뤄진 바둑판 모양으로 전시되어 있어, 마치 우주를 자유자재로 떠다니는 것만 같다. 이런 식으로 전리품 또는 식민지 시기의 노획물과 약탈품을 지구에 유의미하게 연결되지 않은 것인 양 전시하고 있다. 이와 같은 전시 방식은 서양이 이 사물들의 함의와 맥락을 무시한 채 바라본다는 점을 뚜렷하게 드러낸다. 그런 동시에, 이 장식판이 베냉 왕국에 얼마나 큰 상실을 가져다주었는지도 강력하게 보여준다.

문화유산을 돌려주지 않는 이유

나이지리아의 예술가이자 작가인 빅터 에이카메너는 이렇게 말했다. "마치 수도 없이 얘기를 들었던 할머니를 보는 것 같습니다. 드디어 그 할머니를 만나게 되었는데, 할머니가 철창에 갇혀 사슬에 묶여 있는 셈이죠." 에이카메너의 예술 작품에는 베냉 장식판에 사용된 것과 똑같은 전통적인 기법이 쓰인다. 나는 2020년 11월에 그를 만났다. 댄 힉스가 쓴 책『대약탈 박물관』의 출판발표회에서 그는 패널 가운데 한 사람이었고, 나는 진행을 맡았다. 힉스는 피트 리버스 박물관의 연구원이자, 옥스퍼드대학교의 동시대 고고학 담당 교수다. 이 이야기 속에 담긴 많은 정보의 원천이 되어준 그의 책은 문화적으로 중요한 사건이었다. 유럽의 박물관 기록 보관소를 꼼꼼히 연구한 내용을 바탕으로 약탈한 물건들을 본국으로 송환해야 한다고 유럽 박물관의 연구원이 주장한 것은 처음이었다. 힉스의 연구는 베냉 장식판을 절도한 범죄 행각을 알렸다. 또한, 활동가 단체인 로즈 머스트 폴 옥스퍼드Rhodes Must Fall Oxford의 주장도 소개하고 있는데, 이 단체는 옥스퍼드에 잔존하는 식민주의의 유산 문제를 다루고 있다. 캠페인의 일환으로 2015년에 피트 리버스 박물관을 "옥스퍼드에서 가장 폭력적인 장소 가운데 한 곳"으로 지정했다. 이들은 이 박물관의 핵심이 약탈품을 보관하고 동시에 진실을 감추는 것이라 주장했다.

바로 이 책의 출판발표회 때 에이카메너는 말했다. "예술을 위한 예술이라는 말은 서양의 관념입니다." 베냉 장식판이 예술품이라는 데에는 의심의 여지가 없다. 솔직히 얘기하자면 이 장식판이 품고 있는 기술적이고 미적인 힘은 서양 국가들을 큰 충격에 빠뜨렸고, 그래서 약탈을 하며 그렇게나 열렬히 갈취해와서 자신들의 박물관에 전시했던 것이다. 서양인들은 의아했다.

베냉 왕국의 주민들처럼 원시적이고 야만적인 사람들이 어떻게 이렇게 복잡하고 아름다운 물건을 만들어낼 수가 있었을까? 물론 그 대답은 바로 아름다움, 섬세함, 지적 우월성에 관한 서양의 관념이, 그러니까 간단히 말해서 문명과 백인 우월주의라는 서양의 관념이 베냉을, 더욱 폭넓게는 아프리카인들을, 그리고 모든 비서구인들을 의도적으로 무시하도록 유도했기 때문이라는 것이다. 그래서 박물관의 전시품이 무엇을 보여주건 간에, 이들 모두는 그저 그와 같이 발전한 문화적인 행동을 할 능력이 없다고 취급했던 것이다.(20세기 초, 독일의 민속학자 레오 프로베니우스는 베냉 장식판이 사라진 아틀란티스 문명의 생존자들이 만든 작품이라는 주장을 굽히지 않았다.)

예술만을 위한 예술이라는 관념은 베냉 장식판을 국립 미술관에 전시하는 행동을 정당화한다. 베냉 왕국의 후손들이 이 물건들이 자기 조상과 친척의 영혼을 체현하고 있다고 여긴다는 사실은 염두에 두지 않는다. 페루의 키푸나 오스트레일리아의 드리밍과 마찬가지로, 베냉 장식판은 사에이아마sa-e-y-ama였다. 다시 말해, 기억하는 수단이자 역사와 기념의 역할을 하는 '금속 주조'였다. 이들은 베냉 왕국의 긴 역사, 통치자, 이들이 만들었던 법과 삶을 들려준다. 장식판은 죽은 사물이 아니다. 이 장식판이 부재한다는 사실과 이 도난에 대한 기억은 후손들에게 크나큰 상처로 남아 있다. 베냉 장식판은 곧 사람이며, 이들의 민족은 그 상실을 계속해서 절감하고 있다. 베냉 왕국의 후손들은 자신들의 친척과 역사를 돌려달라고 요청했다(첫 번째 공식적인 요청은 1936년으로 거슬러 올라간다). 최근에 헤드라인에 오른 눈에 띄는 한 줌의 예외적인 사례를 제외하고는, 이들의 요청은 계속해서 무시되고 있다.

유럽 박물관에 있는 아프리카 물건들의 사례가 전 세계적으로 스포트라이트를 받게 된 것은 2018년에 프랑스의 대통령 에마뉘엘 마크롱이 의뢰한 보고서가 발표되었을 때다. 세네갈의 학자 펠윈 사르와 프랑스의 예술사학자 베네딕트 사보이가 엮고 집필한 이 보고서는 사하라 이남 지역 아프리카 국가들의 유물 가운데 90퍼센트를 서양 박물관이 소유하고 있다는 사실을 밝혀냈다. 입장을 바꾸어 이 사실이 어떤 의미인지를 잠시 상상해보자. 서양의 모든 유물과 유산의 10분의 9가 아프리카의 박물관에 보관되어 있다면 어떨까? 이는 단순히 유럽과 북아메리카에 있는 수많은 회화와 조각 열 개 가운데 아홉 개가 벽에서 떼어져 나와 다른 어딘가로 실려 간 정도가 아니다. 셰익스피어와 휘트먼과 볼테르의 문학작품이, 모차르트와 베토벤과 바흐의 음악이, 흄과 칸트의 역사와 철학이, 그러니까 다시 말해 서양 문명의 모든 최고의 가치가 산산조각 나고, 맥락과 무관한 곳으로 떨어져 나가고, 그리고 무엇보다도 꽁꽁 싸인 채 창고에 들어가 있다는 것이다. 이는 어마어마한 규모로 벌어지는 문화적인 제국주의이며, 아프리카 국가의 사람들이 자신들의 것을 돌려달라고 요구하며 계속해서 분노하는 것은 너무나 합당한 일이다. 이들은 단순히 개별적인 작품을 잃은 것이 아니라, 자신들의 문화와 가족도 통째로 잃은 것이기 때문이다.

예술을 위한 길

2014년에 마크 워커가 베냉 장식판 두 개를 베냉 추장에게 돌려주었을 때, 그는 예상치 못했던 선물을 받았다. 워커는 자신의 할아버지였던 허버트 서덜랜드 워커 대위가 베닌시티에서 약탈해 영국으로 가져왔던 장식판들 가운데 두 개를 돌려주었다. 그렇게 돌려준 장식판 가운데 하나는 집에서 도어스토퍼로 사용하고 있었다. 그에 대한 보답으로 워커는 양식화된 표범 머리를 한 커다란 금속 조각상을 선물로 받았다(베냉 왕국에서 표범은 통치자를 상징한다). 저널리스트 마크 피넬이 진행하는 팟캐스트 〈영국이 훔친 것들Stuff The British Stole〉에서 피넬과 인터뷰를 한 워커는 이렇게 말했다. "정말 마음속 깊이 당혹스러웠습니다. 저는 이 모든 걸 받을 자격이 없거든요. 저는 다만 우리의 이 어려운 역사를 어떻게 해결할 것인가라는 더 큰 문제에 도움이 될지도 모르겠다고 생각한 행동을 했을 뿐이니까요." 인간의 유해를 본국으로 송환하는 일을 진행했던 유럽 박물관의 담당자들도 비슷한 반응을 보인다. 이들은 박물관에서 기꺼이 행사를 연다. 본국의 사람들이 잃어버렸던 친척을 제자리로 맞이하며 행진을 하고 구호를 외칠 때 동참한다. 그렇지만 유해를 송환하는 데에 대한 보답으로 선물을(대개는 문화적인 물건들이다) 건네받을 때면 망설이는 경우가 많다. 워커와 마찬가지로 이 박물관 연구원들은 역사적인 잘못을 바로잡는 것이 자신의 역할이라 여긴다. 이들은 감사를 바라는 것이 아니며, 더 많은 물건을 떠맡을 생각은 더더욱 없다.

그렇지만 여기서도 역시나 이 선물들은 단순한 사물에 그치지 않는다. 이들은 감사의 표현이자, 아마도 더 중요한 것은 바로 호혜성의 표현이다. 물건을 주고받는 행동은 다양한 사람 집단 사이에 연결을 만들어낸다. 역사적으로 살펴보면 빼앗은 것은 비교적 쉽게 돌려줄 수가 있다. 그렇지만 사람들 사이에서 잃어버린 것은 그렇게 쉽게 되찾을 수가 없다. 카메룬의 역사학자이자 철학자인 아실 음벰베는 1897년의 토벌과 그 밖에 유럽이 아프리카 국가들에 불러일으킨 식민주의적인 재앙은 피할 수 없는 트라우마를 불러일으키는 사건들이기에, 아프리카 사람들은 어느 정도는 이 상실을 품고 살아가는 법을 익혀야 할 것이라고 말했다. 또한, 이와 동일한 맥락에서 유럽인들은 그 트라우마를 만드는 데에 자신들이 거들었던 몫을 자백해야 할 것이라고도 얘기했다.

인정은 화해를 향한 긴 여정의 첫 단계다. 문제는 계속해서 다른 이들에게 해를 끼치면서 문명적인 이상을 고집한다는 점이다. 유럽의 박물관이 취하고 있는 어쩔 수 없는 정치적인 입장은 베닝 장식판은 지금 있는 장소에 머물러야 한다는 것이다. 이곳이야말로 예술품이 속한 곳이며, 또 제일 잘 관리될 수 있는 곳이라는 이유로 말이다. 설령 박물관이 이들이 지닌 예술로서의 가치 전체를 끊임없이 깎아내린다 해도 말이다. 서양은 예술의 가치를 비롯해서 이와 같은 예술을 만들어낸 사람들의 가치를 여전히 마음대로 결정한다. 서양은 비서구 지역의 문화적 유산이 전승되고 또 역사와 미래 세대 정체성의 자양분이 될 수 있는 길을 계속해서 막아선다. 균열을 치유한다는 것은 곧 유의미한 문화적 교류와 연결을 만듦으로써 문명적인 것과 비문명적인 것 사이의 구분을 끝낸다는 의미다. 이와 같은 관계를 구축하려면 모두 동등한 수준에서 대화 석상에 모여야 한다. 바로 이런 사회적 상호작용이야말로 사실은 그 자체로 예술이다.

9장

죽음 앞에서는 모두가 평등하다

— 죽음

Death is the great equalizer

제러미 벤담의 오토-아이콘

1832년 6월 9일 런던의 어느 해부학 교실. 궂은 날씨로 유리창
은 덜그럭거리고 있었다. 사람이 가득한 교실 한가운데의 수술
대에는 죽은 지 사흘이 지난 시체가 놓여져 있었고, 토머스 사
우스우드 스미스 박사가 시체를 내려다보고 있었다. 시체는 박
사의 친구인 제러미 벤담이었다. 생전에도 그리고 사후에도 벤
담은 서양의 주요 작품을 써낸 위대하고 독창적인 사상가 가운
데 한 사람으로 인정받았다. 자리를 지키는 사람들은 스미스의
장례식 연설을 들으며, 공동의 대의를 위한 친구의 용기와 헌신
을 칭찬했다. 그런 다음 스미스는 모여 있는 사람들에게 이틀 뒤
에 열릴 강의에서는 "바로 이 시체로 시연을 하며, 폐와 심장의
해부학적 구조에 관해 강의할 것"이라고 알렸다. 예정대로 이틀

뒤, 해부학자인 리처드 더갈드 그레인저는 벤담의 시체를 절개했다. 벤담이 직접 요청한 내용에 따라 이뤄지기는 했으나, 이는 서사시처럼 긴 논란을 불러일으킬 수도 있는 불법적인 장면이었다. 그리고 이는 그저 시작에 불과했다.

스미스는 벤담의 머리를 나머지 몸에서 떼어냈다. 뼈와 살을 분리하고, 새로운 척추 역할을 할 철제 지주를 다시 조립해서 '몸'을 똑바로 세웠다. 뼈는 자그마한 손가락뼈와 발가락뼈까지 철사로 세밀하게 연결을 해두어, 몸 전체를 일종의 해골 꼭두각시처럼 만들었다. 꼭두각시를 조종하는 사람의 뜻대로 자세를 잡을 수 있을 만큼 말이다. 그런 다음 그 위에 벤담의 옷을 입히고, 탈지면, 목모, 건초, 지푸라기, 종이로 만든 리본을 채워 넣어 최대한 살아 있는 사람처럼 보이게 만들었다. 벤담의 머리를 보존하는 일은 그렇게 순탄하지가 않았다. 벤담은 '모코모카이 mokomokai'라고 알려진 "뉴질랜드인들의 방식에 따라 자신의 머리를 보존한다는 생각으로 가득 차" 있었다. 그렇지만 안타깝게도 조지 왕조 시대 런던에는 뉴질랜드 사람들이 얼마 없었고, 벤담의 머리를 보존하는 일은 엉망이 되었다. 스미스와 벤담의 다른 친구들이 힘을 합쳐 자크 탈리히라는 프랑스의 조각가에게 밀랍으로 새로운 머리 모형을 만들어달라고 의뢰했다. 벤담이 생각에 잠긴 것처럼 자세를 만든 후 비로소 작업은 완료됐다. 자유주의적 정치인이자 공리주의인 헨리 브로엄은 탈리히의 작업이 정말로 훌륭하다고 여겼다. "너무나 완벽해서 마치 살아 있는 것처럼 보인"다며 말이다.

그 뒤로 몇 년 동안 스미스는 벤담의 '오토-아이콘'(당사자의 실제 몸으로 만든 사후의 자화상을 가리키기 위해 벤담이 새롭게 만들어낸 표현이었다)을 자신의 진료실에 두었다. 처음에는 뉴 브로드 거리 36번지에, 다음에는 핀즈베리 스퀘어 38번지에 말이다. 1850년에 은퇴를 하며 스미스는 이 오토-아이콘을 유니버시티 칼리지 런던에 기증했다. 고등교육은 모든 사람에게 열려 있어야 한다는 벤담의 철학에 어느 정도 영감을 받아 감행한 모험이었다. 이 오토-아이콘은 오늘날에도 여전히 그 자리에 있다. 그러니 여러분이 내킨다면 유스턴역에서 길을 쭉 따라 가서 고든 거리에 있는 학생회관에 찾아가 맞춤 제작한 케이스 안에 들어 있는 오토-아이콘을 볼 수가 있다.

혹시 여러분이 몇 년 전에 찾아왔다면 나와 우연히 마주쳤을지도 모른다. 그 시기 나는 병리학 박물관에서 죽은 사람들과 함께 일을 하고 있었다. 병리학 박물관은 지금의 유니버시티 칼리지 런던 의대의 다양한 대학병원에서 함께 모아둔 인간의 유해 표본 8000개 정도가 이루는 복합체였다. 그 표본들을 학교에서 교육, 연구, 대중 활동에 사용할 수 있도록 물리적으로나 지적으로나 접근 가능하게 만드는 것이 내 업무였다. 실제로는 용액 안에 보존되어 있는 다양한 인간의 장기에 둘러싸여 업무 시간을 보내야 한다는 의미였다. 점심시간이나 커피 마시는 시간까지 포함해서 말이다. 암 종양, 총알에 맞아 생긴 상처에서 떼

제러미 벤담의 오토-아이콘 | 유니버시티 칼리지 런던 소장

어낸 피부 샘플, 부러진 뼈, 신장 결석, 뇌출혈이 일어난 뇌, 간경
변을 일으킨 간, 유산한 임산부 등이 있었다. 업무를 마칠 때쯤
이면 모든 것이 박물관과 창고의 선반에 가지런히 진열되었다.

병리학 박물관의 표본들은 대체로 특별할 것이 없었다. 그
런 목적으로 만들어졌으니까. 이 표본들을 다양한 질병을 대표
하는 기준으로 삼는다는 것이 핵심이었다. 그러다 보니 이 표본
을 제공한 사람들의 이름은 제거되었거나 익명으로 처리되었
다. 그래서 표본은 마치 의학 교과서에 나오는 삽화 같았다. 단
지 3D라는 점만 다를 뿐이었다.

제러미 벤담의 오토-아이콘은 내가 박물관에서 작업했던
모든 시체 가운데 아마도 가장 유명하면서도 가장 오해를 받
는 표본이었을 것이다. 소문, 반쪽짜리 진실, 벤담이 학교와 맺
은 관계에 대한 무지(벤담은 학교의 설립자가 아니었다), 그리고 오
토-아이콘이 다방면에서 쌓은 경력에 대한 소문(오토-아이콘은
학교 협의회에 참석하거나 거기서 투표권을 행사한 적이 없으며, 그리
고 여러분에게 이 말을 해줘야 한다는 사실을 지금도 여전히 믿을 수
가 없지만, 누구도 그 머리를 가지고 축구를 한 적이 없다) 때문에 실
상이 가려져 있었다.

오토-아이콘은 기이한 정신세계가 만들어낸 기이한 사물이
다. 그러니 사람들이 잠시 어리둥절하며 경외감을 드러내는 것
이상으로는 이 사물에 관여하지 않으려는 것도 이해할 만하다.
보존된 시체를 1~2분 정도 멍하니 바라보고 나면, 다시 자기 인

생을 살아갈 때가 찾아오는 것이다. 하지만 이는 아쉬운 일이다. 오토-아이콘은 서양 세계의 죽음과 임종에 관한 사회사의 핵심적인 시점의 상징이자 기념물이기 때문이다. 벤담은 극단적인 성격이자 기이한 사람으로 악명이 높았을지도 모르지만, 동시에 그는 서양에서 죽음을 생각하는 방식을 영원히 뒤바꿔놓기도 했다.

죽음과 공리주의

벤담의 오토-아이콘은 사망한 신체에 대한 이성적인 접근법을 문자 그대로 체현하고 있다. 앞서 그레인저가 벤담의 신체를 해부했다는 이야기를 했는데, 이는 불법적인 행동이었다. 그 당시 그레인저나 스미스와 같은 해부학자나 의료인이 사체를 구하는 유일한 합법적인 방법은 사형당한 살인범의 신체뿐이었다. 1752년 살인법에 따라 성문화된 사회적인 처벌의 일환이었다. 이는 곧 과학자들이 자신들의 업무에 필요한 사체 공급을 검시관에 의존해야 한다는 의미였고, 점점 수가 늘어나는 의대의 요구를 충족시킬 만한 합법적인 사체는 전혀 충분치가 않다는 사실이 문제였다. 살인법의 실질적인 측면을 따져보면, 이 법은 신체를 해부하는 일에 사회적인 낙인을 이중적으로 부여했다. 신체를 훼손한다는 데서 생겨나는 혐오감과 범죄 행위에 대한 분명한 처벌이라는 사실이 주는 모욕감이 있었다. 상아탑에 있는 의료인들에게 해결책은 간단했다. 하층민들이나 할 법한 비합리적인 두려움이나 염려는 제쳐두고, 누군가에게 돈을 지불해서 이제 막 새로 만든 무덤을 도굴해 사체를 꾸준히 공급받을 수 있도록 확보하는 것이었다. 이른바 '부활시키는 자'라 일컬어지던 이들은 무덤 도굴 거래와 법 모두의 끄트머리에 있었다. 도굴을 하다 잡히면 모든 책임을 져야 하는 것은 이 사람들이었다. 이 일에 뛰어든 사람들이 늘어나면서 해부에 대한 또 다른 사회적 두려움이 생겨났다. 바로 무덤에 들어가서도 결코 안전하지 못하다는 두려움이었다. 몇몇 사람들, 특히 가장 악명 높은 경우로는 에든버러에 기반을 두고 활동했던 살인자인 버크와 헤어가 중간 과정을 생략하고 사람들을 직접 죽이면 촛불을 비춰가며 무덤을 파는 노력이나 위험을 감수할 필요가 없다는 사실을 깨닫게 되면서 상황은 더욱 심각해졌다. 버크와 헤어의 사례는 19세기 초에 센세이션과 대중의 공분을 불러일으켰던 수많은 사건 가운데 하나였다. 사람들이 해부학자의 작업대에 오르지 않도록 안전하게 지켜줄 방법은 없었던 것일까?

비판적인 법적 사고를 지닌 학자이자 철학자였던 제러미 벤담의 해결책은 간단했다. 법을 바꾸면 될 일이었다. 또한, 벤담은 죽는다는 것이 어떤 의미인가라는 질문에 대해서도 상당한 지적 에너지를 쏟았다. 벤담은 삶을 마감할 때가 다가오자 이 주제에 대한 자신의 생각을 한데 모았고, 마침내 그가 사망한 뒤에는 『오토-아이콘; 또는 살아 있는 자를 위한 죽은 자의 더 넓은 활용법Auto-icon; or, farther uses of the dead to the living』이라는 짧은 책자가 출판되었다. 이 풍자적인 책에서 벤담은 죽은 신체를 오토-아이콘으로 뒤바꾸고 보존하는 일이 죽음이라는 아픔과 낙인 모두를 없애줄 것이라 주장했다. 죽은 사람의 가까운 이들에게는 이렇게 보존한 신체를 가까이에 둘 수 있다는 이점이 있었다. 특별한 행사가 있을 때면 끌고 나가거나, 오토-아이콘을 이용해 집과 땅을 꾸밀 수도 있을 것이며, 가난한 자들은 교회에 돈을 내지 않고 아낄 수가 있을 터였다. 걱정해야 하는 신이나 사후세계가 없다는 점을 알고 안심하면서 말이다. 벤담은 자신의 말대로 행동했다. 오늘날 누구나 볼 수 있듯이 말이다.

역사학자 루스 리처드슨은 이 문제를 다루기 위해 벤담이 작성한 또 다른 문서인 '신체 제공 법안'이 "최초의 해부 법안의 기초를 제공한 것이 거의 확실하다"라고 주장했다. 이 법안은 1832년 해부법으로 제정되었다. 벤담이 사망하고 두 달 뒤에 통과된 법이었다. 이 법은 해부학자들에게 면허를 발급했으며(영국 법에서 최초로 국가적인 허가 기관을 세우는 일이었다), 그 밖에는 병원에서 사망한 무연고자들의 신체에 관한 벤담의 생각을 거의 전부 그대로 가져왔다. 이렇게 해부학자들의 작업대에 새로운 신체들이 공급된 현실을 살펴보면, 벤담의 생각은 확실히 사회적 혁명과는 거리가 멀다고 리처드슨은 주장했다. 실제로 벤담의 사상은 기존의 사회적 불평등을 적극적으로 되풀이했다.

우리들은 죽음이 모두를 평등하게 해준다고 믿지만, 사실 현실에서는 여느 다른 일들과 마찬가지로 빈곤층과 노동계급은 언제나 더 큰 비용을 지불해야 했다.

벤담 시기 영국에서 죽음과 임종에 관해 품고 있던 생각은 상당 부분 계급과 관련이 있었다. 법적으로 공급되는 사체가 적을 때면, 해부학자들은 도굴꾼들에게 돈을 주고 자신들을 위해 신체를 가져오는 범죄를 저지르도록 했다. 무덤을 도굴하는 사람과 이를 의뢰한 해부학자 모두 동일하게 처벌을 받도록 1820년대 말에 법이 바뀌고 나서야 의료인들은 자신들에게 신체를 공급하는 법을 바꿔달라는 청원을 올렸다. 도굴과 해부라는 모욕을 당할 수도 있다는 두려움은 빈곤층에게만 해당하는 일도 아니었다. 부유한 사람들은 파손 방지 관에 투자하고 무덤을 더 깊게 파서 자신들의 시체를 보호하는 비용을 지불했다. 새로운 해부법의 지지자들은 이 법이 "문명을 향한 한 걸음이자, 모두에게 유용하지만, 특히나 어리석은 관념과 미신이 줄어들었다는 사실과 사리분별을 보여준 노동계급에게 유익할 것"이라고 주장했다. 이들은 이성적이고 선한 판단 대신 '열정과 편견'을 우선시했다며 법안을 반대하는 사람들의 주장을 일축했다. 그렇지만 일반적으로 떠올리는 것처럼 해부법에 가장 강력하게 저항했던 것은 비합리적이고, 미신적이고, 옹졸한 마음을 가진 사람들이 아니었다. 오히려 이 법 때문에 제일 고통을 받는 것은 도시빈민일 것이라는 생각에 뿌리를 내리고 있었다. 이 법은 해부와 처벌을 잇는 줄을 개념적으로 잘라내었으나, 실상은 전혀 달랐다. 리처드슨은 이렇게 적었다. "사람들이 대대손손 두려워 하고 혐오했던 살인에 대한 처벌은 이제 빈곤에 대한 처벌이 되 었다."

그 사이에서 벤담과 의료인, 그리고 1832년 해부법을 만들 어낸 입법자들은 어떤 사람들은 다른 사람들에 비해 덜 죽은 상 태라고 여겼다. "덜 죽은less dead" 상태라는 개념은 범죄학자 스티 븐 에거가 떠올린 것으로, 연쇄살인범에게 희생된 사람들을 지 칭하고자 만들어낸 용어였다. 이들은 대체로 우리 사회에서 가 장 무시당하고, 또 그 결과 가장 취약해지는 사람들이었다. 성 노동자든, 불법 이민자든, 홈리스든 간에 말이다. 이들의 목숨은 다른 사람들의 목숨보다 덜 중요하다는 암묵적인 합의가 일반 적으로 퍼져 있었다. 벤담이 보기에 병원에서 사망한 도시 빈민 의 신체를 해부학자의 작업대에 보내는 일은 더 큰 사회적 이익 을 위해서라면 치를 만한 비용이었다. 그렇게 한다면 의학적 지 식을 확장할 수 있을 터였으니 말이다. 이는 그 유명한 벤담의 '최대 행복의 원리'와 동일한 맥락이었다. 그는 의학적 지식이 증가하면 빈곤층을 비롯해 모든 사람에게 더 큰 이익을 가져다 줄 것이라고 주장했다. 설령 그 빈곤층의 존엄을 희생해야 하더 라도 말이다.

죽음 문화의 변천사

죽음과 임종에 관련된 법에 대한 벤담의 실용주의적 접근법은 그 뒤로 몇 세기 동안 이어졌다. 시간이 흐를수록 의학적인 치료부터 사별과 애도까지 모든 측면에서 그 어느 때보다도 더더욱 합리적인, 마치 감정을 모조리 제거한 것 같은 접근법이 등장했다. 제1차 세계대전 때 일어난 어마어마한 인명 손실은 사람들이 죽음을 생각하고 대처하는 방식을 바꿔놓았다. 병사들은 임시로 만든 무덤에 매장되었고, 그 가운데 많은 이들은 부상이 너무 심해 신원을 확인할 수가 없었으며, 제대로 수습되지 못한 시체들도 많았다. 사망자를 제대로 애도할 수 없었던 국민들의 슬픔에 초점을 맞추어서 비통함을 표출할 수 있도록 기념비를 세웠다. 신원을 확인할 수 없는 병사 한 명을 매장해둔, 런던에 있는 무명용사의 무덤은 집으로 돌아오지 못한 사랑하는 사람들을 지닌 이들의 중심이 되었다. 기념비^{Cenotaph}도 마찬가지여서, 이 경우에는 빈 무덤으로 기념물을 만들어두었다.

    제1차 세계대전 도중과 그 이후에 바뀐 서양의 죽음 문화는 앞서 빅토리아 시대와 조지 왕조 시대의 풍성한 죽음 문화와 극명한 대조를 보인다. 특히 빅토리아 시대 사람들은 마음껏 죽음에 집착하는 것으로 유명했다. 이 시대를 칭하는 이름의 유래가 된 빅토리아 여왕은 말하자면 헌신적인 과부의 아이콘이었다 (그녀와 같은 시대를 살았던 사람들은 그녀가 지나치게 비통해했다고 느끼기는 했지만 말이다). 과부들은 복잡한 옷차림 일정을 따르며 죽은 남편을 일 년 동안 애도했다. 사망한 직후에 입는 검은 드레스에서 시작해, 그 뒤로 한 달 두 달이 흐르는 동안 옷의 색깔이 점점 옅어지며, 이들의 슬픔이 이를테면 단순히 자주색 정도가 될 때까지 말이다. 애도용 장신구가 유행의 정점에 이르렀을 때이기도 했다. 특히 망자의 머리카락을 이용해 땋거나 짠 정교한 머리 장식이 유행이었다. 빅토리아 시대 사람들은 죽은 사람의 사진을 찍고, 또 죽은 사람과 함께 사진을 찍기도 했다. 마치 아직도 살아 있는 것처럼 옷을 입히고 자세를 취하게 해서 사진을 찍었다. 빅토리아 시대 사람들은 병적이었다는 것이 현대 사회의 일반적인 생각이다. 그렇지만 사실은 지금 시대가 우리의 무의식이 건강하지 않다고 볼 수 있을 만큼이나 죽음을 싫어하는 것이다.

빅토리아 시대가 저물어가고 20세기로 접어들면서 죽음은 집 밖으로 나왔다. 주로 집 안의 여성들이 담당하는, 가정이나 가족 또는 공동체를 바탕으로 일어나던 일이 병원이라든가 장례식장처럼 임종을 위한 보다 전문적인 공간으로 옮겨갔다. 신체를 처리하는 방식이 진보하면서 이와 함께 마음을 다루는 방법도 발전했고, 사람들이 슬픔을 대하는 방법도 달라졌다. 그의 수많은 다른 사상들과 마찬가지로, 분석심리학자 지크문트 프로이트의 작업은 사별과 슬픔에 관한 20세기의 사상을 전혀 도움이 안 되는 방식으로 형성했다. 프로이트와 그의 작업은 10장에서 더욱 상세하게 살펴볼 예정이지만, 지금은 그가 1917년에 쓴 에세이 『애도와 멜랑콜리』가 20세기에 슬픔을 대하는 방식에 큰 영향을 끼쳤다는 점만 얘기해도 충분할 것이다.

프로이트와 퀴블러-로스가 바라본 죽음

프로이트가 보기에 사별한 사람이 해야 하는 가장 중요한 일은 사랑하는 사람의 죽음을 감정적으로 처리하고 '극복'해서 새로운 관계를 쌓고 누릴 수 있는 더 좋은 자리로 올라서는 것이었다. 프로이트는 이 과정이 세 단계를 거치며 일어난다는 틀을 제시했다. 고인과 맺고 있던 유대관계에서 벗어나는 것, 새로운 삶에 적응하는 것, 마지막으로는 새로운 관계를 쌓아가는 것이었다.

  분석심리학자로서 프로이트가 굳이 스스로 노력을 하지는 않았다는 사실을 짚고 넘어가자. 별로 놀라울 것도 없겠지만, 프로이트는 자신의 아버지가 세상을 떴을 때 크나큰 비탄에 빠졌다. 그는 가까운 친구에게 쓴 편지에 이렇게 적었다. "나의 내면의 자아가, 나의 모든 과거가 이 죽음 때문에 되살아났다. 이제는 완전히 뿌리 뽑힌 기분이 든다." 이 일이 있고 30년 뒤, 프로이트는 자신의 딸이 사망했을 때 마찬가지로 여전히 강렬한 감정을 느꼈다.

널리 알려져 있는, 엘리자베스 퀴블러-로스가 설명한 슬픔과 임종의 다섯 단계는 프로이트의 모델과 비슷하게 우리의 집단 무의식 속에 퍼져 있어서, 심지어는 애니메이션 〈심슨〉의 주인공인 호머 심슨도 그 다섯 단계를 20초 안에 읊을 수 있을 정도였다(저녁으로 일식을 먹고 치명적인 식중독에 걸렸다고 생각한 에피소드였다). 여러분이 목전에 닥친 자기 자신의 죽음을 마주하건, 또는 사랑하는 사람의 죽음을 마주하건 간에, 퀴블러-로스가 말하는 죽음에 대처하는 첫 단계는 충격과 부정이다. 두 번째 단계는 분노, 분개, 죄책감이 따라온다. 그 뒤로 세 번째 단계인 타협, 네 번째 단계인 우울, 마지막으로 수용이 찾아온다.

프로이트와 퀴블러-로스의 이론 모두 죽음과 임종을 마치 숫자를 따라 색칠하는 컬러링북에 접근하는 것처럼 느껴지게 만드는 무언가가 있다. 여기서도 또 한 번 결코 피해갈 수 없는 자본주의가 등장한다. 다양한 감정을 떨쳐내고 정신을 추슬러서 생산적인 시민이 되는 일을 이어가야 한다는 생각 말이다. 프로이트와 퀴블러-로스는 죽음과 임종에 관한 심리학에서 더 이상 무대 중앙에 올라와 있지 않다. 한때 사별을 다루는 정통적인 방식으로 여겨졌던 이들의 방법은 이제는 해를 끼칠 수도 있는 위험한 개념이라 여겨진다. 마치 이를테면 이 모든 단계를 제대로 해내지 못하면, 그러니까 알맞은 순서에 따라서 끝까지 해내지 못하면, 어떤 식으로든 심리학적인 결함이 있다는 것처럼 여겨지도록 만들기 때문이다. 그렇지만 서양에서 죽음은 여전히 극복해야 하는 문제처럼 남아 있다. 어떤 면에서 본다면 이는 오래전까지도 거슬러 올라가는 주제처럼 느껴진다. 계몽주의 시대의 이성적인 깨달음에서 슬쩍 빠져나와, 오늘날까지도 우리를 쫓아오는 사상의 유령처럼 말이다.

사도 바울은 고린도인에게 보낸 첫 번째 편지에서 "파괴해야 할 마지막 적은 죽음이다"라고 썼다. 고린도인들이 이 말을 들을 필요는 거의 없었다고 봐도 무방할 것이다. 기원전 3세기부터 그리스의 의료인들은 코스섬의 히포크라테스라는 최초의 위대한 의사를 따라 "무엇보다도, 해를 끼치지 말 것"이라 맹세를 해왔기 때문이다. 여기서 "해"를 어떻게 정의할 것인가는 고정되어 있지 않기는 하나, 대체로 다음과 같은 뜻으로 받아들인다. "환자를 최소한으로 죽일 것."

물론 언제 죽음이 일어난다고 볼 것인가는 과학적인 진보에 따라 달라졌다. 한때는 심장이 뛰지 않고 멈추는 순간이었다. 그 다음에는 숨이 멎었을 때였다. 이제는 뇌가 작동하지 않게 되었을 때를 가리킨다. 서양 의학은 그 이론, 기술, 실천의 측면에서 무척이나 진보한 상태라 언 호수 아래에 30분 동안 잠겨 있던 신체를 꺼내서, 느리지만 확실하게 다시 생명을 이어가도록 할 수 있는 정도다. 서양인은 '죽을 만큼' 합리적인 사람들이 되었다. 또는 조금 더 정확하게 얘기하자면, 죽음과 겨우 한 발짝 떨어진 정도다. 서양에서는 손을 뻗으면 닿을 만한 거리에 죽음을 둔다. 세계의 다른 지역에서는 죽음이 한결 더 가까이 손에 닿아 있다.

좀비가 죽음에 대해 들려주는 것

티베트에서는 장례 의식의 한 단계로 시신을 가른 다음, 독수리들이 먹도록 펼쳐둔다. 볼리비아에 사는 아이마라족은 해골의 날이 되면 꽃과 선글라스로 장식한 인간의 해골에 기도를 올리거나, 담배에 불을 붙여 살점 없는 턱에다 공물로 바친다. 인도네시아의 술라웨시섬에 사는 토라자족은 망자의 몸을 가족들이 생활하는 집에 1년 동안 보관하며 애도하는 사람들이 슬픔을 받아들이고 작별인사를 할 수 있도록 충분한 시간을 할애한다. 마치 죽음이 우리 안에 있는 창조적인 정신을 끄집어내는 것만 같다. 지도 어느 곳에다 핀을 꽂더라도 (문명화된 서양 바깥이라면) 고유하고 정교한 죽음의 문화와 실천을 만날 가능성이 높다.

예를 들어 아이티에서는 죽은 자가 걸어 다닌다. 또는 적어도 1997년에는 걸어 다녔다. 그해에는 좀비의 존재를 보여주는 중요한 연구가 있었다. 연구 보고서는 유니버시티 칼리지 런던에서 활동하는 정신과 의사이자 인류학자인 롤런드 리틀우드와, 아이티의 수도인 포르토프랭스의 종합병원에서 근무하는 의사 샤반 두용이 쓴 것이었다. 이 보고서는 영국의 의학 저널인 『란셋』에 발표되었으며, 불과 세 페이지 정도지만, 인간의 삶 전체와 또 그보다 더욱 흥미로운 사후의 면면들이 담겨 있다. 그 어느 누구도, 특히 나는 더더욱이나, 좀비가 실제로 존재한다고 주장하는 게 아니라는 사실을 확실히 해두고 가야겠다. 그렇지만 알고 보면 좀비는 실제로 존재한다. 이 두 가지 얘기가 어떻게 동시에 사실이 될 수 있는지를 이해하는 일은, 서양 학자들이 거의 한 세기 동안 아이티의 좀비를 연구해온 방식과 더불어서, 과학의 도움을 받는 동시에 방해를 받는다.

좀비 현상을 처음으로 들여다보고 이해하려 했던 초기 연구자 가운데 한 사람은 유명한 아프리카계 미국인 작가인 조라 닐 허스턴이다. 허스턴은 소설가로 이름을 날리기 전 인류학자로 활동했다. 그녀는 인류학 분야에서 가장 유명하고 영향력 있는 학자였던 프랜츠 보애스 아래에서 공부했다. 미국으로 온 독일계 유태인 이민자였던 보애스는 콜롬비아대학교의 인류학과를 설립한 교수였다. 19세기부터 20세기에 걸친 그 무렵 대부분의 인류학자처럼 보애스도 인종이란 물리적으로 비슷한 외양을 지닌 인간 집단 사이에 존재하는 유전 가능한 생물학적 차이를 가리킨다는 개념을 믿었다. 그렇지만 그 당시의 주류와는 달리 보애스는 백인 우월주의자가 아니었다. 오히려 어느 쪽인가 하면, 이른바 인종적인 사다리의 아래층에 있다고 여겨지는 사람들의 문화적인 섬세함을 믿었다. 보애스는 이 야만인들도 문명적인 존재라고 주장했다. 1936년, 허스턴은 부두Vodou(일반적으로는 부두voodoo라는 명칭으로 더 잘 알려진 아이티의 종교다)에 관한 연구를 수행하고자 구겐하임 지원금을 받아 카리브해로 갔다.

1996년에 베냉 왕국의 공식 종교가 된 부두교는 종교적인 믿음과 의례 행위로 이뤄진 복합적인 체계로, 노예 제도를 통해 확산되었다. 오늘날에는 도미니카공화국과 같은 현대적인 국가에서 찾아볼 수 있으며, 미국 최남단 지역의 문화적 실천 속에도 체현되어 있다. 아이티에서는 부두교가 주요 종교 가운데 하나이며, 좀비는 이 신앙 체계를 드러내는 한 가지 사례다. 부두교 계율에 따르면 한 사람의 물리적인 몸인 코르 카다브르corps cadavre와 영적인 자아(주체성, 기억, 자의식의 복합체다)인 티본앙주ti-bon-ange가 주술의 힘으로 분리될 때 좀비가 생겨난다. 이와 같이 사악한 마법, 즉 보코르bokor를 부리는 자의 목적은 희생자의 티본앙주를 독 안에 가둬두는 것이다. 이 독은 좀비의 영적 세계라고 알려져 있다. 그렇게 되면 보코르는 좀비가 된 사람을 개인적인 하인으로 삼거나, 친구들과 나누어 쓸 수가 있다. 자아의 철학이라는 차원에서 봤을 때 좀비의 개념화가 품은 사상들은 복잡하다. 위대한 계몽주의 사상가 존 로크는 이와 거의 비슷한 방식으로 신체와 영혼의 구분을 구상해냈다.

허스턴의 부두교 연구는 좀비에 초점을 맞췄다. 그녀가 1938년에 펴낸 책『내 말에게 얘기하라Tell My Horse』에는 펠리시아 펠릭스-멘토어라는 여성에 관한 이야기가 담겨 있다. 이 여성은 1907년에 사망하고 그 뒤로 눈에 띄지 않다가, 허스턴의 설명대로라면 1936년에 벌거벗은 채로 길 한복판을 돌아다니는 모습이 발견되었다. 그녀의 형제와 전남편, 그리고 그녀가 사망할 당시 두세 살 정도였던 아들이 그녀의 신원을 확인해주었다. 허스턴은 펠릭스-멘토어의 사진을 찍었고, 이는 1937년 12월

잡지 『라이프』에 실렸다. 사진에는 딱히 주름이 없는 넓은 얼굴을 지닌 여성이 카메라를 노려보는 모습이 나와 있다. 허스턴은 1943년에 라디오 진행자 메리 마거릿 맥브라이드와 이야기를 나누면서 좀비의 존재는 결코 의심할 수 없다고 밝혔다.

허스턴은 이렇게 말했다. "아이티에서는 사람들이 부활해왔다는 사실을 저는 잘 알고 있습니다. 입증된 사례들이 있습니다. 사람들이 죽어서 지인들은 그 사람이 생을 마감한 줄로만 알았는데, 몇 달쯤 지나 누군가가 그 사람이 실제로 살아 있는 상태로 어딘가 감춰진 장소에 있었다는 사실을 발견한 거죠. 그렇지만 정신은 없었다고 합니다."

죽은 사람이 부활하는 것이건, 또는 단순히 사체가 소생하는 것이건 간에, 좀비와 좀비화라는 관념은 노예 제도에 대한 은유라는 점 역시도 분명하다. 식민주의가 한창이었을 시기, 그러니까 18세기 후반 아이티는 전 세계에서 가장 생산적이고 이윤을 많이 내는 식민지였다. 프랑스 식민주의자들은 노예 노동을 이용해 길러내고 추수한 커피와 설탕으로 이윤을 거둬들였다. 마찬가지로 맥브라이드와 진행한 인터뷰에서 허스턴이 설명한 내용도 이와 같은 상징이 합당하다는 점을 확인해주고 있다. 그녀는 이렇게 말했다. "좀비는 살아 있는 죽은 자라고 할 수 있습니다. 죽은 사람이 부활하지만 영혼은 없는 것이죠. 명령을 따를 수가 있고, 절대로 지치는 법이 없다고들 하며, 주인이 얘기하는 것은 무엇이든 합니다." 그렇게 본다면 좀비는 노예가 된 사람과도 같다.

　문화역사학자 로저 럭허스트는 영화와 TV에서 좀비가 걷는 방식이 사슬에 묶인 사람들이 발을 질질 끌며 걷는 모습에 비유했다. 저널리스트 에이미 윌렌츠는 아이티의 우주론에서 좀비는 노예가 된 사람들을 제자리에 붙들어두어야 한다는 경고 역할을 한다고 설명했다. 영혼을 도둑맞은 채 이도 저도 아닌 상태에 놓인 좀비는 천국으로 나아갈 수가 없다. 좀비가 된다는 생각과 이에 수반되는 두려움은 사람들이 노예 상태라는 현실의 지옥에서 벗어나고자 자살하는 일을 막는 방편이었다. 주술을 통해서, 또는 그보다 더 일상적인 수단을 통해서 노예가 된 사람들에 관한 강박이 아이티에서 있는 그대로 드러난다는 사실은 놀라울 것도 없는지 모른다. 아이티는 1801년 건국 헌법 조항에 따라 노예 제도를 불법으로 정한 역사상 최초의 국가다.

　사람들은 좀비가 생겨나는 것에 대한 과학적인 설명을 찾아다녔다. 1980년대, 하버드의 인류학자이자 민족 식물학자인 웨이드 데이비스는 다양한 "주술 가루"에 관한 연구를 진행했다. 처음에 그는 개구리와 복어의 독을 섞은 강력한 혼합물을 발견했다. 사람을 죽음과 다를 바 없는 마비에 이르게 할 수 있는 정도였는데, 의식은 살아 있지만 움직일 수가 없는 악몽과도 같은 상태로 만들었다. 데이비드는 다른 가루도 분석했는데, 알고 보니 이는 다양한 식물과 환각을 일으키는 혼합물로 만들어낸 것이어서, 사람을 "좀비화된" 분열적인 상태로 만드는 데 사용될 가능성이 있었다. 좀비를 만들어내는 레시피와 더불어 데이비스는 이런 실천이 지닌 사회적인 양상도 살펴보았다. 노예 제도가 있던 시기와 동일하게, 좀비라는 개념은 사회적인 통제, 다시 말해 식민지 시기 노예 상태에서 도망친 사람들의 후손으로 이뤄진 비밀스런 집단 안에서 벌이는 거의 사라져가는 처벌이었다. 노예 상태이건 아니건 간에, 노예가 될 수 있다는 위협은 지금 이 세상에서나 저 세상에서나 끊임없이 두려움을 품게 만드는 근원이었다. 그리하여 그 연장선상에서 사람들을 감독하는 수단이 되었다. 데이비드는 자신이 좀비의 미스터리를 해결했다고 생각했으나, 이 이야기에는 우리가 관심을 품을 만한 다른 부분이 있다. 그러면 리틀우드와 두용으로 돌아가야 한다.

좀비와의 인터뷰

리틀우드와 두용이 1997년에 학술지 『란셋』에 발표한 글은 아이티에서 조사한 내용을 들려주고 있다. 리틀우드와 두용은 데이비드가 했던 것처럼 보코르라든가 취한 상태를 유발하는 요인들에 초점을 맞추기보다는, 허스턴의 사례를 따라 좀비 당사자들과 직접 인터뷰를 진행했다. 진지한 과학 저널에 실린 과학 논문이기는 하지만, 리틀우드와 두용의 작업은 애거사 크리스티의 추리 소설을 읽는 듯한 재미가 있다. 이들은 각 인터뷰 대상자마다 물리적인 장면을 묘사하며 그 사람이 좀비가 된 과정을 들려준다. 좀비가 진짜로 존재하는지에 대한 진정한 해답을 어쩌면 이 책에서 찾을 수 있다.

가장 먼저 등장하는 인물은 윌프레드 D.라는 26세 남성이었다. 그는 병을 앓다가 몇 년 전인 18세에 사망한 것으로 알려져 있었다. 그 뒤로 불과 1년 반이 지나, 윌프레드는 자기 가족에게 돌아왔다. 가족들은 윌프레드를 알아볼 수 있다고 말했으며, 치안 판사와 지역의 가톨릭 사제를 비롯한 공동체 구성원들도 그렇게 말했다. 얘기를 들어보니 윌프레드는 코코넛을 훔친 벌로 삼촌 손에 좀비로 변했던 것이었다. 삼촌을 추적해 이와 같은 일을 저질렀다는 자백을 받았다. 경찰의 고문을 받고 자백한 것이기는 했지만 말이다. 윌프레드는 가족의 품으로 돌아왔지만, 예전과 똑같지 않다는 점은 확실했다. 윌프레드의 몸은 뒤틀린 상태여서, 다리는 왼쪽으로 휘어지고, 팔은 오른쪽으로 휘어져 있었다. 말은 거의 못 하는 수준이었으며, 말을 할 때는 단어만 하나씩 얘기할 수 있었다. 윌프레드의 가족들은 윌프레드가 이리저리 배회하지 못하도록 묶어두었고, 윌프레드가 스스로 몸을 씻을 수 없었기 때문에 목욕을 시켜주어야 했다. 리틀우드와 두용은 CT 스캔을 통해 윌프레드가 기질성 뇌증후군(퇴행성 신경성 질병이다)과 뇌전증을 앓고 있다고 진단했다.

두 번째는 메리 M.이라는 여성이었다. 그녀가 좀비가 된 이야기는 몸이 부어오르는 병에 걸린 다음에 어린 나이에 죽고 좀비가 되었다고 주장했다는 점에서 윌프레드의 경우와 비슷했다. 메리가 돌아올 때까지는 시간이 조금 더 걸렸다. 메리는 사망한 후 13년이 지난 뒤 형제를 찾아갔다. 그녀의 가족이 살았던 공공주택단지가 있는 곳이었다. 그녀는 자신이 보코르에 붙잡혔으며, 이제는 보코르가 사망해서 겨우 풀려날 수 있었다고 말했다. 메리는 윌프레드보다 훨씬 생기가 있었다. 말을 잘하고, 웃을 수 있었으며, 물리적인 접촉을 즐겼기 때문이었다. 리틀우드와 두용은 메리에게 학습장애가 있다고 비교적 간단하게 진단을 내렸지만, 그녀의 이야기는 여기서 끝나지 않았다. 자신이 좀비가 되어 붙들려 있었다고 주장한 곳에 찾아갔을 때, 다른 가족이 메리를 알아보고 자신들의 가족이라 주장한 것이다. 또 다른 남자가 메리가 자신의 형제라고 완고하게 주장했으며, 메리는 그 가족 가운데 어린 여자아이를 자기 딸이라고 말했다. 메리의 얘기로는 다른 좀비가 아버지라고 했다.

의학 지식과 정신의학 지식에 더불어, 리틀우드와 두용이 진단에 활용할 수 있는 도구가 하나 더 있었다. 이들은 당시로서는 최첨단 기술이었던 DNA 검사를 윌프레드, 메리, 그리고 이들의 가족이라고 주장하는 사람들을 대상으로 실시했다. 결과를 확인해보니, 윌프레드도 메리도, 가족이라고 주장하는 사람들 가운데 어느 누구와도 관계가 없었다. 이들이 확인할 수 있었던 유일한 연관 관계는 메리가 자신의 딸이라고 말한 어린 소녀의 어머니일 가능성이 높다는 점뿐이었다. 아마도 좀비는 존재하지 않는 것처럼 보인다.

죽음과 공동체 의식

민속학에서 민족 식물학에 이르기까지 한 세기에 걸친 과학적 연구 끝에, 정신의학과 DNA 분석은 좀비의 존재를 부정했다. 그렇지만 좀비가 존재하는 것은 사실이다. 윌프레드와 메리가 죽은 사람이 살아난 경우에 해당하지 않는다는 점은 전반적으로 증명했지만, 리틀우드와 두용은 아이티에서 좀비가 풍토적으로 발생한다는 사실을 발견했다. 한 해 새롭게 좀비가 되었다는 사례가 천 건가량 보고되니 말이다. 좀비로 만드는 행위가 아이티의 형법에 따라 살인죄로 확실하게 규정되어 있음에도 이런 일이 벌어진다. 물론 희생자가 실제로 살해당한 것은 아니라할지라도 말이다. 그렇다면 아이티에서는 실제로 어떤 일이 벌어지는 것일까? 리틀우드와 두용에 따르면 공동체 입양 체계가 작동을 했다. 이들은 다음과 같이 적었다. "지역에서 좀비를 기꺼이 인정하고 (…) 전반적으로 사려 깊게 대하는 행동은 극빈한 정신질환자에 대한 보상이 제도화된 것이라 볼 수 있다. 좀비를 가족으로 인정하고 통합시키는 일은 공적인 인정을 제공하며, 때로는 물질적인 이득을 제공한다."

좀비 두 명의 사례만으로 속단할 수는 없겠지만, 이 이야기에는 깊이 유념해두어야 할 지점이 있다. 그들은 이 모든 상황을 순전히 열린 마음으로 받아들인다. 아이티에서는 서양에서 하듯이 정신질환과 학습장애가 있는 사람들을 사회적인 부담으로 여기는 것이 아니라, 오랫동안 잃어버렸던 소중한 친척으로 여기며 가족으로 맞아들인다. 우리는 이런 이야기에 좀처럼 관심을 가지지 않는다. 아이티에 대한 이런 이야기를 더 많이 해야 하지 않을까? 우리는 '아이티'라는 말을 들으면 곧바로 지진과 지진의 여파를 심화시킨 사회적 재난들을, 즉 빈곤, 그리고 기반시설과 투자의 부재를 떠올린다. "노예 제도를 불법으로 규정한 최초의 나라는 어디였을까?"라는 질문을 들으면 영국이라고 답한다. 아이티는 그보다 수십 년 앞서 노예 제도를 불법으로 만들었는데 말이다. 대체 왜 우리는 이곳에 관해 아는 것이 이렇게나 적은 것일까? 노예 제도 반대 혁명의 시작점일 뿐만 아니라, 서로를 대하는 훨씬 더 인간적인 방식을 알려주는 영감을 불어넣어주는 곳인데 말이다. 아이티에 전해지는 (식민주의가 만들어낸 깊은 상처를 붕대처럼 덮는) 국제적인 원조와 자선 사업의 겉모습뿐인 관대함은, 이들이 보이는 관대함에 비하면 아무것도 아니다. 이들은 주술사든 흔해빠진 살인범이든 간에, 범죄자를 잡으러 나서지 않는다. 그 대신, 살아 있는 송장을 누가 돌볼 것인가를 놓고 말씨름을 하며 싸운다.

지금 아이티가 완벽한 유토피아적인 낙원이라 주장하는 것은 물론 아니다. 윌프레드를 입양한 가족은 윌프레드를 좀비로 만들었다는 이른바 삼촌이라는 사람을 고발해서 그를 제거하고 그의 땅을 차지하려는 속셈이었을 가능성이 크다. 여느 모든 사람과 마찬가지로 아이티인들에게도 각자의 문제가 있으며, 이 가운데는 심각한 문제들도 많다. 아이티의 선동가였던 '파파 독' 뒤발리에는 좀비를 둘러싼 미신을 활용해 수만 건에 이르는 정치적인 유괴와 살인 사건의 쟁점을 흐리며 혼란스럽게 만들었다. 좀비가 사는 땅을 향해 간다는 것은 곧 진흙탕을 헤치며 걷는 것과 같다. 그렇다 하더라도 나는 서양인들이 여기서 배울 점이 있다고 생각했다.

서양에서 '좀비'라는 말은 화면에 등장하는 괴물의 모습을 연상시킨다. 호러 장르에 쓰이는 수많은 비유와 마찬가지로, 좀비는 우리가 현재 느끼는 염려들을 쏟아부을 수 있는 그릇이다. 이들은 자본주의에 빨아 먹히고는 메마른 채 남겨진, 그리고 몽유병이라도 걸린 것처럼 재앙 속을 걸어 다니는 우리의 껍데기를 상징한다고 볼 수 있다. 좀비는 사회적 실패를 가리키는 은유다. 사회 복지라는 차원에서 보면, 좀비라는 말은 도움이 필요한 사람들, 치매라든가 다른 신경퇴행성 질병을 앓는 사람들에게 쓰였다. 이런 질병은 사람들을 어떤 식으로든 자기 자신 이하의 상태로 만드는 것처럼 느껴진다. 그래서 살아 있는 송장 같은 모습이 되는 것처럼 보이며, 그러다 보니 부담이라 여겨진다. 그 사람들에게 결함이 있다고 생각한다. 사실 결함이 있는 것은 바로 우리이고, 또 계속해서 서로에게 도움을 주지 못하는 수많은 방식인데도 말이다. 죽음은 공동의 돌봄이 이뤄지는 장소가 되어야 한다. 아이티 좀비의 사례는 죽은 자를 손에 닿을 듯 가까이에 둔다는 것이, 그리고 사회를 이루는 서로를 돌본다는 것이 어떤 의미인지를 알려준다.

죽음은 삶에 짐이 되는가

서양은 모두의 죽음을 망쳐놓았다. 계몽주의 시대부터 목표는 줄곧 이 세상의 모든 것을 이성적으로 대하는 일이 되어서, 심지어는 결과적으로 이 세상을 뜨는 일조차 이성적으로 취급하게 되었다. 그렇지만, 각자의 상실과 슬픔의 경험을 통해 알게 되겠지만, 죽음은 합리화에 저항한다. 죽음은 이를 떨쳐내려는 우리의 모든 시도에도 저항한다. 의사이자 작가인 아툴 가완디는 이런 점을 잘 요약했다. 그는 이렇게 말했다. "노화와 죽음보다 더 불안정한 것은 없습니다." 여기서 과학은 정말이지 아무런 도움이 안 된다. 과학적으로 이야기해보자면 죽은 상태에 대한 가장 좋은 정의는 바로 더 이상 살아 있지 않다는 것이다. 죽음은 정의내리는 것에 저항한다. 그 모든 발전을 이뤄냈지만, 그 발전 가운데 어떤 것도 죽는다는 것이 어떤 의미인가에 대해서는 알려줄 수가 없다. 또는 애초에 잘 산다는 것이 어떤 의미인지를 알아내는 것부터도 말이다.

서양에서는 완화 치료나 연명 치료 분야에서 상당한 진전을 이루기는 했으나, 죽음은 대체로 논리적으로 설명하기 어려운 이례적인 골칫거리며, 해결해야 할 문제다. 그 결과 점점 더 많은 사람이 가족과는 떨어진 채 병원에서 숨을 거둔다. 때로는 심각한 고통이나 불편을 겪는다. 이 모두가 생명을 며칠이라도 더 연장해보겠다는 목표 때문이다. 가완디는 이런 이야기도 했다. 위독한 환자는 자신의 치료법을 직접 결정하는 책임을 져야 한다고 생각하기는 하지만, 이런 선택에는 뭔가 찜찜한 구석이 있다고 말이다. 그는 이렇게 말했다. "네덜란드에서 저를 괴롭혔던 일은 이것이었습니다. 의학적 조력사라는 길을 택한 사람들이 이제 3~4퍼센트로 늘어났는데, 그렇게 선택한 가장 큰 이유는 더 이상 견딜 수 없는 고통 때문이었습니다. 그러니까 사람들이 더 이상 가족이나 사회에 부담이 되지 않으려고 했던 겁니다." 그는 사람들이 자신의 질병 때문에 다른 사람들에게 부담을 지우느니, 차라리 스스로 목숨을 끊는 편을 택한다는 사실은 사회적인 실패를 보여준다고 확실하게 주장했다. 우리가 해야 하는 일은 "고통받는 게 아니라 사실은 단순히 살아가고 있는 사람들을 귀하게 여기는 것이며, 이들의 삶이 세상에서 무언가 가치 있는 것이 되도록 만드는 일"이라고 그는 말했다.

서양에서 합리적인 접근법이란 바로 대상을 측정하는 일이다. 이 책 내내 우리는 머리카락 색깔에서 행복까지 모든 것을 수치화하려는 사람들을 보았다. 노동, 재산, 지식 등 우리가 생산할 수 있는 것들을 기준으로 삼아 우리가 세상에, 그러니까 전반적인 사회에 공헌하는 정도를 측정한다. 이런 세상에서는 단순히 이곳에 존재하는 것만으로도 충분하다는 사실을 자연스럽게 받아들이기가 어렵다. 어쩌면 불가능하다고도 할 수 있을 것이다.

서로를 끌어안는 삶과 죽음

병리학 박물관에서 혼자 일한 날이 많았다. 배경음악으로는 생상스를 틀어놓고 기록 보관소를 꼼꼼히 살펴보거나, 아니면 대개는 박물관에 전시된 표본들을 연구실로 옮겼다가 돌려놓는 경우가 많았다. 나는 혼자 있었을지는 모르나 결코 외로웠던 적은 없다. 주변에 그렇게나 수많은 사람이 같이 있는데 어떻게 외로울 수가 있었겠는가? 작가 힐러리 맨텔은 다음과 같은 사실을 일깨워주었다. "아우구스티누스는 이렇게 말합니다. '죽은 사람들은 눈에 보이지 않는다. 그렇지만 부재하는 것은 아니다.'" 어쩌면 아우구스티누스도 병리학 박물관 연구원이었을지도 모르는 일이다.

　병리학 박물관에서 일했던 것은 기쁘고도 특권적인 일이었다. 온갖 경이로운 형태를 띠고 있는 인간의 몸은 우리 모두가 지닌 공통점이다. 또 다른 공통점은 바로 불가피하게도 이 몸에 무언가 문제가 생겨나서 전부 다 작동을 멈출 것이라는 사실이다. 죽은 자들과 함께 일하는 경험은 서양 사회에서 죽음을 대하는 방식에 관한 고유한 통찰을 가져다준다. 죽은 신체는 아주 특정한 공간으로 밀려나고 그곳에만 국한된다. 병원, 영안실, 장례식장, 그리고 훨씬 더 드문 경우지만 박물관에 말이다. 물론 위생이라든가 질병의 확산을 막는다는 실질적인 이유 때문이기도 하다. 그렇지만 또 다른 이유는 바로 죽음은 눈과 마음에서 멀어지는 편이 낫다는 생각 때문인 것 같다. 서양 사람들은 죽음을 그다지 잘 이야기하지 못한다.

"진짜인가요?"라는 질문은 박물관에서 가장 많이 듣는 질문이다. 나의 경우, 여기에 필연적으로 뒤따라오는 질문은 바로 이것이었다. "사람인가요?" 언뜻 보기에는 일반적인 대화를 나누는 도중에, 대화 상대가 잠시 말을 멈추고 표본을 곰곰이 쳐다보다가 "그래요, 저도 저런 게 있었어요"라고 종종 말했다. 아니면 "그래요, 저희 어머니도 저런 게 있었어요"라거나. 아니면 이모나 할머니나 다른 가까운 누군가이기도 했다. 마치 사람들이 찾고 있는 것은 이들 자신보다 더 커다란 무언가와의 연결점인 것만 같았다. 아마도 죽음을 보는 일은 우리 개인이 그리고 사회가 어떤 존재인가에 어쩔 수 없이 예리한 초점을 맞추도록 만들었기 때문이었을 것이다. 못나고, 시간에 갇힌 채, 지금 그다지 잘 살고 있지 않은 이렇게나 합리적인 동물들 말이다.

때로는 무엇이든 간에 "저런 것"이 치료되기도 했고 때로는 치료되지 못했다. 결과가 어떻게 되었건 간에, 언제나 들려줄 이야기가 있었고 나눌 대화가 있었다. 심지어는 때로 진짜로 하고 싶은 말은 "그 배달 수령증에 제가 사인을 좀 해도 괜찮을까요. 해야 할 일이 산더미처럼 쌓여서요"일 때조차도, 나는 입을 닫고 얘기를 듣고는 했다. 어느 배달부의 조카는 표본과 똑같은 모양새로 태어났다. 몸 안에 있어야 하는 모든 장기가 바깥에 나온 채로 태어났지만, 수술을 해서 지금은 잘 지내고 있었다. 이런 친구도 있었다. 자신의 어린 딸과 똑같이 뇌수종(물뇌증이라고도 부른다)에 걸려 사망한 아이의 두개골을 보고는 나를 등진 채로 슬픔에 온몸을 떨었다.

내게도 나만의 표본 이야기가 있다. 우리 아버지 쪽에서 가족력으로 내려오는 유전성 심장 결함이 있다. 내가 한 살이었을 때 아버지 쪽 조부모님이 그 병으로 돌아가셨고, 십대가 되었을 때는 고모와 삼촌·한 명이 목숨을 잃었으며, 열아홉 살이 되던 날 아버지도 그 병으로 세상을 떠났다. 이 질병은 내 염색체에 떼어낼 수 없이 붙어 있는 작디작은 시한폭탄일 수도 있고, 아닐 수도 있다. 내게 이 시한폭탄이 있는지도 확인할 수 없고, 마찬가지로 내게 남은 시간을 째깍거리며 보여주는 시한폭탄의 계측기도 확인할 수가 없다. 적어도 유전자 검사를 통해 전자는 확인해볼 수 있지만, 병에 걸리지 않기를 바라거나 심장 전체 이식 수술을 받지 않는 이상은 뾰족한 치료법이 없는지라, 차라리 모르는 편이 낫다고 생각한다. 나는 내게 주어진 삶을 즐길 만큼 충분한 행운과 축복과 특권을 누리고 있으며, 그다지 다르게 살고 싶은 생각은 없다.

아버지가 돌아가셨을 때, 무척이나 슬퍼하는 방문객들로 집이 가득 찼다는 사실이 주는 위로가 있었다. 방문객들은 우리가 충분히 먹고, 또 기꺼이 내가 방으로 가서 문을 닫고 있을 수 있도록 해주었다. 또 하나 기억나는 것은 곁에서 내 팔을 붙들어주었던 수많은 사람이다. 내 고모도 있었다. 그녀는 혈연은 아닌 호칭만 고모였지만, 내가 성장하는 모습을 평생 지켜본 사람이었다. 내가 병원에서 아버지의 시신을 보고 나오는 길에, 고모는 내 팔을 꽉 붙들며 조용히 말했다. "이제 너는 강해져야 한다."

그리고 내 작은아버지, 진짜 혈연인 작은아버지도 있었다. 만난 건 딱 한 번뿐이었지만 말이다. 작은아버지는 우리 아버지를 너무나 쏙 빼닮아서, 일순간 아버지가 돌아가신 게 현실이 아니었나 싶을 정도였다. 작은아버지는 아버지의 재를 뿌리려고 강으로 가는 길에 내 팔을 붙들고 "뒤돌아보지 마라"라고 말씀하셨다. 이런 것들도 삶의 일부다. 크나큰 슬픔 속에서 함께 나누는 작은 순간들이다.

10장

우리는 한배를
타고 있다

— 공동선

We're all in this
together

개인과 자아

프로이트는 휴가 중에 따분하고 할 일이 없어서 책을 썼다고 한다. 그는 "하루 종일 담배를 피우고 카드놀이를 할 수는 없는 노릇이다…"라고 적었다. 그가 집필에 얼마나 큰 노력을 쏟았던 간에 그의 프로젝트는 관심을 품어볼 만하다. 그는 문명이라는 관념 전체를 다루기로 결정했기 때문이다.

지크문트 프로이트는 서양의 주요 작품을 남긴 사상가 중에 제일 영향력 있고 높이 평가받는 사람 가운데 하나다. 심리학이라는 분야를 거의 혼자서 만들었다고 간주된다. 심리학은 인간의 마음, 마음의 작동 방식, 발달, 동기를 탐구하는 학문이다. 개인을 바라보는 방식이 심리학을 형성하기도 하고, 반대로 심리학이 이를 형성하기도 했다. 누군가를 교육하는 방식부터 누군가를 어떻게 재판할 것인가라든가, 심지어는 이들이 민주주의나 국민이라는 비전에 기여하는 정도에 이르기까지, 사회라는 개념 전체는 개인을 어떤 존재로 바라보는가를 바탕으로 삼고 있다. 개인은 서양 문명의 작동 단위다.

역사를 살펴보면 이러한 사실은 가장 극명해진다. 교황, 황제, 왕과 왕비 같은 정치적이고 종교적인 통치자부터 예술가, 계몽주의 시대의 위대한 사상가, 그리고 천재로 추앙받는 과학자들에 이르기까지, 서양의 역사는 위대한 남성의 생애를 중심으로 다뤄졌고, 때로 여건이 되면 균형을 맞추기 위해 백인이 아니거나 남성이 아닌 누군가의 이야기를 통해서 다뤘다. 삶, 자유, 그리고 행복의 추구까지, 위대한 서양의 가치는 모두 개인적인 가치들이다.

이와 함께 일종의 모순이 자리 잡는다. 서양에서는 분명히 사회적인 위계 속에서 일부 사람들이 다른 사람들보다 높이 있다고 여기면서도, 평등이라는 관념이 제일 중요하다고 고집한다. 사람이 어울리는 방식은 평등이라는 원칙에 따라 다스려야 한다고 주장한다. 위기가 닥치면 지도자들은 '우리는 한배를 탔다'는 사실을 기억해달라고 애원한다. 제아무리 그렇다 한들, 억압받지 않을 자유와 권리를 행사할 자유가 서로 구분이 흐려지고 뒤섞이는 곳에서는 서양 문명의 쇠퇴에 관한 염려가 고개를 들고는 한다. 격언에서 이야기하듯이, "당신의 팔을 휘두를 자유는 내 코가 시작하는 곳에서 멈춘다." 프로이트를 비롯한 20세기 전반의 심리학자들은 무엇이 우리를 개인으로 만드는가라는 질문에 답을 하고자 나섰다. 우리는 어떻게 지금과 같은 사람이 되었는가? 왜 이런 방식으로 행동하는가? 주변 상황과 다른 개인들은 어떻게 우리 행동을 형성하는가?

프로이트는 답을 찾는 데 큰 역할을 했다. 그는 자아를 가진다는 것이 어떤 의미인지를 이해할 수 있게 해주었으며, 정신분석학을 발명하여, 우리의 일상적 대화에 과학적 의미를 부여했다. 심리학의 아버지인 프로이트는 현대 문명을 완전히 실망스럽게 바라봤다. 그가 휴가 중에 즉흥적으로 쓰기 시작했던 책은 『Das Unbehagen in der Kultur』라는 짧은 책이었다. 1930년에 독일에서 출판된 뒤로 이 책은 대개 『문명 속의 불만』이라는 제목으로 번역 출판되었다. 이 책에서 프로이트는 개인의 심리 속에 있는 행복의 뿌리를 밝혀내려고 시도했다. 그리고 어쩌면 프로이트는 자신이 찾던 것보다 더 많은 내용을 파낸 것일지도 모른다.

공동선과 개인의 행복

프로이트는 이렇게 적었다. "문명의 발달은 특별한 과정으로, 개인의 일반적인 성숙과 비견할 만하다." 그는 개인이 자신을 둘러싼 사회의 명령 속에서, 그리고 그 명령을 거스르며 기능하는 일의 의미에 관심을 두었다. 프로이트의 의문은 이것이었다. 단순히 스스로를 즐겁게 하는 게 아니라 다른 사람들도 생각해야 한다면, 과연 개인이 행복해진다는 게 가능한 일인가?

『문명 속의 불만』에서 프로이트는 자신의 정신분석학적 원칙인 기존의 이드, 자아, 초자아에 두 가지 요소를 덧붙인다. 이 요소를 그는 에로스와 타나토스라고 부른다. 삶을 향한 욕망과 죽음을 향한 충동이다. 프로이트의 생각에 따르면, 누군가 정말로 행복할 수 있는 것은 순간이며 아주 잠깐뿐이다. 삶을 향한 사랑과 또 그만큼이나 강력한 죽음을 향한 욕망이 끊임없이, 그리고 겉으로 보기에 헛된 투쟁을 벌이고 있기 때문이다. 이런 계산은 기쁨은 곧 행복이라는 단순한 방정식에 바탕을 둔 것이었다. 그렇지만 행복은 그저 산발적으로 일어나며 예측할 수 없는 일이었다. 영원한 행복을 향한 욕망은 처음부터 불행한 운명이 예정되어 있는데, 그 까닭은 우리 몸은 죽고 썩으며, 물리적인 환경은 위험천만하며 적대적이고, 동료 인간들은 그 모든 사회적인 제약을 부과하기 때문이었다. 다시 말해, 개인의 정신과 이보다 넓은 바깥 세계가 만나는 정신없고 위험한 교차로에서 행복은 아마도 살아남기 어려울 것이라는 얘기였다.

프로이트가 너무 우울하게 굴었을지도 모르고, 또 외부 자료를 별로 참고하지 않고 즉흥적으로 책을 썼을지는 모르나, 그럼에도 『문명 속의 불만』은 20세기의 고전이 되었다. "서양 세계의 위대한 책들" 목록을 찾아보면 분명 이 책이 올라 있는 것을 볼 수 있을 것이다(교양 있는 사람들이 읽었다고 주장하는 셰익스피어, 단테, 괴테, 칸트, 볼테르, 그리고 그 모든 다른 작가들의 실제 고전이나 작품과 함께 말이다). 그렇지만 심리학 분야에서 가장 영향력 있는 책 가운데 하나로 꼽히는 이 책은 사실 전혀 과학적이지 않다. 『문명 속의 불만』은 아주 한정적인 사례들, 프로이트 본인의 직감, 그리고 아주 개인적인 해석을 바탕으로 쓴 책이다.

프로이트가 평생 쓴 글은 우리의 자아에 관해서보다, 프로이트 본인에 대해 더 많은 것을 알려준다. 우리 무의식의 핵심에 죽음을 향한 소망이 내재적으로 묻혀 있다는 그의 생각은 그가 자신의 삶으로 보여준 것이기도 했다. 프로이트의 턱뼈는 암 때문에 15년 동안 구멍이 뚫린 상태로 있었는데, 아마도 줄담배를 피우는 습관 탓에 암이 발병했을 것이다. 고통은 점점 심해져서, 입을 여는 간단한 행동도 대단히 괴롭게 느껴질 정도였다. 프로이트의 죽음 충동은 강력했던 모양이다. 그는 빨래집게를 쐐기처럼 끼워 넣어 입을 열어둔 뒤, 계속 담배를 피웠다.

프로이트가 보기에 인류는 본능에 갇혀 있는 동물 무리에 지나지 않았다. 프로이트에 따르면 우리는 야만인을 그대로 가지고 와서 만든 것이었다. 그러니 문명이 정말로 할 수 있는 일은 없었다. 우리가 할 수 있는 것은 최대한 이성을 유지하려 노력하고, 마치 발을 굳게 디딘 채로 불어나는 홍수 물을 붙들려는 허망한 노력을 할 뿐이었다. 다시 말해, 우리에게 남은 선택지란 프로이트가 했던 것처럼 하는 것뿐이다. 암에 시달리는 턱에 쐐기를 박고 열어서 계속 담배를 피우는 일 말이다.

에이브러햄 매슬로는 이 모든 것을 바꿔놓았다. 그는 개인으로서나 또는 보다 넓은 사회 차원에서나, 인류의 미래를 훨씬 더 낙관적으로 바라보았다. 매슬로는 연구를 거쳐 개인의 행복과 만족은 얼마든지 실현 가능한 데다, 인간의 노력이 지닌 궁극적인 목표라고 주장했다. 그는 거기서 멈추지 않았다. 매슬로는 개인이 발전하는 목적은 바로 사회의 공동선에 기여하는 것이라고 믿기에 이르렀다. 매슬로의 개념은 그를 심리학 역사상 가장 혁명적인 인물 가운데 한 명으로 만들었다. 그가 어떻게 그 개념을 만들어냈는지, 그리고 우리가 어떻게 이를 알게 되었는지는 서양 문명이 지닌 편협하고 제한적인 한계를 보여주는 또 하나의 사례. 이는 제아무리 우리가 한 배를 탔다고 생각하더라도, 바로 이 게임이 처음부터 조작되었다는 사실을 잘 기억해두어야 한다는 점을 일깨워준다.

매슬로의 욕구단계설

에이브러햄 매슬로의 '욕구단계설'(주로 피라미드 형태로 인간의 발달을 묘사한 도식이다)은 20세기의 아이콘이다. 심리학을 공부한 적이 없더라도 이 개념은 접해봤을 가능성이 크다. 인간관계 관리 이론이나 소셜 미디어의 밈으로 상당히 많이 돌아다니고 있거나, 여러분이 최고의 삶을 살고 있는지를 알려주겠다는 뉴스레터 이메일에서 깜짝 퀴즈로 자주 나온다. 주연 여배우가 자신의 즐거움을 추구하고 싶다며 결심하는 로맨틱 코미디 드라마에도 나온다. 이 모든 것들을 가능하게 만든 개념을 떠올린 사람이 바로 매슬로다.

매슬로는 이와 같은 위계질서에 관한 개념을 1943년 『심리학 리뷰』에 실린 「인간 동기 이론A Theory of Human Motivation」이라는 논문에서 개략적으로 소개했다. 그리고 이어서 1954년에 펴낸 책 『동기와 성격』에서 더욱 자세하게 설명했다. 매슬로의 욕구단계설은 복잡하지 않다. 굉장히 직관적이라 할 수 있는데, 그 점이 이 이론에서 제일 주목할 만한 특징이다. 일련의 기본적인 욕구만 먼저 충족한다면, (우리가 될 수 있는 한 최고의 모습으로 거듭난다는) 인간 발전의 궁극적인 목표에 이를 수 있다는 원칙을 바탕에 두고 있다.

여러분이 이제 막 삶을 시작하는 아기라고 상상해보라. 눈은 이제 막 초점을 잡는 법을 익히고, 말을 하거나 자립적으로 생활할 수는 없으며, 사실상 주변 사람들의 도움과 지지에 완전히 의존하는 상태다. 이 주변 사람들이란 부모일 수도, 부모의 형제자매일 수도, 또는 부모의 부모일 수도 있다. 심지어는 직접적인 관련이 없는 사람들일 수도 있지만, 이들의 행동은 여러분의 삶에 현실적이고 즉각적인 영향을 끼친다. 깨끗한 공기와 음식, 그리고 물을 향한 여러분의 '생리적 욕구', 그러니까 욕구단계설의 기본적인 단계를 충족시키는 일은 그 사람들에게 달려 있다. 그런 다음 여러분이 성장해나가면서 이 사람들은 매슬로가 얘기한 '안전 욕구'도 충족시켜줄 수가 있다. 옷이나 주거지 같은 기본적인 것들, 그리고 조금 더 시간이 지나 나이가 들면 생계 수단과 같은 보다 추상적인 것들까지 말이다.

이 모든 것들이 갖춰지면(저어도 어느 정도는 말이다. 매슬로는 욕구 충족을 도 아니면 모의 문제로 바라보지 않았다), 다음 단계는 사랑과 우정, 그리고 사회에 소속되어 있다는 전반적인 감정과 수용이다. 일리 있는 얘기다. 그렇지 않은가? 이런 종류의 관계들은 우리가 잘 가꿔야 한다고 느끼는 것들이며, 이런 관계가 없으면 외롭고 사회적으로 고립되었다는 기분이 든다. 운이 잘 따라서 여러분에게 이런 관계가 있다면, 한 단계 더 올라가 여러분의 '존중' 욕구를 충족하면 된다. 지위, 인정, 사회적 중요성, 존경 같은 것들이다. 이렇게 낮은 단계에 있는 존중 욕구는 여전히 타인에게 의존하지만, 이런 존중 욕구를 충족한다면 위계질서의 위쪽 공간으로 올라설 수가 있다. 그곳에서는 자기 존중을 통해서, 그리고 다양한 기술이나 기교를 구사하는 능력을 얻거나 이를 통달하면서 스스로에 대한 존중을 쌓는다. 그러면 마침내 위계질서의 꼭대기로 올라설 수가 있게 된다. 바로 '자아실현' 단계다. 여기서는 한숨 돌리며 경치를 만끽한 다음 여러분을 고유하고, 엄청나고, 잊을 수 없을 만큼 여러분 자신으로 만들어주는 일에 돌입하면 된다.

자아를 실현한다는 것

이렇게 우리가 비유적으로 매슬로의 단계들을 타고 올라온다는 사실은 그의 세계관이 대체로 산이나 피라미드(뭐든 간에 삼각형을 띤다) 형태로 묘사된다는 점을 의미한다. 기본적인 욕구는 아래쪽에 있는 넓은 바닥면을 이루고, 다른 단계들은 위로 올라가며 점점 좁아지면서, 꼭대기에 있는 자아실현이라는 정점까지 도달한다. 매슬로에 따르면 자아를 실현하는 개인들은 서양 사회에서 이례적인 인물들이다. 매슬로가 이 개념을 구상하는 내내 자신의 관점에서 자아실현을 이뤘다고 꼽을 만한 사람들은 채 한 줌을 넘어서는 법이 없었다. 루즈벨트, 간디, 아인슈타인, 테레사 수녀, 그리고 매슬로 본인이었다.

매슬로를 보고 아인슈타인을 연상하기는 쉽다. 첫째로는, 두 남성은 서로 닮은 모습이다. 온라인에서 가장 많이 검색되는 그의 사진 속 모습은 웃고 있는 중년의 남성이다. 정갈하게 다듬은 머리카락, 콧수염과 더불어 주름이 가 있고 유쾌한 얼굴이 보인다. 서양에서 위대한 사상가의 초상 사진에 웃음을 터뜨리거나 어떤 식으로든 경박한 분위기의 피사체가 담기는 일은 흔치 않다. 그래서 매슬로의 이 사진을 보면 나는 거의 어김없이 아인슈타인을 떠올리고 만다. 특히 엄청나게 헝클어진 머리를 하고 카메라를 향해 혀를 내밀고 있는, 그의 상징과도 같은 흑백사진을 말이다. 둘 모두 유태인이었고, 중년에 이르러 명성을 얻었으며, 각자의 분야에서 사고의 혁명을 일으켰다. 실제로 매슬로는 심리학계의 아인슈타인이라고 할 수 있다. 매슬로의 혁신적이고 고유한 연구는 심리학의 기존 지식들을 뒤엎으며 판을 흔들었다. 우주에 대한 이해가 뉴턴 학설의 틀 안에만 묶여 있었으나, 그 밧줄을 아인슈타인이 풀어내버린 것과 상당히 비슷하게 말이다.

매슬로는 인간의 동기를 다루는 심리학에 관심을 품으며 욕구단계설을 발전시켰다. 우리가 행동을 하도록 이끄는 것은 무엇일까? 그리고 위대한 일을 이룩한 사람들은 어떻게 해서 그 자리에 도달한 것일까? 매슬로가 내놓은 답은, 바로 아인슈타인이나 본인처럼 높은 성취를 보이는 사람들은 내면에 동기가 있었다는 것이다. 이들은 바깥에서 오는 영향의 먹잇감이 되지 않고, 세상과 더 넓은 사회에 공헌하고 싶다는 사적이고 개인적인 욕구에 섬세하게 맞춰져 있던 것이다. 이들의 작업은 그 자체로 이들에게 가치 있는 일이었다. 다른 무언가를 위한 수단이 아니라 그 자체로 성취였다. 매슬로의 획기적인 이론은 서양의 아이콘을 만드는 재료가 되었다. 그의 욕구단계설은 심리학과 관리연구 전공서적 전반에서 기본적으로 다루고 있다. 그렇지만 아인슈타인과 달리, 우리는 매슬로의 이론에 대해서는 제대로 알고 있지 못하다.

거의 모든 전공서적에서 누락된 사실은 바로 이것이다. 매슬로의 개념이 예기치 못한 원천에서 탄생했다는 사실이다. 이 개념은 매슬로가 시크시카Siksiká에 있는 블랙풋족에게 손님으로 찾아가 보냈던, 짧지만 인생을 뒤바꾸는 6주 동안에 탄생했다. 시크시카는 블랙풋 연합에 할당된 보호구역 가운데 하나로, 캐나다의 캘거리에서 동쪽으로 한 시간쯤 차를 타고 가면 있는 곳이다. 널리 알려진 매슬로의 이야기 속에 블랙풋족이 부재한다는 사실, 그리고 어떻게 해서 이들이 우리 시야에서 사라졌는지는 제한적이고, 편향적이고, 노골적으로 인종차별적인 문명의 이모저모를 알려준다. 또한, 이는 함께 살아가는 일에 관해 개인화된 접근법이 아니라 보다 집합적인, 전혀 다른 관점으로 사회를 바라볼 수 있게 해준다.

심리학이 숨긴 비밀

매슬로는 행동주의 심리학자로 경력을 시작했다. 20세기로 접어들며 행동주의는 프로이트주의 심리학과 어깨를 나란히 하는 주류적인 사조였다. 행동주의 심리학자들은 환경이 인간과 다른 동물들의 행동에 끼치는 영향을 연구하러 나섰다. 행동주의라는 학문 영역은 대단히 실증주의적이었다. 연구의 유일한 초점은 직접 관측하고 측정할 수 있는 세계와 인간 행동의 측면들이었다. 달리 표현하자면, 심리학에 대한 고도로 과학적이고 합리적인 접근법이라 보인다. 인간의 정신이라는 내면 세계에 초점을 두었던 프로이트주의와는 극명한 대조를 이룬다. 주요 행동주의 심리학자로는 개를 대상으로 한 실험으로 유명한 러시아의 이반 파블로프, 그리고 비둘기를 연구했던 미국의 B. F. 스키너가 있다.

자신의 주요 개념을 향한 매슬로의 여정은 완전히 다른 곳으로 떠나는 여행으로 시작되었다. 처음에는 매슬로도 동료 행동주의 심리학자들과 전혀 다를 게 없었다. 그에게는 과학이 전부였으며, 오로지 실험을 통한 연구만 했다. 동물의 식사 습관에 관한 연구는 그가 제일 처음 내놓은 주요 개념으로 이어졌는데, "두드러지는 식욕salient appetite"이라 부르는 것이었다. 이 식욕은 먹이를 먹겠다는 욕구보다도 위에 자리 잡고 있었다. 또 매슬로는 동물들이 위계질서와 모이를 쪼아 먹는 순서를 만들어내고 이를 유지한다는 사실을 알아냈다. 이는 성적인 권력을 활용해 유지하는 것이었다. 그는 인간도 동일하게 행동할 가능성이 크다는 가설을 세우고 '사회적 성격 지표Social Personality Index'라는 것을 확립하기 위해 실험을 설계했다. 이는 성격 테스트와 성생활에 관한 설문 조사를 결합한 형태였다(그러니 결국 매슬로는 어느 정도는 프로이트적이었다고 할 수 있을지도 모른다). 설문 답변을 분석하며 매슬로는 자기 확신이 더 강력한 사람들('자아 안도감ego security' 수준이 더 높은 사람들)은 훨씬 더 실험적인 경향이 있고, 더 기이한 성생활을 한다는 사실을 발견했다. 이와 반대로 자아 안도감이 낮은 사람들은 잠자리에서 좀 더 관습적인 태도를 보였다. 매슬로는 인간의 행동에 담긴 중요하고 보편적인 흐름을 발견했다고 확신하고는, 정치적인 권력과 성적인 지배에 관한 이론을 세우기 시작했다. 그는 이 개념이 심리학 분야에서 중요한 혁신이 될 것이라 생각했고, 학문적인 차원에서 중요한 돌파구가 되어줄 것이라 생각했다.

삶에서도 학문적인 경력에서도 결정적인 순간에, 매슬로는 인류학자들과 교류하게 된다. 이 인류학자들은 프랜츠 보애스를 따르는 차세대 학자들이었다. 프랜츠 보애스는 인류학 역사에서 대단히 뛰어난 인물이다. 이 분야를 전부 밀어버리고 새로 시작하려던 그의 열망을 떠올려본다면 아무래도 아이러니한 일이기는 하지만 말이다. 앞선 장에서 보애스가 20세기 초 학문에 내재되어 있던 인종차별적인 이데올로기들을 거부했다는 점을 살펴보았다. 그는 백인이 아닌 비서구인의 관념도 이해할 가치가 있다는 주장을 굽히지 않았다. 보애스는 이렇게 적었다. "나는 야만인들의 사회에 비해서 우리의 상류 사회가 과연 어떤 장점이 있는가를 자주 자문한다. 그리고 야만인들의 풍습을 살펴볼수록, 결코 그들을 얕잡아볼 권한이 없다는 생각을 하게 된다." 보애스는 새로운 인류학적 조사 기법을 개발했는데, 대체로 관찰과 인터뷰를 바탕으로 삼았다. 그리고 그들의 관점대로 그들을 이해하기 전에는, 연구 대상의 문화적 실체를 미리 상정하지 않도록 했다.

보애스의 주요 계승자 가운데 한 명인 루스 베네딕트는 인류학이 새롭게 출발해야 한다고 보는 점에서 보애스와 뜻이 맞았다. 체계적이고 실제 관찰 내용에 바탕을 두고 있으면서도, 지난 몇 세기 동안 당연시되었던 굵직한 개념들에 의문을 던질 수 있어야 한다고 말이다. 베네딕트가 보기에 서양 사회의 중요한 질문은 바로 경쟁의 속성에 관한 것이었다. 인간 사회에 대한 다원주의적 접근, 즉 강자가 약자를 먹잇감으로 삼고, '적자'만이 생존하고, 일부 사람이 다른 사람들보다 어떤 식으로든 우월하게 타고났다는 관점이 지배적이던 시대, 베네딕트는 사회적 불평등을 지속시키는 사고방식에 질문을 던지고자 했다. 그녀는 이렇게 말했다.

> 인간의 사회적 발명품들이 인간의 삶에 끼치는 영향에 관한 데이터가 그 어느 때보다도 지금 우리에게 필요합니다. 다양한 발명품들, 그러니까 절대국가라든가 정복 전쟁, 아니면 돈 같은 발명품들이 어떻게 작동해왔는지를 알아야 합니다. 사회적 문제는 영원한 가치에 호소하면 해결할 수 있다는 규범적인 신념을 우리는 더 이상 품고 있지 않습니다. 영원한 가치 그 자체부터가 의심스럽습니다.

한 마디로, 사회학과 인류학, 그리고 예를 들어 문명과 같은 이 분야의 핵심 개념과 관련해서는 그 어떤 것도 당연하다고 받아들여서는 안 된다는 얘기다. 그러니까 정상 같은 것은 없다는 뜻이었다. 매슬로는 전혀 동의하지 않았다. 그는 경쟁이란 인간 행동의 자연스럽고도 결코 떼어낼 수 없는 일부라는 점을 자신의 설문 조사와 연구가 입증했다고 보았다. 아무리 노력한다 한들, 결국은 우리 내면에 있는 성적으로 매력적인 원숭이가 주도권을 잡게 될 것이며, 이 원숭이는 섹스하고 싸우고 이기기를 즐긴다고 생각했다.

아메리카 대륙에 있는 다양한 토착민들과 살면서 오랜 시간 경력을 쌓아온 베네딕트는 그렇지 않다는 점을 알고 있었다. 그 뒤에 벌어진 일을 놓고 보면, 베네딕트는 매슬로가 갇혀 있는 틀 안에서 벗어나서 이와 같은 사실을 스스로 깨닫는다면 매슬로 본인에게도 도움이 될 거라고 확신을 품었다. 베네딕트는 매슬로와 그의 연구 내용에 도전장을 내밀었다. 만약에 매슬로의 설문 결과가 정말로 보편적인 결과라고 한다면, 전혀 다른 비서구 문화를 찾아가서도 시험을 해봐야 한다고 말이다. 그녀는 자신의 지도 학생인 제인 리처드슨이 블랙풋 연합과 함께 생활하고자 6주 동안 현지조사를 나서는 길에 매슬로도 함께 갈 수 있도록 주선을 해준다. 매슬로도 베네딕트도 미처 몰랐겠지만, 이 6주가 세상을 뒤바꾸게 한다.

블랙풋족이 욕구단계설에 끼친 영향

나는 라이언 헤비 헤드의 강연에서 매슬로가 시크시카에서 지냈던 이야기를 알게 되었다. 그는 혼인을 통해 블랙풋국의 일원이 되었고, 방울뱀을 퇴치하며, 레드 크로 칼리지에서 카이나이 Kainai학을 가르친다. 그의 전문 지식은 직접 겪은 문화적 경험, 기록 연구(오하이오주의 애크론에 있는 미국 심리학 역사 기록 보관소에 소장된 매슬로의 공책, 편지, 논문도 포함되어 있다), 그리고 당시 현장을 지켰던 부족 원로와 한 인터뷰의 결합이다. 헤비 헤드는 베네딕트의 제자이자 매슬로의 가이드였던 제인 리처드슨이 사망하기 전, 106세였던 2014년에 직접 만나 인터뷰도 했다. 그러니 적어도 어느 정도까지는 양쪽의 이야기를 모두 들려줄 수 있는 사람이다.

헤비 헤드의 얘기대로라면, 제인은 매슬로라는 짐이 더해졌다는 사실이 전혀 달갑지 않았다. 매슬로는 제인의 계획과 조언을 모두 무시했으며, 오로지 자기 연구만을 위해 앞만 보고 돌진하며, 자신의 설문지에 대한 답을 블랙풋족 원로들에게 얻어내려 했다. 원로들은 그에게 비협조적이었다. 실제로 원로들은 자기 얘기를 들려주거나, 자신들을 공동체에 있는 다른 사람들과 비교하는 일을 딱 잘라 거절했다. 매슬로가 계속 물어보자, 원로들은 매슬로가 그 자리에 없는 사람인 것처럼 못 본 척했다. 데이터를 얻기 위해 절박했던 매슬로는 비교적 나이 어린 공동체 구성원들에게 접근했는데, 그 바람에 원로들은 그만두지 않으면 매슬로를 쫓아내겠다고 협박했다. 결국 매슬로는 심리학을 포기할 수밖에 없었고, 마침내 제인의 조언에 따라 인류학자가 되는 편을 택했다. 그는 자신이 관찰한 것이면 무엇이든, 블랙풋족이 자신에게 공유해주려 하는 내용이면 무엇이든 기록했다. 사실상 다른 문화가 지닌 복잡한 면모를 당사자의 관점에서 기록하는, 아주 보애스적인 기법을 채택했던 것이다. 제인 리처드슨과 또 이 여정에 함께한 제3의 구성원인 루시엔 행크스가 담배 농사와 연관된 기술, 상징주의, 철학을 주의 깊게 기록하는 동안, 매슬로는 공동체 구성원 개개인이 상호작용하는 방식을 들여다보기 시작했다.

그가 관찰한 한 가지는 바로 전달 의례transfer ceremony였다. 전달 의례는 블랙풋족 달력에서 중요한 시기에 일어나는 의례였는데, 여러 가족이 한 해 동안 축적한 새로운 것들을 펼쳐놓고 도움이 필요한 사람들에게 나누는 자리였다. 매슬로 입장에서는 설명하기 불가능하다시피 한 의례였다. 만약에 브루클린에 있는 자기 집에서 똑같은 행동을 한다면, 모든 것을 잃고 얻는 것은 아무것도 없을 터였다. 그렇지만 시크시카에 있는 블랙풋족에게는 개인적인 이득은 아무런 문화적인 가치가 없었다. 매슬로가 그 밖에 또 크게 놀랐던 점은, 바로 물질적인 부도 없고 사회적으로 우월한 위치가 아니었음에도 자신이 만난 거의 모든 블랙풋족 사람들은 자아 안도감 수준이 높다는 사실이었다.

매슬로는 자존감이 사회적 우월성에 따라 결정되지 않는다는 결론을 내릴 수밖에 없었다. 그래서 어떻게 이런 상태를 이룩할 수 있었는지를 들여다보기 시작했다. 그리고 블랙풋족이 아이를 양육하는 방식에서 설명을 구할 수 있다고 생각했다. 서양인들과 달리, 블랙풋족은 아이들을 업신여기거나 이용하지 않고 아이들을 존중해주었다. 아이들은 이르면 열 살부터 블랙풋족의 의례에 동참했으며, 귀중한 물건들을 맡았고, 공동체에 기여할 것이라는 기대를 받았다.

매슬로가 관찰한 또 다른 내용은 바로 블랙풋족이 킴마피이피트시니kimmapiiyipitssini라고 부르는 것이었다. 매슬로는 이를 블랙풋식 이타주의라고 옮겼다. 물론 헤비 헤드는 블랙풋족의 언어에는 이타주의에 해당하는 직접적인 번역어가 없다는 사실을 짚어주고 있지만 말이다. 이 단어는 이타주의라기보다는 서로를 향해 습관적인 동정심과 친절함을 베푸는 행동을 가리킨다. 이를 아주 잘 보여주는 사례는 테디 옐로 플라이라는 남성이었다. 그는 이 부족의 카리스마 있는 젊은 지도자로, 오타와에 있는 캐나다 정부와 협상을 주도적으로 이끌었다. 테디 옐로 플라이는 시크시카에서 자동차를 소유한 유일한 사람이었다. 그는 이 차를 공동체 전체와 공유했다. 어딘가 가야 할 일이 생기면, 옐로 플라이가 직접 태워다 주거나 아니면 자동차 열쇠를 넘겨주었다. 그러다 옐로 플라이가 공개 행사 자리에서 바로 다음 주에 자신의 소를 거세하고 낙인을 찍을 예정이라고 알리자, 젊은 남성들 무리가 도우러 나서서는 일이 마무리가 될 때까지 아무런 돈을 받지 않고 일했다. 이것이 킴마피이피트시니였다. 테디 옐로우 플라이는 도움을 받을 것이라는 사실을 알았기 때문에 관대해질 수가 있었으며, 이런 도움은 그의 관대함 때문에 생겨나는 것이었다. 시크시카의 공동체는 공동체 구성원들이 사회적 지위를 높이고 다른 사람을 깎아내려 일부 사람들을 높이 추앙하는 것보다는 집합적인 선을 더 중시한다는 점을 바탕으로 단결했다.

매슬로는 완전히 다른 사람이 되어 시크시카를 떠났다. 그해 9월, 그는 브루클린 칼리지에서 인간의 규범적인 행동이라는 새로운 강의를 연다. 꽤나 놀랍게도 여기서 말하는 규범은 매슬로가 블랙풋족과 함께 지내며 보았던 전통, 실천, 신념 들이었다. 또 그는 10년에 걸쳐 집필한 '좋은 인간의 노트Good Human Being Notebooks'를 쓰기 시작했다. 자신이 몸담고 있는 학문 공동체에 매슬로가 전하는 메시지는 분명했다. 과학적인 방법과 실증적인 접근법으로 인간의 심리학을 탐구하던 시기는 끝났다는 메시지였다. 대신 그는 오로지 블랙풋족을 그렇게나 자신감 넘치고 친절한 사람들로 만들어준 이유를 밝히겠다는 목표를 품고 보다 직관적인 기법으로 옮겨간다. 그리고 매슬로의 연구는 이제는 너무나 유명해진 욕구단계설로 귀결된다.

왜곡으로 태어난 자아 개념

블랙풋국의 천막은 옆에서 보면 피라미드 형태에 가로 줄무늬가 그려져 있다. 바로 이 천막이라는 도상을 통째로 가져와서 매슬로가 욕구단계설이라는 사상을 만들었다는 생각이 통용되고 있다. 이렇게 무척이나 매력적인 생각의 틀에서 살펴보면 피라미드 모양은 실제로 천막 모양이고, 블랙풋족의 천막에 있는 줄무늬 모양 디자인은 위계질서상의 단계를 반영한다. 바로 이 때문에 헤비 헤드와 카이나이학외 창시지 니르시스 블리드가 시크시카에서 지냈던 매슬로의 이야기를 가장 먼저 살펴본 것이기도 했다. 그렇지만 이 가설에는 여러 가지 문제가 있다는 사실이 밝혀졌는데, 블랙풋족이 자신들의 세계관을 드러내는 데에 천막을 활용하지 않았다는 점도 문제였다. 아마도 결정적이라 할 수 있는 또 다른 이유는 바로 처음에 매슬로는 피라미드 모양을 그리지 않았다는 사실이다. 피라미드 모양은 찰스 맥더미드라는 심리학자가 1960년 『비즈니스 호라이즌스』에 실을 글 「돈은 어떻게 인간에게 동기를 부여하는가」에 사용하고자 특별히 만들어낸 것이었다. 사실 매슬로를 아이콘으로 만들어낸 것은 심리학이 아니라 관리 연구 분야였다. 매슬로식 개인의 관리 연구 버전은, 공동선에 기여하기보다는, 사람들은 기본적인 욕구를 충족한 뒤에야 이상적인 노동자가 되는 작업에 착수할 수 있다는 원칙을 내세웠다. 앞선 장에서 살펴봤던 것처럼, 우리의 노동 페르소나는 우리가 어떤 사람인지와는 별로 관련이 없다. 무엇을 생산할 수 있는가와 거의 전부 연관이 된다. 프레더릭 윈슬로가 시간을 그 어느 때보다도 작은 단위로 깎아내어 효율성을 높이겠다는 일념으로 일 분 일 초를 이리저리 배치했다면, 관리 연구는 매슬로의 위계질서를 이용해서 일터라는 기계에 있는 톱니의 최고의 건강 상태와 생산성을 확보했다. 물론 그 톱니는 바로 우리다.

욕구단계설은 관리 연구 전공 서적으로 건너가면서 독자적인 생명체가 되어서, 서양의 자본주의적 이상의 복합체가 되었다. 매슬로가 만들어내려던 것과는 정반대로 말이다. 관리 연구 분야에서는 위계질서를 계단식으로 바라보아서, 인간의 욕구란 일종의 컴퓨터 게임과 같다고 생각했다. 한 단계를 성공적으로 끝마친 뒤에 다음 단계로 올라서야 하는 게임 말이다. 1960년대와 1970년대에 욕구단계설을 시험해본 사람들은, 행동이란 분석심리학자들이 생각하는 것처럼 무의식적 욕망의 결과물이기만 한 것이 아니고, 행동주의 심리학자들이 생각했던 것처럼 보상이나 강화에 따라 형성되기만 하는 것도 아니며, 내면의 욕구를 충족하려는 욕망에 따라서도 일어난다는 매슬로의 새로운 연구를 대단히 높이 샀다. 1970년대와 1980년대를 거치며(다시 말해, 1970년에 매슬로가 사망한 뒤로) 자본주의는 인간 행동에 대한 과학적 연구와 결합해 경영학이라는 형태를 갖추었다. 경영학의 목표는 우리가 사회의 유용한 일원이 되도록 힘을 실어주는 것이 아니었다. 우리가 최대한 많이 일하도록 만드는 것이었다.

관리 연구 분야에서 개인이란 보다 광범위한 사회의 대리자다. 한 개인이 자아를 실현하면, 사회 전체가 자연스럽게 이득을 본다. 설령 그 모든 개인이 사회 전반의 집합적인 이익을 위해서는 아무런 행동도 안 한다고 할지라도 말이다. 블랙풋족의 철학은 이보다 더 크고, 넓다. 블랙풋족의 철학은 사람들을 정해진 역할에 붙들어 놓고 더욱 복잡해지는 사회가 아니라, 누구도 뒤떨어지지 않도록 합심하는 사회와 관련이 있다. 차를 소유하는 일은 뒤처지지 않도록 주변 사람들을 따라잡으면서, 내년에는 더 크고 좋은 차를 살 수 있도록 가족이나 친구들과는 동떨어진 채 일하는 데에만 온 시간을 쏟는 일이 아니다. 자동차는 이동하는 데 쓰는 물건이다. 서양에서 사회란 개별적이고 고립된 성과가 되었다. 프로이트 같은 서양인들에게 다른 사람들이란 곧 문제였지만, 블랙풋족에게 다른 사람들이란 곧 있는 그대로의 모든 것이다.

블랙풋족은 개인의 존재를 부정하지 않는다. 문제는 공동체가 개인을 어떻게 바라보는가였다. 사회철학이라는 관점으로 바라본다면, 이들은 전혀 다른 패러다임에 따라 작동하는 사람들이다. 서양은 결핍 모델에 따라 작동한다. 한 사람은 학위를 취득하는 것처럼 일종의 사회적인 성과를 보여주거나 또는 재산을 축적해서 사회적인 지위를 획득해야 한다. 그러니까 아무것도 없는 상태에서 시작해서 노력을 통해 사회 속 위치를 높인다는 것이다. 표면적으로 살펴보면 이는 능력주의 사회를 이루는 완벽한 기초인 것만 같다. 모두가 평등한 만큼, 열심히 노력하면 그에 따라 성취를 이루고 보상을 받을 것이다. 그렇지만 앞서 사상이 발전하는 과정을 한 단계 한 단계, 한 장 한 장 살펴보았듯이, 서양에서는 결코 모든 것이 평등하지 않다. 우리가 같은 배를 타지 않았다는 사실은 아주 분명하다. 서양에서 실패하거나, 순응하기를 거부하거나, 사회경제적인 제약 때문에 순응할 수 없는 사람들은 열등한 사람 또는 완전한 실패자라는 취급을 받는다. 노숙자든, 장애가 있든, 또는 다른 방식으로 주변화되었든 간에, 문명이라는 게임에서 진 사람으로 여기는 것이다. 매슬로는 시크시카에서 한 개인이 자신의 가치를 얻어낼 필요가 없는 사회를 보았다. 그 가치는 처음부터 존재한다고 상정하기 때문이었다. 한 사람은 '자격을 부여받은' 상태로 태어났으며, 그 기준에 맞춰 살아갔다.

라이언 헤비 헤드는 이렇게 말한다. "제일 꼭대기에 있는 부분인 자아실현을 보면, 이 모델은 거의 틀림없이 블랙풋 공동체에서 왔다는 생각이 듭니다. 건강한 인간이 된다는 것은 어떤 의미인가에 대한 매슬로의 생각은 그가 그곳에서 6주를 보내는 동안 바뀌었으며, 남은 인생의 상당 부분을 블랙풋 공동체에서는 어떤 일이 일어났던 것이며, 그 사람들은 어떻게 그런 관념을 발전시킬 수 있었는지를 파악하는 데에 할애했습니다."

매슬로는 우리가 할 수 있는 최선의 모습이 되고자 노력할 때 가장 행복하다고 주장했다. 적어도 관리 매뉴얼에 나오는 매슬로의 주장은 그렇다. 실제로 매슬로가 얘기한 내용은 달랐는데 관리 매뉴얼에는 이런 내용이 실리지 않았다. 매슬로는 블랙풋족의 사회와 문화적 지혜를 바탕으로 개인적인 성취는 그 자체로는 아무 의미가 없으며, 개인의 만족은 보다 넓은 공동체에 기여하는 것에서 비롯되어야 한다고 보았다. 위계질서상의 한 단계에서 다음 단계로 나아가 자유롭고 자아를 실현한 개인이 되기보다, 개별적인 자아를 초월해서 사람들과 주변 세상에 도움이 되어야 한다는 것이다. 캐나다 토차민인 기트산족의 일원이자 활동가인 신디 블랙스톡은 이렇게 설명한다. "캐나다 원주민들은 자신들의 행동이 '일곱 세대'에 어떤 영향을 끼칠지를 바탕으로 바라봅니다. 이는 곧 한 사람의 행동은 과거 일곱 세대의 경험에 영향을 받으며, 앞으로 일곱 세대에 걸쳐 끼칠 영향을 고려해서 일어난다는 의미입니다."

블랙풋족의 세계관에서 개인이 지닌 진정한 힘이란 공동체의 집합적인 힘에 기여하는 것이다.

삭제된 진실

매슬로가 시크시카에서 보내면서 관찰했던 또 다른 점 하나는 블랙풋족의 이웃이었던 백인 정착민들의 노골적인 인종차별이었다. 출입이 제한되어 있던 블랙풋족의 땅을 앞서 몇십 년 동안 끊임없이 침범하는 사람들이 있었다. 이들은 그동안 번성해왔던 블랙풋족의 소 떼를 직접적으로 희생시켰고, 블랙풋족의 영

토를 임대해 백인의 양 방목을 허가하는 새로운 법을 캐나다와
미국 양쪽 모두에서 통과시키며 이득을 보았다. 매슬로가 보기
에 이 사람들은 좋은 평판을 듣지 못했는데, 이런 점이 흥미로운
문제를 제기했다. 매슬로는 이렇게 썼다. "내가 살면서 마주쳤던
사람들 가운데 제일 소름끼치고 엉망인 백인들을 점점 더 알아
갈수록, 점점 모순적이라는 생각이 든다." 문명인이라는 백인들
은 그렇게 저열한 행동을 하는 반면에, 이른바 야만인들은 딱 보
기에도 정신적으로 발달한 상태에 이른 것이 어떻게 가능했던
것일까?

　이런 모순은 당사자인 토착민들은 그다지 주목하지 않았던
점이었다. 예를 들어 라코타의 치료 주술사였던 존 파이어 레임
디어는 이 점에 대해 한 치의 의심도 없었다.

　백인 형제들이 우리를 문명화하러 찾아오기 전, 우리에게는
　감옥이 없었습니다. 그러므로 범죄자도 없었습니다. 감옥이
　없는데 범죄자가 있을 수는 없으니까요. 자물쇠나 열쇠도 없
　었고, 그러니 강도도 없었습니다. 너무나 가난해서 말이나
　천막이나 이불이 없는 사람이 있으면, 누군가가 그 사람에게
　그것들을 주었습니다. 우리는 너무나 비문명적이어서 개인
　의 소유물에 그다지 가치를 부여하지 않았습니다. 우리가 물
　건을 가지고 싶어 하는 까닭은 오로지 나눠주기 위해서였습
　니다. 우리에게는 돈이 없었으니, 돈으로 사람의 가치를 측

정할 수도 없었습니다. 성문법도, 변호사나 정치인도 없었으니, 사기를 칠 수도 없었습니다. 백인들이 찾아오기 전 우리는 정말로 나쁘게 살았습니다. 그래서 이렇게 기본적인 것들 없이 우리가 어떻게 어울려 지냈는지 저는 모르겠습니다. 이런 것들은 문명적인 사회를 만드는 데에 반드시 필요한 것들이라는데 말입니다.

매슬로가 블랙풋족에게 받은 영향은 어쩌다 지나가는 말이라든가 기껏해야 각주 외에는 그의 책에서 거의 언급되지 않는다. 매슬로는 어째서 자신의 사상의 원천이 블랙풋족이라는 사실을 한 번도 공개적으로 인정하지 않은 것일까? 여러분이 매슬로였다면 어떻게 행동했을까? 몇 세기에 걸쳐 토착민들의 입지는 법적인 지위로 보거나, 할당된 땅으로 보거나, 전반적인 인간성이라는 영역에서나 계속 줄어들었다. 그런 와중에 심리학이라는 진지하고 문명적인 학문에 혁명을 불러일으킨 사상을 블랙풋족에게 영감을 받아 만들었다고 얘기한다면? 매슬로는 차라리 개와 얘기하다가 아이디어를 얻었다고 말했을 것이다. 매슬로가 자아실현에 관한 아이디어와 시크시카에서 보냈던 시간의 연관성을 의도적으로 그리고 완전히 없애버리기 위해 무척 애를 썼다는 생각이 든다. 매슬로가 얘기하는 대로라면, 영감은 훨씬 나중에 받았다. 1938년 시크시카가 아니라, 1941년이 끝나가던 무렵에 번개처럼 갑자기 내리쳤다고 말이다.

어느 날, 진주만 작전 직후, 차를 몰고 집으로 가는 길에 사람들이 둘러앉아 인간의 본성과 증오, 전쟁과 평화, 그리고 형제애를 이야기하는 평화 협상 테이블을 떠올렸다. 나는 군대에 입대하기에는 나이가 너무 많았다. 바로 그 순간, 평화 협상 테이블을 위한 심리학을 발견하는 데에 여생을 바쳐야겠다는 생각이 들었다. 내 평생을 뒤바꾼 순간이었다. 인간은 전쟁, 편견, 증오보다 훨씬 더 큰 무언가를 이룰 수 있는 존재라고 증명하고 싶었다.

진보라는 가짜 행진을 멈추고

미국의 문화인류학자 마거릿 미드의 학생 하나가 문명의 첫 번째 신호를 무엇으로 보아야 하는지를 질문하자, 한 가지 고고학적 사례를 언급했다는 이야기가 있다. 바로 회복이 된 인간의 대퇴골, 즉 허벅지뼈였다. 마거릿은 이를테면 문자에서 예술, 민주주의에 이르는 이른바 그 모든 문명의 문화적 발전이나 기술에 초점을 맞추지 않고, 고고학적 기록이 오래전 사람들이 서로를 대했던 방식에 관해서 우리에게 어떤 내용을 알려줄 수 있는지에 주목했다. 어느 동물에게나 부러진 다리는 큰 문제다. 걸을 수 없다면 사냥을 하거나, 식량을 채집하거나, 위험한 상황에서 도망칠 수가 없다. 그러므로 다리가 부러졌던 개인이 다리를 치료할 수 있는 시간을 확보했다는 사실을 보여주는 사례를 고고학적 기록에서 찾아낼 수 있다면, 이는 문명적인 사회의 증거가 되는 것이다. 설령 누군가가 그 사회에 필요한 일을 직접 거들 수 없는 경우라도 사람들이 서로를 돌봐주는 사회 말이다.

이 책에는 실제로 일어났던 일인지 아닌지가 명확하지 않은 일화들이 종종 등장한다. 앞서 소개했던 간디의 일화처럼 말이다. 솔직히 얘기하자면, 간디의 일화 같은 이야기들을 자세히 따져보기 전까지는, 그러니까 진위 여부를 확인해보기 전까지는, 이런 일화들이 사실이라 단정 짓기 어렵다는 사실조차 모르고 있었다. 그렇지만 어떤 일화들은 사실 여부와 상관없이 놀라울 정도로 계속 회자된다. 이렇게 진위 여부를 알 수 없는 일화들 가운데 내가 가장 좋아하는 이야기는 미드의 일화다. 이는 어느 정도는 이 이야기가 명백하게 정치적이라는 점과 관련이 있다. 20세기에 인류학이라는 분야를 새로 쓰려 했던 새로운 세대의 인류학자라는, 학술적이고 역사적인 맥락 속에 미드를 데려다 놓는 것은 놀라운 일이 아니다.

미드는 프랜츠 보애스 곁에서 공부했던 연구자 무리 가운데 한 사람이었다. 그녀는 루스 베네딕트와 함께 작업했고, 빈곤과 인종차별에 반대하며 여성의 권리를 지지했던 대중적인 인물이기도 했다. 대퇴골 이야기는 미드의 이미지와 확실하게 맞아떨어지며, 내가 완전히 동의할 수 있는 세계관이다. 여기에 빠져 있는 것은 과학자로서의 권위다. 이 책 전체를 통해 여러분에게 보여주고자 했던 것처럼, 미드가 상대하는 과학계도, 그러니까 야만인과 문명인 사이의 격차를 점점 더 공고하게 만들어나가던 인종 과학이라는 과학계도 마찬가지로 정치적이었다. 그저 정치적이지 않은 척을 했을 따름이었다.

미드는 또 이렇게 말했다고 전해진다. "사려 깊고 헌신적인 시민 소수가 세상을 바꿀 것이라는 점을 결코 의심하지 말라. 실제로 늘 일어났던 일이 바로 그것이다." 이 말은 미드가 했든 다른 사람이 했든 상관없이 옳다. 그렇지만 모든 것을 두루 고려한다면, 이 변화가 더 나은 모습을, 그리고 공동선을 위한 것이어야 한다는 사실을 조금 더 분명히 밝혀주었으면 좋았겠다는 생각이 든다. 매슬로부터 아이티 사람들, 역사에 남을 만한 베냉왕국의 금속공학자들과 예술가들, 최초의 오스트레일리아인들, 하우데노사우니와 잉카에 이르기까지, 이 책에 등장한 사람들의 수많은 생각은 문명으로 가는 길에 '잃어버렸던' 강력한 생각들이었다. 어떤 비용을 치르는지는 괘념치 않은 채, 성장과 진보라는 이상을 밀고 나아가는 길에 잃어버린 생각들이었다. 만약에 기트산족이 그랬던 것처럼, 향후 일곱 세대에 어떤 영향을 끼칠지를 우리가 고려했더라면 아인슈타인의 생각은 어떻게 달라졌을까? 핵폭탄을 개발하는 일을 막을 수가 있었을까? 그럴 가능성은 없어 보인다. 서양에서는 진보의 행진, 그러니까 문명의 발전이 시스템 안에 너무나 깊숙이 새겨져 있기 때문이다.

우리는 '퀀텀(양자)'에 대한 고정관념이 많지 않다. 200년쯤 전에는 퀀텀에 관한 생각은 고사하고, 존재한다는 사실조차 몰랐다. 하지만 퀀텀이 아니라 사람들을 다룰 때면 실제로 어떤 일이 일어나는지를 놓치기가 훨씬 쉽다. 우리는 다른 사람들이나 그들의 생각에 대해서는 확실한 고정관념을 품고 있다. 특히 문명이 비합리적이라 여기는 비서구인들의 경우에는 말이다. 어떻게 하면 앞선 일곱 세대가 지금 세상에 영향을 끼쳤다는 사실을 이해할 수가 있을까? 그러려면 거의 두 세기 정도를 거슬러 올라가, 프랜시스 골턴, J. G. 프레이저, 존 러벅, 휴 블레어, 토머스 배빙턴 매콜리, 그리고 그 모든 다른 이들이 한 일을 살펴봐야 한다. 우리가 이 사람들을 매일 떠올리지는 않겠지만, 심지어는 이 사람들의 이름조차도 모르겠지만, 이들의 생각은 여전히 폭발적이라 할 수 있을 만큼 우리 곁에 넘쳐난다.

헤비 헤드가 짚어주었듯이, 매슬로는 전혀 다른 사람이자 전혀 다른 연구자가 되어 시크시카를 떠났다. 다른 숱한 학자들처럼, 그리고 심지어는 아주 살짝 더 젊었을 시절의 자신처럼 사회적 지배라는 개념에 더 이상 천착하지 않았다. 그 대신, 서로 조화롭게 살 수 있는 사회적인 성숙함이란 어떤 의미인가를 생각했다. 내가 보기에는 이 두 세계관의 핵심적인 차이란 '변화의 가능성을 어떻게 그리는가'라고 느껴진다. 매슬로가 인종차별적인 백인 이웃들을 어떻게 생각하는지를 블랙풋족에게 물었을 때, 블랙풋족의 원로들은 그 사람들이 완전히 발달하지 못했다고 답했다. 이 백인들은 니타피타피niita'pitapi가 아니었다. 헤비 헤드는 이 말이 "완전히 발달한 사람, 또는 도착한 사람"이라는 뜻이라고 설명한다. 블랙풋족이 백인 이웃들을 "발달하지 못했다"라고 설명한 것을, 일부 사람들은 문명화되었지만 다른 사람들은 문명화되지 않은 다양한 단계에 있다는 서양 인류학의 개념을 미러링한 것이라고 단순히 해석할 수도 있을 것이다. 그렇지만 블랙풋족의 철학은 사람들을 단 한 가지 발전 단계에 못 박아두지 않는다. 됨됨이는 나면서부터 결정되지 않는다. 변화는 가능하다. 매슬로 덕분에 사람들을, 우리 사회의 개인들을, 파도 위에서 하릴없이 표류하는 것처럼 여기지 않고 전혀 다른 방식으로 바라볼 수 있었는지도 모른다. 그렇지만 도중에 무언가를 잃어버리고 말았다. 심지어는 매슬로 본인마저도 자신이 고안한 중요한 개념을 완전하게 파악하지는 못한 것으로 보인다. 말년에 이르러 그는 사회적 지배라는 낡은 세계관으로 돌아가, 프랜시스 골턴을 연상케 하는 우생학적인 생각들을 뱉어냈다(비록 개인적으로 공책에만 써둔 내용이기는 하지만 말이다).

요즘에는 '개인주의'라는 말과 '만연하다'라는 말이 흔히 같이 붙어서 쓰인다. 이런 표현법의 함의는 바로 우리의 자기중심성이 우리의 삶의 방식이나 전반적인 사회에 일종의 위협이 된다는 것이다. 그러니 고개를 숙이고 노동하는 자본주의의 생산적인 부품이 되는 편이 낫다. 운명에 따라 정해진 대로 말이다. 그러면 여러분은 행복해질 것이며, 안전하고 문명적으로 지낼 수 있을 것이다. 우리가 우연히 이런 생각에 이르지는 않았다. 어떤 식으로든 간에 이른바 서양의 진보와 발전이라는 환상 너머를 보아야 하며, 세상을 사고하고 세상에 존재하는 다른 방식을 향해 눈을 떠야 한다. 그저 자기 자신만 바라보면서, 우리가 생각해야 한다고 여겨지는 내용을 바탕으로 삼아 자기 자신에게 점점 더 좁은 한계를 설정하기보다는, 무언가 더 크고 나은 것의 일부가 되는 일이 어떤 의미일지를 상상하기 시작해야 한다. 무슨 수를 써서라도 여러분이 할 수 있는 최고의 모습이 되어라. 그렇지만 공동체와 주변 사람들이라는 맥락 속에서 그렇게 되어야 한다. 어쩌면 그렇게 해야 문명과 같이 우리를 가르는 관념에서 벗어나, 우리를 하나로 묶어주는 일에 초점을 맞춰나갈 수 있을 것이다.

나오는 말

    나의 친구 마렌카 톰슨-오들럼에 대해 이야기해보려 한다. 나는 마렌카를 박물관 컨퍼런스에서 처음 만났다. 거의 전부가 백인으로 이뤄진 기관에서 일하는 비백인 연구원이었던 우리들은 담당하는 컬렉션의 식민주의적인 이야기에 대해 의견을 주고받았다. 대체로 박물관 측에서는 식민주의적인 뿌리와 그 유산을 다루는 길고 어려운 여정을 시작하기는 했지만, 이런 생각을 입 밖으로 꺼내는 일은 여전히 논란이 되었다. 이런 얘기를 들어본 적이 있을지도 모른다. 문화 전쟁이 벌어지고 있으며, 대영박물관이나 내셔널 트러스트처럼 확고하고 전통적인 서양 문명의 아이콘들이 깨어 있는 '과민한' 자유주의자들의 공격을 받는다는 얘기 말이다.

    서양 문명의 눈으로 본다면 마렌카와 나는 이미 문턱을 넘어버린 야만인들이었다. 내가 이런 이야기를 특히나 마렌카와 나누고 싶었던 까닭은, 마렌카가 경력을 무척 많이 쌓은 박물관 전문가인 데다, 또 자신의 작업을 통해서 구체적으로는 박물관들이, 또 보다 일반적으로는 서양 학계가 문명과 비문명의 구분을 계속해서 구축한다는 사실을 가장 가시적인 방식으로 지적하는 전문가였기 때문이었다.

피트 리버스 박물관은 전형적인 유럽 박물관의 모습을 하고 있다. 지구 곳곳에서 가져온 압도적으로 많은 물건들이 빽빽히 전시되어 있다. 피트 리버스 박물관은 무엇을 보편적인 또는 백과사전적인 박물관 컬렉션이라 부르는지를 보여주는 사례다. 모든 종류를 하나씩 다 모아서는, 이 모든 것들이 어쩌다 만들어졌는지, 그리고 이 물건들은 이를 만들어낸 사람들에 관해 어떤 점을 알려주는지를 설명할 수 있도록 질서 있게 배열한다는 목표를 품고 만든 컬렉션이다.

피트 리버스 컬렉션은 이 목표를 아주 효과적으로 달성해서, 전시를 보고 있으면 마치 공간과 시간 속에 얼어붙은 사물들이 만들어내는 거대한 해일 속에 있는 것만 같다. 마치 등을 돌리기라도 하면 언제라도 마법이 깨져서, 유물의 물살에 휩쓸려 가서는, 수 세기 동안 쌓인 두터운 지식 속에서 익사할 것만 같다. 이 모든 물건은 자신들이 체현하고 있는 사회적 현실을 입증해주는 증거다. 방대한 규모의 데이터다. 이 데이터를 샅샅이 살펴보며 알맞은 질서에 따라 배열해서 진실을 찾아내기만 하면 된다. 물론 그 질서는 결코 중립적이지 않다. 누가 배치를 하는

가에 달려 있다.

비교적 노골적인 식민주의적이고 문제적인 '물건들', 예를 들면 어마어마하게 유명한 '쪼그라든 머리shrunken head' 같은 것들은 전시실에서 거둬갔지만, 마렌카는 여전히 박물관에 뿌리 깊이 남은 식민주의의 잔재들을 찾아나섰다.

박물관의 신규 자료 등록 정보에는 예술품들에 '미개인 예술의 인간 형상', '야만인 예술의 인간 형상', '문명 예술의 인간 형상'이라는 꼬리표를 붙여 나열한다. 여기서도 마찬가지로 그 익숙한 3단계 구분법이 나타나는데, 미개에서 문명으로 가는 과정에서 한 단계에서 다음 단계로 이른바 진보를 하는 것이다.

비교적 최근까지 이런 구분을 공개적으로 강조했다. 한 전시장에는 "문명적인" 예술이, 그리고 옆 전시장에는 "미개한" 예술이 있었다. 이와 같은 범주 라벨은 전시장에서 사라졌지만(정치적 올바름이 어느 정도는 충분히 갈 만큼 간 것이다), 진열장 안의 라벨에 들어 있는 말은 거의 똑같은 이야기를 하고 있다는 사실을 마렌카는 알아챘다.

라벨에 쓰이는 용어들을 자세하게 연구한 결과, 그리고 이 말들을 박물관 카탈로그와 비교해본 결과, 마렌카는 유럽의 사물을 가리키는 데에 "현대적"이라거나 "문명적"이라는 단어가 압도적으로 많이 사용된다는 사실을 알아냈다. 반면에 "게으르다"거나 "열등하다"거나 "야만적"이라는 단어들은 특별히 아프리카, 오세아니아, 아메리카 지역을 대상으로만 쓰였다. 여전히 서구 문명의 프레임은 깊은 곳에서 작동하고 있었다. 마렌카는, 그리고 나는 이 모든 것을 바꾸고 바로잡고 싶었다.

가장 먼저 유니버시티 칼리지 런던의 과학기술학 동료들에게 크고 무한한 감사를 보낸다. 특히 키아라 암브로시오가 없었더라면 아무것도 읽을 수 없었을 것이고, 아무것도 쓸 수 없었을 터다.

책을 출간한다는 꿈을 실현해 준 에이전트 니키 창과 데이비드 에번스, 글을 살펴봐준 아루나 바수데반과 톰 앳킨스, 현명한 조언을 들려준 시몽 게리에, 그리고 담당 편집자 해리엇 폴란드에게 정말로 감사하다. 이 책은 애초에 해리엇의 아이디어였다.

친구들에게 감사와 존경을 보낸다. 잭 애쉬비, 세리스 브래들리, 폴 번사이드, 팀 커저, 데비 샬리스, 베키 클라크, 에밀리 도슨, 네닝 데니스, 빅터 에이카메너, 아만다 무어겐, 앨리스 프록터, 데이비드 루니, 니콜라 선더스, 에프람 세라-슈리아르, 빌 실라르, 에르만 쇠죄도루, 레베카 스트루더스, 마렌카 톰슨-오들럼, 앨리스 화이트, 신 야오다. 이 친구들은 내가 틀릴 때면 바로잡아주었다. 아직 틀린 점이 있다면 그건 무엇이든 이 친구들이 아니라 내 탓이다.

노이라이트Neuwrite 모임의 소날리 다스 박사, 폴 번사이드, 만치 청, 케이트 앳킨스, 티바 몬탈바노, 그리고 다른 여성들, 안나 코넬리우스, 릴리 가넷, 하나 아유브에게 감사와 사랑을 보낸다. 처음부터 끝까지 날 믿어주었던 로마 아그라왈과 앤절라 사이니에게 특히나 감사하다.

마지막으로 나의 학교 선생님들, 밥 코바치, 자넷 나고르스키, 마리아 테이머, 마이클 톰슨, 마르시아 페테, 조안 맥기네스, 에릭 토르예센, 대니 고든에게 감사를 전한다. 인류학과 심리학을 가르쳐주었던 찰리 왓슨과, 마이크 키엘코프에게도 감사하다. 키엘코프의 말, "정확하고 간결하게"는 내 좌우명으로 남아 있다.

Abd El Gawad, H. (2020, November 2). '(Re)claiming the Rosetta: The Rosetta Stone and the (re)writing of Egypt's Modern History'. 100 Histories of 100 Worlds in One Object. https://100histories100worlds. org/reclaiming-the-rosetta/

'Akala | Full Address and Q&A | Oxford Union' [video]. YouTube.(2015, November 26). https://www.youtube.com/watch?v=WUtAxUQjwB4

Álvarez, V. P. (2015). 'The role of the mechanical clock in medieval science'. *Endeavour*, 39(1), 63-68. https://doi.org/10.1016/j. endeavour.2015.02.004

Amos, O. (2016, July 17). 'Did a London hotel room become part of Yugoslavia?' BBC News. https://www.bbc.com/news/magazine-36569675

Anderson, B. (2016). *Imagined Communities: Reflections on the Origin and Spread of Nationalism* (revised edition). Verso.

Appiah, K. A. (2018). *The Lies That Bind: Rethinking Identity* (main edition). Profile Books.

Arnold, K. (2005). *Cabinets for the Curious: Looking Back at Early English Museums* (first edition). Routledge.

Ashby, J. (2022). *Platypus Matters: The Extraordinary Story of Australian*

Mammals. William Collins.

Bacon, D. S. & Hawthorne, N. (1970). *The philosophy of the plays of Shakspere unfolded*. AMS Press.

Bacon, F. (2015). *Francis Bacon: The Complete Works*. Centaur Classics.

Baker, T. (2023, July 13). 'Government given go-ahead to appeal Rwanda deportation block at Supreme Court'. Sky News. https://news.sky.com/story/government-given-go-ahead-to-appeal-rwanda-deportation-block-at-supreme-court-12920441

Balch, A. (2022, April 29). 'Nationality and Borders Act becomes law: Five key changes explained'. The Conversation. http://theconversation.com/nationality-and-borders-act-becomes-law-fivekey-changes-explained-182099

BBC Press Office, 'List of top 100 Britons'. (2022, August 18). https://www.bbc.co.uk/pressoffice/pressreleases/stories/2002/08_august/21/100_list.shtml

BBC Radio 4, 'Magna Carta—Episode guide'. (n.d.). BBC. https://www.bbc.co.uk/programmes/b04y6wdt/episodes/guide

Behuniak, S. M. (2011). 'The living dead? The construction of people with Alzheimer's disease as zombies'. *Ageing and Society*, 31(1), 70-92. https://doi.org/10.1017/S0144686X10000693

Bentham, J. (1832). *Auto-icon; Or, Farther Uses of the Dead to the Living...: A Fragment. From the Mss. of Jeremy Bentham.*(Unpublished).

Bhimani, N. (2022, September). 'Intelligence testing, race and eugenics'. *Wellcome Collection*. https://wellcomecollection.org/articles/YxDGExEAACMAdaX9

Biewen, J., & Kumanyika, C. (March 2017). 'How Race Was Made' (No. 2). Retrieved 2 January 2023, from http://www.sceneonradio.org/episode-32-how-race-was-made-seeing-white-part-2/

Biewen, J., & Kumanyika, C. (May 2017). 'Skulls and Skin' (No. 8). Retrieved 2 January 2023, from http://www.sceneonradio.org/episode-38-skulls-and-skins-seeing-white-part-8/

Blackstock, C. (2011). 'The Emergence of the Breath of Life Theory'. *Journal of Social Work Values and Ethics*, 8(1).

Blair, H. (1783). *Lectures on Rhetoric and Belles Letters* (Vols 1 and 2). Creech, Strahan & Cadell.

Bloom, P. (2021, July 9). 'Being in Time'. *New Yorker*.

Bond, S. E. (2018, November 13). 'Pseudoarchaeology and the Racism Behind Ancient Aliens'. Hyperallergic. http://hyperallergic. com/470795/pseudoarchaeology-and-the-racism-behindancient-aliens/

Boylston, A. (2012). 'The origins of inoculation'. *Journal of the Royal Society of Medicine*, 105(7), 309-313. https://doi.org/10.1258/ jrsm.2012.12k044

Bragg, M. (presenter). (2008, May 1). *In Our Time: In The Enclosures of the 18th Century* [radio broadcast]. BBC Radio 4. https://www.bbc.co.uk/ programmes/b00b1m9b

Bridgman, T., Cummings, S., & Ballard, J. (2019). 'Who Built Maslow's Pyramid? A History of the Creation of Management Studies' Most Famous Symbol and Its Implications for Management Education'. *Academy of Management Learning & Education*, 18(1), 81-98. https://doi. org/10.5465/amle.2017.0351

Brody, R. (2019, June 28). 'The Enduring Urgency of Spike Lee's "Do the Right Thing" at Thirty'. *New Yorker*. https://www.newyorker.com/ culture/the-front-row/the-enduring-urgency-of-spikelees-do-the-right-thing-at-thirty

Brown, B. R. (2010). *Until Darwin, Science, Human Variety and the Origins of Race* (1st edition). Routledge.

Bryant, M. (2021, July 31). 'Latin to be introduced at 40 state secondaries in England'. *Observer*. https://www.theguardian.com/education/2021/ jul/31/latin-introduced-40-state-secondaries-england

Bullough, O. (2018). *Moneyland: Why thieves and crooks now rule the world and how to take it back*(main edition). Profile Books. 올리버 벌로,『머니랜드: 사악한 돈, 야비한 돈, 은밀한 돈이 모이는 곳』(박중서 옮김, 북트리거,

2020년)

Bullough, O. (2022). *Butler to the World: The book the oligarchs don't want you to read — how Britain became the servant of tycoons, tax dodgers, kleptocrats and criminals.* Profile Books.

Burk, K. (2009). *Old World, New World: The Story of Britain and America.* Abacus.

Burkeman, O. (2021). *Four Thousand Weeks.* Vintage Digital. 올리버 버크먼, 『4000주: 영원히 살 수 없는 우리 모두를 위한 시간 관리법』(이윤진 옮김, 21세기북스, 2022년)

Burkeman, O. (presenter). (2017). *Oliver Burkeman Is Busy* [radio broadcast]. BBC Radio 4. https://www.bbc.co.uk/programmes/b07w1dpx/episodes/player

Burstyn, H. L. (1975). 'If Darwin Wasn't the Beagle's Naturalist, Why Was He on Board?' *The British Journal for the History of Science*, 8(1), 62-69.

Cameron, D. (2014). 'British values: Article by David Cameron'. GOV. UK. https://www.gov.uk/government/news/british-values-article-bydavid-cameron

Cannadine, D. (presenter). (2018, March 20). *Civilisation: A Sceptic's Guide* [radio broadcast]. BBC Radio 4. https://www.bbc.co.uk/programmes/b09sn1hj

Carvel, J. (2004, January 8). 'Tebbit's cricket loyalty test hit for six'. *Guardian.* https://www.theguardian.com/uk/2004/jan/08/britishidentity.race

Chakrabarty, D. (2000). *Provincializing Europe: Postcolonial Thought and Historical Difference* (New Edition). Princeton University Press. https://www.jstor.org/stable/j.ctt7rsx9. 디페시 차크라바르티, 『유럽을 지방화하기: 포스트식민 사상과 역사적 차이』(김택현, 안준범 옮김, 그린비, 2014년)

Challis, D. (2013). *The Archaeology of Race: The Eugenic Ideas of Francis Galton and Flinders Petrie* (1st edition). Bloomsbury Academic.

Charmantier, I. (2020, September 3). 'Linnaeus and Race'. The Linnean

Society. Retrieved 17 June 2023, from https://www.linnean.org/
learning/who-was-linnaeus/linnaeus-and-race

Chavez, W. (2017). 'Dec. 29 marks Treaty of New Echota's 182nd
anniversary'. Cherokee Phoenix. https://www.cherokeephoenix.
org/news/dec-29-marks-treaty-of-new-echotas-182nd-anniversary/
article_802b2ef8-7e0f-5749-b932-ba2c12ceeea4.html

Chetty, D., Muse, G., Issa, H., & Tyne, L. (2022). *Welsh (Plural): Essays on
the Future of Wales*. Watkins Media Limited.

Chirikure, S. 'Unearthing the truth'. (2021, December 26).
The Economist. https://www.economist.com/interactive/
christmasspecials/2021/12/18/great-zimbabwe-archaeology

Churchill, W. (2008). *Churchill by Himself: The Definitive Collection of
Quotations* (R. Langworth, ed.; 1st edition). PublicAffairs.

Clarke, S. (director). (2018, February 18). *The First Brit: Secrets of the 10,000
Year Old Man* [documentary]. Plimsoll Productions.

Coard, B. (1971). *How the West Indian child is made educationally subnormal in
the British school system: The scandal of the black child in schools in Britain*.
New Beacon for the Caribbean Education and Community Workers'
Association.

Coleman, C. G. (2021). *Lies, Damned Lies: A personal exploration of the impact
of colonisation*. Ultimo Press.

Collen, I. (2020). 'Language Trends 2020 — Language teaching in primary
and secondary schools in England'. British Council. https://www.
britishcouncil.org/sites/default/files/language_trends_2020_0.pdf

Community Environmental Legal Defense Fund. (n.d.). 'The Enclosure
Movement — CELDF Community Rights'. CELDF. Retrieved 3 January
2023, from https://celdf.org/the-enclosuremovement/

Condamine, C.-M. de L. (1773). *Histoire de l'inoculation de la petite verole, ou
Recueil de mémoires, lettres, extraits et autres écrits sur la petite vérole artifi
cielle*. Société Typographique.

Coombes, A. E. (1997). *Reinventing Africa: Museums, material culture, and popular imagination in late Victorian and Edwardian England*. Yale University Press.

Corby, R. (2020, January 31). 'Jill Lepore on Democracy in Peril, Then and Now | The New Yorker Radio Hour' [podcast]. WNYC Studios. https://www.wnycstudios.org/podcasts/tnyradiohour/segments/jill-lepore-democracy-peril-then-and-now-rerun

Crain, C. (2007, January 29). 'Bad Precedent'. *New Yorker*. https://www.newyorker.com/magazine/2007/01/29/bad-precedent

Crain, C. (2016, October 31). 'The Case Against Democracy'. *New Yorker*. https://www.newyorker.com/magazine/2016/11/07/thecase-against-democracy

Crombie, N. (director). (2018, August 23). 'Death' [documentary]. *In Grayson Perry: Rites of Passage*.

Das, S. (2018, March 19). 'Fact check: Were Indigenous Australians once classified under a flora and fauna act?' ABC News. https://www.abc.net.au/news/2018-03-20/fact-check-flora-andfauna-1967-referendum/9550650

Das, S. (presenter). (2018, November 19). *The Boring Talks: Jeremy Bentham's 'Auto-Icon'* [radio broadcast]. BBC Radio 4. https://www.bbc.co.uk/programmes/m001j5j6

Daut, M. L. (2015). *Tropics of Haiti: Race and the Literary History of the Haitian Revolution in the Atlantic World, 1789-1865* (first edition). Oxford University Press.

'David Cameron struggles in mock citizenship test on David Letterman's Late Show-Video'. (2012, September 27). *Guardian*. http://www.theguardian.com/politics/video/2012/sep/27/david-cameron-letterman-late-show-video

Davidovits, J., Huaman, L., & Davidovits, R. (2019). 'Ancient organo-mineral geopolymer in South-American Monuments: Organic matter in andesite stone. SEM and petrographic evidence'. *Ceramics International*, 45(6), 7385-7389. https://doi.org/10.1016/j.

ceramint.2019.01.024

Davies, B. (2020, April 22). 'Freud and his Cigars'. Freud Museum London. https://www.freud.org.uk/2020/04/22/freud-and-hiscigars/

Davis, W. (1997). *The Serpent and the Rainbow* (reissue edition). Pocket Books. 웨이드 데이비스, 『나는 좀비를 만났다: TED 과학자의 800일 추적기』(김학영 옮김, 메디치미디어, 2013년)

Delbourgo, J. (2017). *Collecting the World: The Life and Curiosity of Hans Sloane*. Penguin.

Demby, G., & Marisol Meraji, S. (2020, June 8). 'A Treacherous Choice And A Treaty Right: Code Switch'. Retrieved 3 January 2023, from https://www.npr.org/2020/03/31/824647676/a-treacherous-choice-and-a-treaty-right

Descartes, R. (1637). *Discours de la méthode pour bien conduire sa raison et chercher la vérité dans les sciences , plus La dioptrique, Les météores et La géométrie qui sont des essais de cette méthode.* https://gallica.bnf.fr/ark:/12148/btv1b86069594

Doyle, A. C. (1920). *Sherlock Holmes Volume 1: The Complete Novels and Stories* (reissue edition). Bantam.

Dr Francis Young [@DrFrancisYoung]. (2021, July 31). 'Many archivists and librarians use Latin every day, because so much was written and published in Latin before 1700. That includes literature; much of the most important Scottish literature of the early modern period was written in Latin' [Tweet]. Twitter. https://twitter.com/DrFrancisYoung/status/1421434904177430530

Drucker, P. F. (1954). *The practice of management* (first edition). Harper & Row. 피터 드러커, 『경영의 실제』(이재규 옮김, 한국경제신문, 2006년)

Druett, J. (2011). *Tupaia: Captain Cook's Polynesian navigator*. Praeger.

Dubner, S. (December 2021). 'The Hidden Side of the Art Market' [podcast]. Retrieved 3 January 2023, from https://freakonomics.com/podcast-tag/the-hidden-side-of-the-art-market/*Earth, Air, Fire, Water: The Cherokee*. (1995, July 7). https://www.bbc.co.uk/sounds/play/

p033k1yw

Eddy, M. D. (2011). 'The line of reason: Hugh Blair, spatiality and the progressive structure of language'. *Notes and Records of the Royal Society*, 65(1), 9-24. https://doi.org/10.1098/rsnr.2010.0098

Egger, S. A. (2002). *The killers among us: An examination of serial murder and its investigation* (second edition). Prentice Hall.

Emerson, R. W. (n.d.) 'Concord Hymn'. Retrieved 3 January 2023, from https://www.poetryfoundation.org/poems/45870/concord-hymn

Fara, P. (2017). *Pandora's Breeches: Women, Science and Power in the Enlightenment*. Pimlico.

Farout, D. (2016). 'De la Renaissance à la Restauration: Quelques étapes du déchiffrement des hiéroglyphes'. *Les Cahiers de l'École du Louvre*, 9, Article 9. https://doi.org/10.4000/cel.433

Farrar, F. W. (1867). *Aptitudes of Races*. Transactions of the Ethnological Society of London, 5, 115-126. https://doi.org/10.2307/3014218

Fennell, M. (presenter). (2020, November 28). *Stuff the British Stole: Blood Art* [radio broadcast]. https://www.abc.net.au/radionational/programs/stuff-the-british-stole/blood-art/12867832

Fery, G. (n.d.). 'Popular Archeology — Burning the Maya Books: The 1562 Tragedy at Mani'. Popular Archeology. Retrieved 3 January 2023, from https://popular-archaeology.com/article/burning-themaya-books-the-1562-tragedy-at-mani/

'Five Civilized Tribes'. (n.d.). Retrieved 3 January 2023, from http://www.fivecivilizedtribes.org/Cherokee.html

Fletcher, M. L. M. (1998). 'Listen'. *Michigan Journal of Race and Law*, 3, 523-540.

Forgan, S. (2013). *The Story of Captain Cook: a souvenir guide*. Captain Cook Memorial Museum, Whitby.

Franklin, B. (1784). 'An Economical Project'. *Journal de Paris*.

Frazer, J. G. (1978). *The Golden Bough: A study in magic and religion* (abridged edition). Macmillan.

Freire, P. (2000). *Pedagogy of the oppressed* (thirtieth anniversary edition). Bloomsbury Continuum.

Freud, S. 'Letter from Freud to Fliess, November 2, 1896'. Retrieved 4 January 2023, from https://pep-web.org/browse/document/zbk.042.0202a

Freud, S. (1970). *Letters of Sigmund Freud 1873-1939* (E. L. Freud, ed.). The Hogarth Press.

Freud, S. (2004). *Penguin Great Ideas: Civilisation and its Discontents*. Penguin.

Fukuyama, F. (1992). *The end of history and the last man*. Maxwell Macmillan Canada. 프랜시스 후쿠야마, 『역사의 종말』(이상훈 옮김, 한마음사, 1997년)

Galton, F. (1874). *English Men of Science: Their Nature and Nurture*. Macmillian & Co.

Galton, F. (1883). *Inquiries Into Human Faculty and Its Development*. Macmillian & Co.

Gammage, B. (2012). *Biggest Estate on Earth: How Aborigines made Australia* (main edition). Allen & Unwin.

Garnett, G. (2018). 'Sir Edward Coke's resurrection of Magna Carta'. In L. Goldman (ed.), *Magna Carta* (pp. 51-60). University of London Press. https://www.jstor.org/stable/j.ctv5136sc.11

Gawande, A. (presenter). (2014, December 13). *The Reith Lectures: The Problem of Hubris* [radio broadcast]. https://www.bbc.co.uk/programmes/b04tjdlj

George Padmore Institute. (2000, 2011). 'Black Education Movement'. https://www.georgepadmoreinstitute.org/collections/the-black-education-movement-1965-1988

Goldstein, A., & Halperin, J. (2017, December 7). '5 Reasons Why It's So Weird That a Little-Known Saudi Prince Bought the "Salvator Mundi"'. Artnet News. https://news.artnet.com/market/salvatormundi-prince-bader-bin-abdullah-bin-mohammed-bin-farhan-alsaud-1172081

Gould, S. J. (1992). *Ever Since Darwin: Reflections in Natural History*. W. W.

Norton & Company. 스티븐 제이 굴드, 『다윈 이후』(홍욱희, 홍동선 옮김, 사이언스북스, 2009년)

Gould, S. J. (2006). *The Mismeasure of Man* (revised and expanded edition). W. W. Norton & Company. 스티븐 제이 굴드, 『인간에 대한 오해』(김동광 옮김, 사회평론, 2003년)

Greer, B. (2019). 'Fearsome One-Eyed Queens' [podcast]. Retrieved 2 January 2023, from https://www.audible.co.uk/pd/Ep-2-Fearsome-One-Eyed-Queens-Podcast/B08DHDTK88

Guha, R. (2018). *Gandhi 1914-1948: The Years That Changed the World* (first edition). Allen Lane.

Hall, C. (2014). 'Bereavement theory: Recent developments in our understanding of grief and bereavement'. *Bereavement Care, 33(1),* 7-12. https://doi.org/10.1080/02682621.2014.902610

Hall, E., & Stead, H. (2020). *A People's History of Classics: Class and Greco-Roman antiquity in Britain.* Routledge/Taylor & Francis Group.

Halmhofer, S. (2021, October 5). 'Did Aliens Build the Pyramids? And Other Racist Theories'. SAPIENS. https://www.sapiens.org/archaeology/pseudoarchaeology-racism/

Handy, J. (2019). '"The enchantment of property": Arthur Young, enclosure, and the cottage economy in England, 1770-1840'. *Journal of Agrarian Change, 19(4),* 711-728. https://doi.org/10.1111/joac.12334

Haney, J. L. (1944). 'Of the People, by the People, for the People'. *Proceedings of the American Philosophical Society,* 88(5), 359-367.

Harford, T., & Wright, A. (2020). 'How To End A Pandemic (No. 14)'. Retrieved 2 January 2023, from https://timharford.com/2020/07/cautionary-tales-dark-winter-bright-spring/

Harloe, K. (presenter). (2021, June 28). *Detoxifying the Classics* [radio broadcast]. BBC Radio 4. https://www.bbc.co.uk/programmes/m000x72t

Harrington, B. (2016). *Capital without Borders: Wealth Managers and the One Percent.* Harvard University Press. 브룩 해링턴, 『국경 없는 자본: 전

세계 0.1% 부의 동선을 관리하는 자들의 이야기』(김영선 옮김, 동녘, 2018년)

Harvey, J. (presenter). (2019). *Could an ancient Athenian fix Britain?* [radio broadcast]. BBC Radio 4. https://www.bbc.co.uk/sounds/play/m000b5ks

Hay, S. N. (1962). 'Rabindranath Tagore in America'. *American Quarterly, 14(3)*, 439-463. https://doi.org/10.2307/2710456

Haynes, N. (2021). *Pandora's jar: Women in the Greek myths*. Picador. 나탈리 헤인즈,『판도라는 죄가 없다: 우리가 오해한 신화 속 여성들을 다시 만나는 순간』(이현숙 옮김, 매일경제신문사, 2022년)

Heavy Head, R. (2018, March 28). 'Naamitapiikoan Blackfoot Influences on Abraham Maslow'. https://www.youtube.com/watch?v=WTO34FLv5a8

Hegel, G. W. F. (1830). *Enzyklopädie der philosophischen Wissenschaften im Grundrisse*. Felix Meiner.

Henderson, J. (n.d.). 'Caecilius Statius: Fragments not Assigned to any Play'. Loeb Classical Library. Retrieved 3 January 2023, from https://www.loebclassics.com/view/caecilius-plays/1935/pb_LCL294.553.xml

Henley & Partners. (2022). 'Passport Index'. https://www.henleyglobal.com/passport-index

Hicks, D. (2020). *The Brutish Museums: The Benin Bronzes, Colonial Violence and Cultural Restitution*. Pluto Press. 댄 힉스,『대약탈박물관: 제국주의는 어떻게 식민지 문화를 말살시켰나』(정영은 옮김, 책과함께, 2022년)

Hoffman, E. (1999). *The Right to Be Human: A Biography of Abraham Maslow* (second edition). McGraw-Hill Education.

Holland, T. (2005). *Rubicon: The Last Years of the Roman Republic* (illustrated edition). Anchor Books. 톰 홀랜드,『루비콘: 공화정에서 제정으로, 로마 공화국 최후의 날들』(김병화 옮김, 책과함께, 2017년)

Holy Bible: King James Version. (2011). Collins.

Hughes, B. (presenter). (2017, April 29). *The Ideas That Make Us* [radio broadcast]. BBC Radio 4. https://www.bbc.co.uk/programmes/b03b2zb9

Hurston, Z. N. (2022). *Tell My Horse: Voodoo and Life in Haiti and Jamaica.* Grapevine India.

Hyland, S. (2017). 'Writing with Twisted Cords: The Inscriptive Capacity of Andean Khipus'. *Current Anthropology, 58(3),* 412-419. https://doi. org/10.1086/691682

Jackson, A. (1835). 'A letter from President Andrew Jackson to the Cherokee Nation about the benefits of voluntary removal'. https:// dp.la/primary-source-sets/cherokee-removal-and-the-trail-oftears/ sources/1506

Janega, A. D. E. (2017, May 26). 'There's no such thing as the "Dark Ages", but OK'. Going Medieval. https://going-medieval.com/2017/05/26/ theres-no-such-thing-as-the-dark-agesbut-ok/

Jasanoff, M. (2009). *Edge of Empire: Conquest and Collecting in the East 1750-1850.* Harper Perennial.

Johansen, B. E. (1982). *Forgotten Founders: How the American Indian helped shape democracy.* Harvard Common Press.

Jones, J. (2018, October 14). 'The Da Vinci mystery: Why is his $450m masterpiece really being kept under wraps?' *Guardian.* https://www. th eguardian.com/ar tanddesign/2018/oct/14/leonardo-da-vinci-mystery-why-is-his-450m-masterpiece-really-being-kept-under-wraps-salvator-mundi

Kaufman, S. B. (n.d.). 'Who Created Maslow's Iconic Pyramid?' Scientific American Blog Network. Retrieved 5 January 2023, from https:// blogs.scientificamerican.com/beautiful-minds/whocreated-maslows-iconic-pyramid/

Kendi, I. X. (2017). *Stamped from the Beginning: The Definitive History of Racist Ideas in America* (first edition). Vintage Digital.

Kennedy, J. F. (1961, January 9). 'The City Upon a Hill'. https://www. jfklibrary.org/learn/about-jfk/historic-speeches/the-city-upon-a-hill-speech

Kenyon-Flatt, B. (2021, March 19). *How Scientific Taxonomy Constructed the*

Myth of Race. SAPIENS. https://www.sapiens.org/biology/race-scientifi c-taxonomy/

Kickingbird, K., & Kickingbird, L. (n.d.). 'Foundations of American Democracy'. Retrieved 3 January 2023, from http://www. kickingbirdassociates.com/articles/foundations-of-americandemocracy/

Kilcher, A. (2010). *Constructing Tradition: Means and Myths of Transmission in Western Esotericism. BRILL.* https://doi.org/10.1163/ ej.9789004191143.i-474

Kirby, T. (director). (2019, June 24). *The Unwanted: The Secret Windrush Files* [documentary]. Uplands Television.

Koolmatrie, J. (2018, January 26). 'The myth of Aboriginal stories being myths'. TEDxAdelaide, Adelaide. https://www.youtube.com/ watch?v=aUIgkbExn6I

Kübler-Ross, E., & Byock, M. D. I. (2011). *On Death and Dying: What the Dying Have to Teach Doctors, Nurses, Clergy & Their Own Families* (reissue edition). Scribner.

Kumar, K. (2017). *Visions of Empire: How Five Imperial Regimes Shaped the World.* Princeton University Press.

Lame Deer, & Erdoes, R. (2009). *Lame Deer, seeker of visions.* Simon & Schuster. 존 파이어 레임디어, 리처드 얼도즈,『무엇 하나 소중하지 않은 것이 없다』(정도윤 옮김, 아름드리미디어, 2004년)

Larson, V. T. (1999). 'Classics and the Acquisition and Validation of Power in Britain's "Imperial Century" (1815-1914). *International Journal of the Classical Tradition, 6(2)*, 185-225. 'The Last Act Of Jeremy Bentham'. (1832, June 10). The Examiner. https://www.britishnewspaperarchive. co.uk/viewer/bl/0000054/18320610/009/0010

Lauren, J. (2018, December 20). 'The Serial Killer and the "Less Dead"'. The Cut. https://www.thecut.com/2018/12/how-serialkiller-samuel- little-was-caught.html

Lawley, S. (presenter). (2002, December 13). *Desert Island Discs: Linton Kwesi Johnson* [radio broadcast]. BBC Radio 4. https://www.bbc.co.uk/

programmes/p00947g4

Legislation.gov.uk (1947). 'Polish Resettlement Act, (1947)'. https://www.
legislation.gov.uk/ukpga/Geo6/10-11/19

Lepore, J. (2005, October 5). 'Not So Fast'. *The New Yorker*.

Lepore, J. (2018). *These Truths: A History of the United States* (illustrated
edition). W. W. Norton & Company.

Light, A. (1991). *Forever England: Femininity, literature, and conservatism
between the wars*. Routledge.

Lindqvist, S. (2018). *Exterminate all the brutes* (J. Tate, trans.). Granta.
스벤 린드크비스트, 『야만의 역사』(김남섭 옮김, 한겨레출판, 2003년)

Little, B. (n.d.). 'Why Bibles Given to Slaves Omitted Most of the Old
Testament'. History Channel. https://www.history.com/news/slave-
bible-redacted-old-testament

Littlewood, R., & Douyon, C. (1997). 'Clinical findings in three cases
of zombification'. *The Lancet*, 350(9084), 1094-1096. https://doi.
org/10.1016/S0140-6736(97)04449-8

Loewen, J. W. (1996). *Lies my teacher told me: Everything your American
history textbook got wrong*. Simon & Schuster. 제임스 W. 로렌,
『선생님이 가르쳐 준 거짓말: 아무도 가르쳐주지 않는 미국사의
진실』(남경태 옮김, 휴머니스트, 2010년)

Lowry, R. (1985). *The Journals of Abraham Maslow*. Viking.

Luckhurst, R. (2015). *Zombies: A Cultural History*. Reaktion Books.

Macaulay, T. B. (1835). 'Minute on Education' (p. Calcutta).
Bureau of Education. http://www.columbia.edu/itc/mealac/
pritchett/00generallinks/macaulay/txt_minute_education_1835.html

Mann, C. C. (2006). *1491: The Americas before Columbus*. Granta Books.
찰스 만, 『인디언: 이야기로 읽는 인디언 역사』(전지나 옮김, 오래된미래,
2005년)

Mantel, H. (presenter). (2017, June 13). *The Reith Lectures: Hilary Mantel*
[radio broadcast]. https://www.bbc.co.uk/programmes/b08tcbrp

Marmoy, C. F. A. (1958). 'The "Auto-Icon" of Jeremy Bentham At

University College, London'. *Medical History, 2(2)*, 77-86. https://doi.
org/10.1017/S0025727300023486

Marshall, J. (1823). 'Johnson & Graham's Lessee v. McIntosh, 21 U.S. 543
(1823)'. Justia Law. https://supreme.justia.com/cases/federal/us/21/543/

Marshall, J. (1832). 'Worcester v. Georgia, 31 U.S. 515 (1832)'. Justia Law.
https://supreme.justia.com/cases/federal/us/31/515/

Maslow, A. H. (1943). 'A theory of human motivation'. *Psychological
Review*, 50, 370-396. https://doi.org/10.1037/h0054346

Maslow, A. H. (1954). *Motivation and Personality*. New York, Harper.

Maslow, A. H., & Honigmann, J. J. (1970). 'Synergy: Some Notes of Ruth
Benedict'. *American Anthropologist*, 72(2), 320-333.

Masson, M. (1986). *The Complete Letters to Wilhelm Fliess, 1887-1904* (new
edition). Harvard University Press.

Maxwell, L. M., Musson, S., Stewart, S., Talarico, J., Taylor, E. (2012).
Haarfarbentafel. University College London.

Mbembe, A. (2019). *Necropolitics*. Duke University Press Books.

McGregor, H., & Kosman, M. (July 2021). 'Book 4, Ep. 2 | The Nation
State'. Retrieved 4 January 2023, from https://www.ohwitchplease.ca/
episodes/blog-post-title-four-rjma3-zmndk-nk2wn-8tsrj-4kl73-tm4e4-
j5y6e-tm8x8-6bhf4-tx3hd-daltb-bhzrrelhsx-jzs87-jx2kz-sxrga-en4gl-
lh8er-h2axc

Medrano, M., & Urton, G. (2018). 'Toward the Decipherment of a
Set of Mid-Colonial Khipus from the Santa Valley, Coastal Peru'.
Ethnohistory, 65(1), 1-23. https://doi.org/10.1215/00141801-4260638

Meghji, A. (2017, October 8). 'Remembering Stuart Hall: Race and
nation in Brexit Britain'. Black History Month 2022. https://www.
blackhistorymonth.org.uk/article/section/news-views/remembering-
stuart-hall-race-nation-brexit-britain/

Michel, K. L. (2014, April 19). 'Maslow's hierarchy connected to Blackfoot
beliefs'. *A Digital Native American*. https://lincolnmichel.word press.
com/2014/04/19/maslows-hierarchy-connected-to-blackfoot-beliefs/

Montin, E. (1908). *Introduction to J. Rousseau's Émile: Or, Treatise on education by Jean-Jacques Rousseau* (W. H. Payne, trans.). Appleton & Company.

Moore, L. (2022). *In Search of Us: Adventures in Anthropology* (main edition). Atlantic Books.

Mosby, I., & Millions, E. (2021). 'Canada's Residential Schools Were a Horror'. *Scientific American*. https://www.scientifi camerican.com/ article/canadas-residential-schools-were-a-horror/

Moser, S. (2006). *Wondrous Curiosities: Ancient Egypt at the British Museum* (first edition). University of Chicago Press.

Moss, C. (2022, March 13). 'King Tut's Alien Dagger Conspiracies Have Gotten Insane'. The Daily Beast. https://www.thedailybeast.com/king-tuts-alien-dagger-conspiracies-have-gotten-insane

Mukherjee, S. (n.d.). 'Assam Tea Gardens Have Their Own Time! Here's The Story Of "Bagan Time"'. Vahdam Global. Retrieved 3 January 2023, fromhttps://www.vahdam.global/blogs/news/assam-tea-gardenshave-their-own-time-here-s-the-story-of-bagan-time

Mussai, R. (2014). 'Black Chronicles II'. https://autograph.org.uk/ exhibitions/black-chronicles-ii

Neame, R. (director). (1969, February 24). *The Prime of Miss Jean Brodie* [film]. Twentieth Century Fox.

Neate, R. (2019, June 10). 'Leonardo masterpiece "being kept on Saudi prince's yacht"'. *Guardian*. https://www.theguardian.com/ business/2019/jun/10/da-vinci-salvator-mundi-saudi-prince-yacht

Ngũgĩ wa Thiong'o. (1986). *Decolonising the mind: The politics of language in African literature*. Heinemann.

Oberhaus, D. (2018, November 30). 'This New Atomic Clock Is So Precise Our Ability to Measure Gravity Constrains Its Accuracy'. Vice. https://www.vice.com/en/article/ev3a4e/nist-new-atomic-clockmap-of-earth-gravity

O'Keefe, E. A. (1984). 'Towards an Understanding of the Significance of "The Dreamtime" to Aboriginal People'. *The Australian Journal of Indigenous Education*, 12(4)#, 50-56. https://doi.org/10.1017/ S0310582200013407

O'Rourke, J. (director). (2018). *Akala's Odyssey* [documentary]. BBC 4.

O'Toole, G. (2013, April 23). '"What Do You Think of Western Civilization?" "I Think It Would Be a Good Idea"'. Quote Investigator. https://quoteinvestigator.com/2013/04/23/good-idea/

Paine, T. (1995). *Thomas Paine: Collected Writings (LOA #76): Common Sense/ The American Crisis/Rights of Man/The Age of Reason/pamphlets, articles, and letters*. Library of America.

Painter, N. I. (2011). *The History of White People* (illustrated edition). W.W. Norton & Company. 넬 어빈 페이터, 『백인의 역사』(조행복 옮김, 해리북스, 2022년)

Pearson, K. & Moule, M. (1925) 〈The Problem of Alien Immigration into Great Britain Illustrated by an Examination of Russian and Polish Jewish Children'. *Annals of Eugenics 1*: 5-127.

Petrie, W. M. F. (1931). *Seventy Years in Archaeology*. Sampson, Low, Marston & Co. Ltd.

Pikirayi, I. (2013). 'Great Zimbabwe in Historical Archaeology: Reconceptualizing Decline, Abandonment, and Reoccupation of an Ancient Polity, A.D. 1450-1900'. *Historical Archaeology, 47(1)*, 26-37. https://doi.org/10.1007/BF03376887

Pizarro, P. (1969). *Relation of the Discovery and Conquest of the Kingdoms of Peru* (P. M. Means, trans.). Kraus Reprint.

Plato, & Lane, M. (2007). *The Republic* (H. D. P. Lee & D. Lee, trans.). Penguin Classics.

Porlan, M. (2016, December 19). 'The Secret Life of Time'. *New Yorker*.

Portillo, M. (presenter). (2007, April 29). *Magna Carta: Things We Forgot to Remember* [radio broadcast]. BBC Radio 4. https://www.bbc.co.uk/ programmes/b00771y0

Press, A. (2021, October 4). 'Henrietta Lacks' estate sues drug company

that sold her cells'. *Guardian*. https://www.theguardian.com/
business/2021/oct/04/henrietta-lacks-estate-sues-pharmaceutical-cells

Procter, A. (2020). *The Whole Picture: the colonial story of the art in our museums and why we need to talk about it* (illustrated edition). Cassell.

Punt, S. (2017, September 23). 'Taking the Pissoir?' https://soundcloud.com/punt-pi/taking-the-pissoir

Ramirez, A. (2020). *The Alchemy of Us: How Humans and Matter Transformed One Another*. MIT Press. 아이니사 라미레즈, 『인간이 만든 물질, 물질이 만든 인간: 오늘의 세계를 빚어낸 발명의 연금술』(김명주 옮김, 김영사, 2022년)

Ravilochan, T. (2021, June 15). 'What I Got Wrong: Revisions to My Post about the Blackfoot and Maslow'. Medium. https://gatherfor.medium.com/i-got-it-wrong-7d9b314fadff

Ravilochan, T. (2022, July 13). 'Could the Blackfoot Wisdom that Inspired Maslow Guide Us Now?' Medium. https://gatherfor.medium.com/maslow-got-it-wrong-ae45d6217a8c

Rawls, J. (1999). *A theory of justice* (revised edition). Belknap Press of Harvard University Press.

Redman, S. J. (2016). *Bone Rooms: From Scientific Racism to Human Prehistory in Museums* (illustrated edition). Harvard University Press.

Rhodes Must Fall Oxford [RMF_Oxford]. (2015, October 23). 'Pitt-Rivers museum is one of the most violent spaces in Oxford' [Tweet]. Twitter. https://twitter.com/RMF_Oxford/status/657603704695189504

Richardson, R. (2001). *Death, Dissection and the Destitute* (new edition). University Of Chicago Press.

Roberts, D. (2012). *Fatal Invention: How Science, Politics, and Big Business Re-create Race in the Twenty-first Century*. The New Press.

Rogers, K. (2022, March 2). 'Commerce Secretary Gina Raimondo is the designated survivor during the State of the Union'. *New York Times*. https://www.nytimes.com/2022/03/01/us/politics/ginaraimondo-sotu-designated-survivor.html

Rooney, D. (2021). *About Time: A History of Civilization in Twelve Clocks*. Penguin.

Rousseau, J.-J. (1991). *Emile; or On Education*. Penguin Classics.

Royal Society. (n.d.). 'History of the Royal Society'. Retrieved 2 January 2023, from https://royalsociety.org/about-us/history/

Said, E. W. (1978). *Orientalism*. Pantheon Books. 에드워드 W. 사이드, 『오리엔탈리즘』(박홍규 옮김, 교보문고, 2015년)

Saini, A. (2019). *Superior: The Return of Race Science*. Fourth Estate.

Sands, P. (2016). *East West Street: On the origins of genocide and crimes against humanity*. Weidenfeld & Nicolson. 필립 샌즈, 『인간의 정의는 어떻게 탄생했는가: '제노사이드'와 '인도에 반하는 죄'의 기원』(정철승, 황문주 옮김, 더봄, 2019년)

Sarr, F., & Savoy, B. (2018). 'Report on the restitution of African cultural heritage' (D. S. Burk, trans.). https://drive.google.com/file/d/1jetudXp3vued-yA8gvRwGjH6QLOfss4-/view?usp=sharing&usp=embed_facebook

Schama, S. (presenter). (2022, August 22). *Simon Schama: The Great Gallery Tours — The Courthauld* [radio broadcast]. BBC Radio 4. https://www.bbc.co.uk/programmes/m000kw4s

Schillace, B. (2015). *Death's Summer Coat: What the History of Death and Dying Can Tell Us About Life and Living*. Elliott & Thompson.

Schjeldahl, P. (2017, November 27). 'Masters and Pieces: Leonardo, Michelangelo, and Munch'. *New Yorker*. https://www.newyorker.com/magazine/2017/11/27/masters-and-pieces-leonardomichelangelo-and-munch

Shakespeare Birthplace Trust. (n.d.). 'The Shakespeare Authorship Question'. Retrieved 2 January 2023, from https://www.shakespeare.org.uk/explore-shakespeare/shakespedia/william-shakespeare/shakespeare-authorship-question/

Shakespeare, T. (2020, September 29). *Lives Unworthy of Life? Disability Pride Versus Eugenics | Birkbeck Institute for the Study of Antisemitism*.

Birkbeck Institute for the Study of Antisemitism ┃. https://bisa.bbk. ac.uk/event/lives-unworthy-of-life-disability-pr ideversus-eugenics/

Shannon, L. (director). (2021, June 1). 'Subnormal: A British Scandal' [documentary]. BBC. https://www.bbc.co.uk/programmes/m000w81h

Shapiro, J. (2011). *Contested Will: Who Wrote Shakespeare?* Faber & Faber.

Shukla, N. (ed.). (2016). *The Good Immigrant.* Unbound.

Silverman, K. (1984). *Life and Times of Cotton Mather.* Joanna Cotler Books.

Solly, M. (2022, March 16). 'What Happened the Last Time the U.S. Tried to Make Daylight Saving Time Permanent?' *Smithsonian Magazine.* https://www.smithsonianmag.com/smart-news/whathappened-the-last-time-the-us-tried-to-make-daylight-savingtime-permanent-180979742/

Sosteric, M. (2021, January 13). 'Abraham Maslow was a Eugenicist'. Medium. https://dr-s.medium.com/abraham-maslow-was-a-eugenicistb3ba9a85f5ab

Spiegelman, A. (2003). *The Complete MAUS, English Edition.* Penguin. 아트 슈피겔만, 『쥐』(권희종, 권희섭 옮김, 아름드리미디어, 2014년)

Stewart, M. (2010). *The Management Myth — Debunking Modern Business Philosophy* (reprint edition). W. W. Norton & Company. 매튜 스튜어트, 『위험한 경영학: 당신의 비즈니스를 위협하는 경영학의 진실』(이원재, 이현숙 옮김, 청림출판, 2010년)

Stocking, G. W. (ed.). (1984). *Observers Observed: Essays on Ethnographic Fieldwork: 1.* University of Wisconsin Press.

Taylor, D. & Quinn, B. (2023, June 29). 'Braverman plan to send asylum seekers to Rwanda unlawful, appeal court rules'. *Guardian.* https://www.theguardian.com/uk-news/2023/jun/29/plan-tosend-asylum-seekers-to-rwanda-is-unlawful-uk-appeal-court-rules

Taylor, F. W. (1911). *The Principles of Scientific Management.* Harper & Brothers.

Teignmouth, Lord, & Jones, W. (eds). (2013). 'The Third Anniversary Discourse, on the Hindus, delivered 2d of February, 1786'. *In The*

Works of Sir William Jones: With the Life of the Author by Lord Teignmouth (Vol. 3, pp. 24-46). Cambridge University Press. https://doi. org/10.1017/CBO9781139506922.005

'Theresa May's conference speech' [video]. (2016, October 5). *The Spectator.* https://www.spectator.co.uk/article/full-text-theresa-may-sconference- speech/

Thomas, M. (2020, June 8). 'The Thing About Us: The Charter of the Forest' [podcast]. Retrieved 3 February 2023, from https://podcasts. apple.com/gb/podcast/the-things-about-us-the-charter-of-theforest/ id1506198366?i=1000477110834

Tietz, T. (2021, June 29). 'Leo Frobenius and the Theory of Cultural Morphology'. SciHi Blog. http://scihi.org/leo-frobenius/van Wyhe, J. (ed.)(2002). 'The Complete Work of Charles Darwin Online'. http:// darwin-online.org.uk/

Van der Donck, A. (1993). *A Description of the New Netherlands* (C. Gehring, trans.). State Museum of New York.

Vasari, G. (1550). *Le vite de più eccellenti architetti, pittori et scultori italiani, da Cimabue insino a' tempi nostri: Descritte in lingua toscana, da Giorgio Vasari ... Con una sua utile ... introduzzione a le arti loro.* L. Torrentino. http://catalogue.bnf.fr/ark:/12148/cb31545572n

Vedantam, S. (2016, October 25). 'Filthy Rich' [podcast]. Retrieved 3 January 2023, from https://www.npr.org/2016/10/25/499213698/ whats it-liketo-be-rich-ask-the-people-who-manage-billionaires-money

Vega, G. de la. (1609). *Primera parte de los commentarios reales: Que tratan del origen de los Yncas, reyes que fueron del Peru, de sus idolatria, leyes, y gouierno en paz y en guerra: de sus vidas y conquistas, y de todo lo que fue aquel imperio y su republica, antes que los españoles passaran a el.* Lisboa : En la officina de Pedro Crasbeeck. http://archive.org/details/ primerapartedelo00vega

Verde, T. (2018, October). 'Egyptology's Pioneering Giant'. AramcoWorld. https://www.aramcoworld.com/Articles/September-2018/Egyptologys-Pioneering-Giant

Vich, M. (2008). 'Maslow's Leadership Legacy'. *Journal of Humanistic Psychology, 48(4)*, 444-445. https://doi.org/10.1177/0022167808320540

Vincent, N. (2012). *Magna Carta: A very short introduction* (first edition). Oxford University Press.

Virgil. (1697). *The Aeneid* (Dryden trans.) Retrieved 2 January 2023, from https://oll.libertyfund.org/title/dryden-the-aeneid-drydentrans

Vitale, T. (director). (2016, December 4). 'Rome' [television programme]. In *Anthony Bourdain: Parts Unknown*.

Vowell, S. (2020, September 4). 'Trail of Tears (No. 716)' [podcast]. Retrieved 3 January 2023, from https://www.thisamericanlife.org/716/trail-of-tears

Wagner, K. A. (2017). *The Skull of Alum Bheg: The Life and Death of a Rebel of 1857*. C. Hurst & Co. Publishers Ltd.

Webster, W. (2022). *Imagining Home: Gender, Race and National Identity, 1945-1964* (first edition). Routledge.

Weiss, R. A. & Esparza, J. (2015, April 19). 'The prevention and eradication of smallpox: A commentary on Sloane (1755) "An account of inoculation"'. *Philosophical Transactions B, 370*, 1666. https://doi.org/10.1098/rstb.2014.0378

Wilentz, A. (2013). *Farewell, Fred Voodoo: A Letter from Haiti*. Simon & Schuster.

Williams, E. E. (1994). *Capitalism & Slavery* (first edition). University of North Carolina Press. 에릭 윌리엄스, 『자본주의와 노예제도』(김성균 옮김, 우물이있는집, 2014년)

Wilson, J. (presenter). (2019, May 1). *Front Row: Leonardo da Vinci 500th Anniversary, Salvator Mundi* [radio broadcast]. BBC Radio 4. https://www.bbc.co.uk/sounds/play/m0004mgw

Woolf, D. R., Feldherr, A., Foot, S., Hardy, G., Robinson, C. F., & Hesketh, I. (2011). *The Oxford History of Historical Writing: Volume 2*: 400-1400. Oxford University Press.

Working with Indigenous Australians. (n.d.). 'Homepage'. Retrieved 3
January 2023, from http://www.workingwithindigenousaustralians.
info/index.html

Working with Indigenous Australians. (n.d.). 'The Dreaming'. Retrieved 3
January 2023, from http://www.workingwithindigenousaustralians.
info/content/Culture_2_The_Dreaming.html

Wu, T. (2015, August 21). 'You Really Don't Need to Work So Much'. *New
Yorker*.

Wyhe, J., & Kjærgaard, P. (2015). 'Going the Whole Orang: Darwin,
Wallace and the Natural History of Orangutans'. *Studies in History
and Philosophy of Biological and Biomedical Sciences, 21*. https://doi.
org/10.1016/j.shpsc.2015.02.006

Yang, J. L. (2020). *One Mighty and Irresistible Tide: The Epic Struggle Over
American Immigration, 1924-1965*. W. W. Norton & Company.

'Zora Neale Hurston on Zombies' [video]. (1943, January 25). YouTube.
https://www.youtube.com/watch?v=YmKPjh5RX6c

세계를 움직인 열 가지 프레임

1판 1쇄   2024년 6월 7일
1판 6쇄   2024년 10월 14일

지은이   수바드라 다스
옮긴이   장한라
펴낸이   김정순
책임편집   최형욱
편집   허영수
마케팅   이보민 양혜림 손아영

펴낸곳   (주)북하우스 퍼블리셔스
출판등록   1997년 9월 23일 제406-2003-055호
주소   04043 서울시 마포구 양화로 12길 16-9(서교동 북앤빌딩)
전자우편   editor@bookhouse.co.kr
홈페이지   www.bookhouse.co.kr
전화번호   02-3144-3123
팩스   02-3144-3121

ISBN   979-11-6405-245-7   03900